贸易数字化丛书

赋能数字化新航海时代　分享外贸大数据新红利

智能贸易新战术战略路径升级版

外贸大数据
FOREIGN TRADE BIG DATA
精准营销的制胜方略
THE WINNING STRATEGY FOR PRECISION MARKETING

○邵宏华　著

 机械工业出版社
CHINA MACHINE PRESS

数字经济时代，数据作为继土地、劳动力、资本、技术之后的新型生产要素，成为推动数字经济发展的核心引擎，以及赋能行业数字化转型和智能化升级的重要支撑。大数据与人工智能的融合发展，也深刻改变着国际贸易格局，伴随而生的外贸大数据及以此基础形成的主动精准营销，正日益成为企业开拓国际市场的重要工具和主流方式。本书在阐述数据要素和外贸大数据价值的同时，着重介绍了外贸大数据精准营销的方法、"外贸大数据+"战术策略，以及数据驱动外贸数字化转型的路径，探讨了外贸大数据人才培养方式，展望了外贸大数据在人工智能时代的未来发展趋势。本书的特色是结合数据实战、延伸阅读、案例分享等讲解，为读者提供了前瞻性、实用性、便捷性的参考借鉴。适合外贸企业管理者、一线业务人员、市场研究人员、数据分析人员，以及大数据、市场营销、国际经贸专业的高校师生等阅读。

图书在版编目（CIP）数据

外贸大数据：精准营销的制胜方略／邵宏华著.
北京：机械工业出版社，2024. 12. --（贸易数字化丛书）. -- ISBN 978-7-111-77720-5
Ⅰ. F740. 4
中国国家版本馆 CIP 数据核字第 2024EA1101 号

机械工业出版社（北京市百万庄大街 22 号　邮政编码 100037）
策划编辑：黄　帅　　　　　责任编辑：黄　帅　王　素
责任校对：郑　婕　刘雅娜　责任印制：李　昂
河北宝昌佳彩印刷有限公司印刷
2025 年 1 月第 1 版第 1 次印刷
170mm×240mm · 25 印张 · 1 插页 · 336 千字
标准书号：ISBN 978-7-111-77720-5
定价：98. 00 元

电话服务　　　　　　　　　　网络服务

客服电话：010-88361066　　机 工 官 网：www.cmpbook.com
　　　　　010-88379833　　机 工 官 博：weibo.com/cmp1952
　　　　　010-68326294　　金 　书 　网：www.golden-book.com
封底无防伪标均为盗版　机工教育服务网：www.cmpedu.com

邵宏华，环球慧思（北京）数据技术有限公司（以下简称环球慧思）创始人、现任董事长兼首席执行官。

曾任职于商务部国际贸易经济合作研究院和阿里巴巴集团控股有限公司。2001 年创办环球慧思，在国内率先深耕外贸大数据行业，领导公司致力发展成为全球领先的智能贸易数据和分析工具提供商。

作为国内贸易数字化研究的倡导者和实践的先行者，在企业数字化转型、大数据精准营销、专业化公司治理等业务领域有着丰富的理论研究和实践经验，近年来专注于推动贸易数字化的研究应用与宣传普及，发表多篇该领域前瞻性研究文章，出版了《贸易数字化：打造贸易新动能新业态新模式》等专著。

积极参与本领域行业性、社会性公共事务管理工作，现兼任中国对外经济贸易统计学会副会长、贸易数字化专业委员会主任、商务部数字贸易行业标准化技术委员会专家委员、商务部配额许可证事务局贸易数字化专家委员会委员、商务部国际贸易经济合作研究院硕士研究生导师等。

外贸大数据，犹如浩瀚银河中闪耀的繁星，每条数据，都蕴含着无数的信息、趋势和机遇，充满了无限可能，犹如一沙一世界、一叶一菩提，为我们描绘出充满智慧和光明的未来前景。

写在前面的话

人类社会正加速进入数字时代，而数字时代最重要的生产要素和基础设施就是数据，数据是发展新质生产力的重要支撑和关键引擎，也是数字经济发展的核心驱动力，数据已成为继土地、劳动力、资本、技术之后的第五大生产要素，未来"数据业"也很可能成为继工业、农业和服务业后的第四产业。数据与算力、算法一起构成了数字经济和人工智能的"新三驾马车"，数据要素通过对其他生产要素的赋能，不仅能起到降本增效的作用，更重要的是将驱动经济和商业模式的创新和变革。从大连接到大数据，从"互联网+"到"数字要素×"，从"网商"到"数商"，我们已步入数字化的下半场——数据智能时代。

随着互联网、移动互联网和物联网的迅速发展，各行各业数字化深度和广度不断拓展，由此聚集和沉淀了海量数据，其中医疗大数据、交通大数据、能源大数据、气象大数据、专利大数据等行业大数据在快速形成。这些数据通过算力和算法并结合行业的应用场景，正快速改变各个行业的发展格局，形成很多新的业态和新的模式。

伴随数字技术深入到国际贸易的各个环节和各个链条，国际贸易全链条数字化进程也在不断加速，交易前、交易中和交易后的每一个环节都在应用数字化技术。在交易前的营销环节，企业通过云展会、B2B平台、搜索引擎、社交平台、跨境电商平台、短视频平台等推广自己的产品，吸引买家达成交易；利用直播技术、VR/AR技术远程展示和演示产品，实现跨地域空间的云展示、云看厂、云沟通、云成交；利用AIGC生成式人工智能技术进行图片构建、数字人直播、邮件撰写、语言互译、辅助谈判等。在交易中和交易后环节，电子签名、电子合同、电子提单、智能关务、数字支付等的广泛应用则大大提高了贸易效率，降低了贸易成本。数字技术在国际贸易全链条大规模应用的同时，汇聚和沉淀的海量外贸大数据，使国际贸易从"互联网时代"跨入"数据智能时代"，并在国际贸易数字化进程中发挥着越来越重要的作用。

利用外贸大数据，我们可以精准概览全球市场分布并研判具体国家和地区市场的增长率，实现智能定位目标市场；利用外贸大数据，我们可以快速筛选出哪些产品在哪些市场增长迅速，实现智能选品；利用外贸大数据，我们可以精准地定位全球客户，足不出户就能实现筛选、标定和触达客户；利用外贸大数据，我们可以精准勾勒客户画像，以实现精准营销和对客户的个性化、专业化沟通，提高营销的效能；利用外贸大数据，我们可以实时监测竞争对手动态，做到知己知彼、百战不殆；利用外贸大数据，我们可以更深刻了解合作客户需求变化，实时掌握是否有转单，同时实现对老客户的销售升级和交叉销售，提升客户忠诚度和满意度；利用外贸大数据，我们可以准确了解合作客户的交易和资信状况，加强贸易合作风险预警管控；利用外贸大数据，我们可以了解客户的价格体系，进行精准报价，最大化实现贸易利润。

除了以上直接价值，最重要的是，通过外贸大数据，我们可以精准洞察客户需求，同时通过数据驱动反向传导到研发设计、生产制造、营销销售、物流交付、售后服务等各个业务链条，从而实现全业务链的数字化转型升级，最终建立以客户为中心，以销定产、需求驱动、供需精准匹配的全新商业模式、业务模式和管理模式。外贸大数据让市场和贸易行为的颗粒度更加精细，使我们能够实时感知国际市场、精准洞察客户需求和建立精准的客户画像，瞬时进行智能决策并快速付诸行动，从而推动从感知到洞察再到决策和执行的自动化、智能化，最终建立起智能化的贸易体系，实现智能贸易的终极目标。

趋势的开始如涓涓细流，微小而不被注意，但当我们能明确察觉到的时候，已经是不可阻挡的洪流。趋势发生时再回想过去每一天、每一个月中的微小变化，才恍然觉得我们早已身处其中。趋势前进的力量不可阻挡，唯有顺势而为才有机会乘势而上。未来最确定的两个趋势是新全球化和数字化。当前越来越多的中国企业加速出海，从早期的价格竞争走向质量、服务、技术、标准、品牌等全方位的竞争；从规模驱动、成本驱动往创新驱动和效率驱动转型；出口产品的附加值不断提高，也从早期的嵌入全球价值链到今天的主导全球价值链，从中国制造（Made in China）往中国营销（Marketed by China）和中国经营（Managed by China）转型。这个阶段营销和管理能力非常重要，而营销和管理能力的提升主要靠数字化，数字化中很重要的能力就是数据分析和应用大数据的能力。我个人感觉到市场上关于网络营销、电子商务的书籍比较多，但鲜有全面介绍大数据在国际贸易领域应用的实战性书籍，这也是我写这本书的初衷。希望更多的人能了解外贸大数据是什么、能够给企业带来什么价值、如何应用外贸大数据，以及外贸大数据未来是什么样子的。希望这本书能帮助更多的外贸企业了解如何利用外贸大数据工具打出主动精准营销的战术，如何利用外贸大数据进行差异化营销，如何利用数据驱动进行贸易数字化转型从而进化成数字时代新物种，如何培养和打造一支复合型的国际营销团队，让更多的中国企业在数字化新航海时代扬帆出海。

全书共分7章，从数据到外贸大数据，从外贸大数据主动精准营销到"外贸大数据+"，从数据驱动的外贸数字化转型战略到外贸大数据人才体系打造，本书不仅回顾了外贸大数据发展的历史进程，阐述了其实用价值和操作实务，还对外贸大数据的未来以及人工智能在国际贸易中的应用进行了展望。

第1章，主要内容是从数据及数据技术的演进和类型入手，帮助读者全面了解数据资源的战略价值，不仅对数据要素确权、定价、交易和收益分配，以及数据资源化、资产化和资本化、数据跨境流动等议题进行了探讨，还梳理了我国针对数据领域的相关政策。

第2章，主要内容是在明确外贸大数据定义的基础上，明晰了外贸大数据所包含的交易数据、公开数据和商业数据三大类及其来源和主要特征，详细介绍了外贸大数据从数据采集、清洗、搜索、挖掘到可视化呈现的处理全流程。同时，从行业供需角度，阐述了外贸大数据行业的发展历史进程，并通过案例展示的方式，详细阐述了外贸大数据作为探索市场的"导航仪"、精准客户画像的"定位器"、企业贸易风险控制的"监测仪"以及高效触达目标客户的"通讯录"的四大实用价值。

第 3 章，这是全书的核心和重点。主要内容是围绕基于外贸大数据主动精准营销的具体方法、详细步骤和标准作业流程，有针对性地介绍了如何应用外贸大数据去寻找客户、跟进客户、维护客户、管理客户的工作全流程和作业方法，阐述了外贸大数据精准营销制胜的方略。

第 4 章，主要内容是如何使用外贸大数据，结合展会、B2B、社交媒体、搜索引擎、电话营销、邮件营销等其他外贸营销渠道制定出新的营销战术打法，详细阐述了这些外贸营销方式中如何用好外贸大数据实现效益倍增效果的具体路径。

第 5 章，主要内容是在分析当前外贸行业面临的机遇和挑战基础上，强调外贸企业要加快从传统外贸向数字化新外贸、从销售导向到营销导向转型的必要性，阐述了如何建立数据驱动贸易的数字化转型战略、实施差异化营销的具体实现路径。

第 6 章，主要内容是如何打造外贸大数据人才体系。针对数据智能时代对外贸人才提出新的业务能力需求和综合素质要求的发展形势，详细介绍了如何通过政产学研协同创新、打造具备国际化视野和数字化技能的复合型人才队伍的建设思路。同时，以环球慧思的业务实践经验为例，详细介绍了如何培养外贸大数据复合型人才的具体做法。

第 7 章，主要内容是介绍了人工智能，尤其是最新的生成式人工智能在外贸行业中的应用。生成式人工智能技术的应用，不仅赋予外贸大数据新的价值，还展示了外贸大数据的未来前景。通过 7 个案例实践的介绍，阐述了人工智能与外贸大数据深度融合、推动国际贸易迈入数据智能时代的必然性。

总体而言，本书的很多经验总结，都来自我创办环球慧思 20 余年在外贸大数据行业的探索，也是我开创外贸大数据行业 20 余年的一个系统总结。这 20 余年，我非常有幸亲历了外贸数字化的全过程，从外贸互联网时代到外贸大数据时代，再到即将到来的外贸数据智能时代。这 20 余年，我们建立了一支超过 500 名"懂数据、懂外贸、懂营销、懂管理"的国际市场顾问团队，累计服务接近 10 万家国内外企业。我们通过不断地共享共创，以实现知识在组织内部的聚变和裂变。本书的很多经验总结都来自我们一线顾问的洞见和智慧，也来自我们服务的外贸企业所总结出的一些共性的方法论。很多企业都是一路追随我们，较早使用外贸大数据，实现了企业在国际市场上的跨越式发展。环球慧思自身这几年在应用外贸大数据开拓国际数据市场中取得了非常大的成效，积累了很多宝贵的经验，也建立了一套完整的基于外贸大数据主动出击、精准营销的标准作业流程。分享这些知识、技能和方法论对于外贸企业通过数据智能实现业绩的增长和企业国际竞争力的提升非常重要。

贸易数据智能时代，以外贸 B2B 搜索引擎营销、社交媒体营销及跨境电商为代表的外贸互联网还在"风继续吹"，外贸大数据已呈现"风再起时"。如果说外贸企业 21 世纪前 20 年主要具备的是利用互联网做营销的能力，那么此后 20 年最重要的是利用数据和人工智能进行分析、洞察和决策的能力。数据分析洞察能力将成为未来企业角逐国际市场最重要的能力之一，基于外贸大数据的外贸智能终端也将成为未来外贸企业角逐国际市场最重要的基础设施及所有外贸精英的标配。拥有全球化视野和格局、数字化思维和技能的新外贸人将成为这个时代的主流和引领者。用数据思维和技能武装起来的数字化新外贸人正在用外贸大数据的工具和方法打出精准营销的新战术，同时正在推进以数据驱动全价值链数字化转型升级的新战略。本书正是为企业和个人通过数据智能进化成为数字时代新物种所提供的较为详尽的路线图和方法论。

外贸大数据不仅仅是一种开拓国际市场的工具，更重要的是一种数字化的理念、数据的理念。培养具备数字化的理念和思维，同时掌握数据分析和数据洞察技能的复合型人才是关键。外贸企业只有通过人才，才能实现从被动营销、泛泛营销到主动营销和精准营销的转型，才能打出营销新战术。人才的培养需要产学研协同，在实战中养成，这就需要一本系统介绍外贸大数据从理论到实践的"工具书"，以帮助更多的人系统掌握外贸大数据的技能和方法。本书既适合正在出海的企业家、管理人员，也非常适合一线做国际营销的业务人员，同时还适合高校国际经贸、国际营销专业的师生。希望全社会更多的人能通过本书进入外贸大数据及智能贸易的世界。

邵宏华

2024 年 10 月于北京

目　录

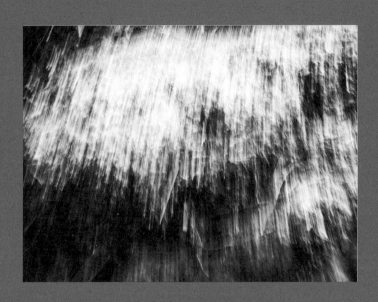

第1章

流变：数据的演进历程

- 数据演进、技术与"突变"
- 得数据者得天下
- 数据要素议题渐深
- 数据支持政策"排兵布阵"

在漫长的人类历史中，数据总是作为一种重要的资源被记载、被积累、被使用，并随着技术的迭代而发展繁荣。从远古到当下，数据贯穿农业文明、工业文明、数字文明的整个演进过程，并在不同的文明阶段展现出差异化的量级和作用。走到数字时代的节点上，大数据改写了传统意义上的数据规模和应用范畴，重新定义了数据价值。与此同时，数据成为继土地、劳动力、资本、技术之后的第五大生产要素，这意味着人类找到了突破可持续发展瓶颈的又一不可或缺的基础性战略资源。新时代，与数据相伴而生的数据技术化腐朽为神奇，将不可用数据"清洗"为有用数据，将零散、无序数据整理为集中、有序数据，让老数据焕发新的生命力，让新数据印刻数字化的标签，放大了传统数据用于具体实践的使用价值和增值空间。数据的大规模涌现，造就了数据应用领域的一次根本性"突变"，势必引发经济领域深刻而持久的变革。

外贸是最先感知数据行业变化及最早应用数据的领域之一。早在2001年中国加入世界贸易组织（WTO）前后，外贸行业就有智者看到了大规模数据的宝贵之处，遂将目光投向贸易数据库建设领域，一批外贸数据服务企业应时而生。它们以20多年来中国外贸高速发展的原始积累及持续扩大的贸易数据为基础，完成了外贸大数据平台的打造，构建了较为完善的贸易数据体系，为当今外贸企业全面数字化转型和中国数智贸易起航发展提前做好了铺垫，对于数智贸易时代外贸主体的内生"进化"具有重要指引意义。数据从沉淀、蓄力、应用到撑起一个新文明形态——数字文明的演化进程，正对应了外贸领域从被动泛泛销售到主动精准营销的转型过程。

故而，明晰数据因果、数据价值、数据要素发展等事项，是揭示外贸大数据精准营销规律的起点。

数据演进、技术与"突变"

回望过往，人类于原始荒野与懵然无知中捡石取骨标记符号，或许可视为记录和使用数据的起点。尽管当时还没有"数据"的概念，但已有数据的萌芽。此后，数据与社会经济发展跬步不离，无处不在地推动文明变迁。如果说数据演进在绝大部分时间里步调缓慢，那么在信息技术升级到移动互联网、云计算、物联网等技术之后，数据生成速度骤然加快，数据量呈现爆发式增长，并促使数据要素长驱直入全球经贸体系。可以确定，这一场史无前例的数据"突变"打破了数据发展的历史慢节奏。

数据演进：在应用中扩大

现在已知的人类对于数据的明确应用，可追溯到上古时期。在那个文字尚未出现的洪荒时代，世界上多个古文明就已经挖掘出多种计量和记事方法，其中最为著名的为"结绳记事"。囿于当前考古程度和文献研究能力，结绳记事的产生尚未有确切年份，但是其存在的真实性在多处历史文化遗址及古书记载中得以证实。我国古籍中即有描述："上古结绳而治，后世圣人易之以书契。"《春秋左传集解》也有记载："古者无文字，其有约誓之事，事大大其绳，事小小其绳，结之多少，随扬众寡，各执以相考，亦足以相治也。"也就是说，人们用结绳的方式来记录、保存和传播信息，进而达到相互沟通和治理事务的目的。绳子的粗细及绳结的大小、距离、数量不同，均代表不同的意思。在文字产生之前的漫长岁月里，结绳记事帮助人们留存记忆、畅通交往，是人们对于数据较为初始的应用。文字产生之后，人们的记数方式和效率出现质的飞跃，数据载体渐趋多样化，进入一个全新的数据应用阶段。

在我国，另一个影响至今的数据应用案例是"二十四节气"。查阅史料可知,早在春秋时期,黄河流域的先民们就根据太阳运行轨迹总结出了一年中的气候变化规律,用于指导农事生产。一年分为春夏秋冬四季,每季又分为六个节气,由此形成二十四节气。后在西汉时期,于汉武帝太初元年(公元前 104 年),二十四节气被正式编入历法《太初历》。二十四节气源于农耕文明的进步,如同数千年农业发展沧浪中一艘至缓至坚的船楫,在无限重复的四季轮回中演绎着数据在农业领域的应用。事实上,二十四节气所蕴含的数据应用思维已拓展到“预测”范畴。例如,人们知悉“惊蛰”节气来临,便知春渐深、农事近。正如唐诗《观田家》中所言:“微雨众卉新,一雷惊蛰始。田家几日闲,耕种从此起。”又如,在中原地带,“芒种”节气多是麦子成熟的时候,人们通常在此节气到来之前就开始准备收割器具。唐诗《观刈麦》中描写了这样的景象:“田家少闲月,五月人倍忙。夜来南风起,小麦覆陇黄。”再如,“秋分”节气临近,意味着谷物成熟,秋收冬藏需及时。二十四节气的划分,让人们在一年中能提前获知草长莺飞、骄阳似火、五谷丰登、寒露霜雪为何时,从而未雨绸缪、安排事务。二十四节气给数据在历史实践中的应用增添了一抹浪漫之意。时至今日,它所承载的传统文化沉淀和农耕智慧仍然清晰可见,影响数千年而不衰。

说到数据预测,北宋数学家、易学家邵雍所著《梅花易数》为确凿的实践典范。该书以易学中的数学思想与“象学”为基础进行占卜,预测人、事、物的发展方向和趋势,是对我国古老“术数”体系进行深入诠释的古籍。所谓“术数”,《梅花易数》中所阐述的法则较为权威且通俗易懂,即以种种方术观察自然界可注意的现象,来推测人和国家的气数和命运,是八卦、《易经》在预测未来方面的一种应用。《梅花易数》是我国“术数”体系的重要组成部分,其运用“随物取数,随数取卦”的简易方式,通过研究数字变化预测未来,体现了数据预测的思维。《梅花易数》所呈现的价值已远远超出合法性尚存争议的“占卜”,它饱含古代数学思想,在古时中国经济、社会、天文、历法等方面均发挥过重要作用,对于我国传统文化传承和哲学发展亦有扶济。不管是著作本身呈现的思想，还是其所应用的"术数"，均指向一件重要的事——数据预测。以"术数"为代表的我国古老预测智慧，绵延至当今商业世界，与大数据预测一脉相承，也让数据应用在中国寻得一大文化渊源和哲学源头。

自古及今，数据应用都是人们热衷的事，体现出人们对洞察"先机"的渴求。最开始，受限于社会经济落后及记录、存储的工具的匮乏，数据仅被小量、局部使用，以满足农耕文明的生产、生活和商业需求。后随着工业时代技术的进步、数据研究的深入及市场需求的变化，对抽样调查数据的分析方法和模型问世，并被广泛应用于市场研究、社会调查、企业产品质检和定价、健康医疗等众多领域。例如，抽样调查以"见微知著"的范式为社会经济各领域提供数据支持，进而为各种决策提供依据。时至今日，这一模式仍是主流社会经济数据应用研究的方法之一。但是，随着近几十年数据规模急剧扩张，数据存储、计算、处理能力突飞猛进，"数据+算法+算力"让全样本数据应用成为可能。这进一步促成了数据应用与价值的又一次突围。

在工业文明与数字文明交织行进的当下，以数字技术进步为能力支撑，以数据积累量为根本基础，数据应用的方法、工具和模型渐趋丰富多彩，数据应用几乎覆盖社会经济所有领域，不只助益企业经营决策、市场营销、投资管理、风险控制等方面，在医疗服务、电商供货、物流运输、交通调度、能源开发、文化创作等领域也有所专长发挥作用。

就我国经济发展"三驾马车"之一的外贸领域而言，最近几十年，数据更是做出了不可磨灭的贡献。例如，在价格锚定层面，外贸企业通过成交价格数据分析，系统把握全球主要市场的价格区间及波动情况，并根据长期数据走势预测未来一段时间内的价格走向，以此识别出具有价格竞争优势的市场，在外贸交易时做到有的放矢；在行业监测层面，外贸企业可借助贸易数据平台提供的系统化数据，把握同行业企业的产品销量、交易对象、交易价格等信息，以此判断行业总体形势、市场前景及潜在发展空间，制定差异化的产品策略和营销策略，制胜未来竞争；

在需求把握层面，外贸企业可根据市场销量、买家行为、产品研发趋势等信息，预测未来市场需求变化和买家偏好异动，并据此调整优化产品策略和营销策略，更好地满足买家需求。

可以说，数据的发展逻辑是"为我所用"，并在"为我所用"中积累、迭代、升维，从对现象的揭示进阶到对本质的挖掘，从对小体量的概括分析深化到对大体量的全样本解构，使我们能够对人、事、物乃至商业世界的认识无限接近真相。在商业领域，越接近市场真相，就越有可能把握先机。进一步而言，谁捕捉到了先机，谁就有可能占领市场中的好位置。如今，外贸大数据更是将数据应用空间倍增放大，延伸了历史数据的应用路径，其在外贸营销领域的光与热刚刚开始释放。

技术跃升：从 IT 到 DT

在回答数据缘何"突变"之前，我们首先要找到一个重要问题的答案，即技术发展到了哪里及其在数据领域的应用拓展到了哪里。

从经济学与社会实践角度说，技术具有双重身份，它既是生产力的重要组成部分，又是生产要素的构成之一。在不同的社会经济发展阶段，技术被赋予不同的角色和地位。我国在 20 世纪 80 年代提出的"科学技术是第一生产力"，与改革开放初期急需提升技术实力的时代背景息息相关。而到 2020 年 3 月 30 日，中共中央、国务院发布《关于构建更加完善的要素市场化配置体制机制的意见》，首次明确将数据纳入生产要素范畴，与土地、劳动力、资本、技术四大传统生产要素并列，提出因地制宜稳步推进要素市场化配置改革的顶层规划。2024 年 7 月 15—18 日，党的二十届三中全会则明确提出要构建全国统一大市场，包括构建全国一体化技术和数据市场等，推进要素市场化改革，健全劳动、资本、土地、知识、技术、管理、数据等要素市场制度和规则，这实际上传递出一个重要信号：在数字经济新时代，技术与数据具有极端重要性，两者之间本就紧密的关系将变得更加牢固。

拉长技术发展史时间线来看，技术与数据这种"如胶似漆"的关系在信息技术（Information Technology，IT）产生之后更加凸显。20 世纪四五十年代，信息技术伴随着第三次工业革命浪潮而兴起，被视为人类发展史上继蒸汽时代和电气时代之后科技文明进步的又一次重大飞跃。自那以后，IT 改变了科技领域的时代标签，确定了"IT 时代"的统领地位。计算机和网络为代表的信息技术重塑了大工业时期的产业形态和结构，引发了又一轮社会变革，并催生了商业模式的深刻嬗变。总体而言，信息技术大致经历了大型计算机—个人计算机（PC）—PC 互联网—移动互联网—大数据—人工智能这样一条主线。在技术驱动下，计算机的应用范围从特定领域扩展至企业、家庭、个人等社会的各个方面，特别是互联网崛起之后，时空限制被打破，机器与机器、人与机器、人与人之间通过网络联系起来，实体经济中的各要素实现联网，开始从线下转到线上，形成了线下与线上并驾齐驱之势，并渐渐映射出一个数字世界。

在这一爆炸式发展时期，网易、新浪、搜狐、腾讯、百度等一大批互联网公司发展迅速，QQ、微博、微信、脸书（Facebook）、推特（Twitter）等一大批互联网产品或社交平台问世，谷歌（Google）、易贝（eBay）、亚马逊（Amazon）、油管（YouTube）、领英（LinkedIn）、阿里巴巴国际站（Alibaba）等一大批数字营销工具或平台涌现。与此同时，企业内部的信息化也如火如荼地开展，决策支持（DSS）系统、企业资源规划（ERP）系统、供应链管理（SCM）系统、客户关系管理（CRM）系统等逐步普及。凡此种种具有信息技术和互联网基因的新经济主体的出现，加之与信息技术相匹配的社会体系、商业体系、制度体系的不断完善，推动构建了一个不同于传统工业世界的新天地，并为大工业这台机器添加润滑剂，让它走得更快、行得更稳。

随之而来的利好是，全球的人与机器可随时随地产生数据，并且通过联网，使数据获取、存储、共享、处理、分析更加高效，数据应用范围更加宽广。过去分散在不同计算机、企业或个人身上的数据，不断汇聚在一起，引发了数据规模的"突变"。从某种意义上说，信息技术以信息（数据）大爆炸产生的能量为"燃料"，辅以工业时代积淀的雄厚信息（数据）资源，开辟了数据应用不断向数字化时代进步的新天地。这时，数据的价值开始真正浮出水面。但是，此时的信息化并不等同于数字化。

当信息技术进一步发展到大数据、云计算、人工智能、物联网等广泛应用阶段，数据技术（Data Technology，DT）时代也就逐渐来临了。这一重要技术转变是在第四次工业革命背景下发生的。此时，信息化发展到了智能化阶段，社会经济各领域智能化皆由数字化驱动，数据的地位再次跃升。早在 2014 年，互联网圈就出现了"世界正在从 IT 时代走向DT 时代"的说法，揭示了数据地位将持续攀升。十多年过去了，数据技术确实在全球经贸格局动荡和深度调整中开创了新格局，找到了自己的时代地位。

DT 时代与 IT 时代一脉相承，前者可视为后者的纵深发展阶段：一方面，其体现为信息技术的新一轮迭代升级；另一方面，其体现为生产要素市场迎来了一位新成员——数据。若将信息技术在数据应用方面的作用主要归结为积累、存储、处理和交付，那么，数据技术的作用则侧重于利用数据挖掘、机器学习、深度学习等技术和算法，在海量数据中发现与提炼有价值的信息，清洗掉无用数据，形成"深数据"，进而发掘事物运行规律，提升预测的准确性和决策的有效性。这一时期，有更多数据产生，更大规模的数据被加工处理，大量"沉睡"在各大产业、企业内部体系中的数据被"唤醒"，数字化的作用不断被放大。

在满是金子的世界里，人们并不太在乎被砂石掩埋于一隅的小金块，"金子总是会发光"也成了一句空话。只有那些显露出来的、举目可见的金子，才会被优先捡起、珍惜、使用。这就如数据一样，在浩如烟海的大规模数据世界里，被掩埋的数据并没有实际应用价值，而数字技术正是拂去砂石、将"金子"展示出来、挖掘数据闪光点的那双魔力之手。

数字技术不是单指一项技术，而是一个完整的技术体系，囊括数据采集技术、数据存储与管理技术（如数据库）、数据处理技术（如数据挖掘）、数据可视化与报告技术（如数据转换图表工具）、大数据技术（如海量数据处理和分析工具）、人工智能技术（如机器人深度学习）、自然语言处理技术（如提取关键信息）、基础架构技术（如云计算）等。可以说，数字技术体系中既有把"金子"（数据）挖掘出来的技术，又有对"金子"（数据）进行清洗和打磨的技术，更有把"金子"（数据）真实价值呈现出来的技术。这些技术让数字经济扬帆出海，使数据驱动企业决策、业务优化成为现实。可以确定，未来新的数字技术还会诞生，变幻莫测的数字世界等着我们去进一步开拓征服。

尽管 DT 时代刚启幕不久，但近几年已有"爆款"新技术或新产品现世，如 2022 年美国 OpenAI 公司推出的 ChatGPT、2023 年 Anthropic 公司开发的 Claude、2023 年百度公司推出的"文心一言"等。这些基于大模型技术的聊天机器人将过去人类积淀的大量知识放到一个程序或产品中并不断更新，模拟人类思维方式，与人们进行自然语言对话，"回答"用户提出的任何问题，现已在邮件、文案、视频脚本撰写及客服、营销沟通等诸多领域施展拳脚。这股浪潮刚刚拍岸，即展现出了势不可挡的苗头，正在酝酿聚集新的巨大力量。随着模拟、学习能力的增强，算力和算法的优化及知识储备量的增加，这些平台、机器人的 AI 智慧将无限接近人类大脑，甚至有可能超越人类个体智慧。未来，无数"无所不知"的智能机器人将诞生，推动数字世界与物理世界融为一体，全面开启人类的数据智能化时代。

技术在漫长的数据应用历史中扮演着沉默的支持者角色，是数据世界中当之无愧的隐形王者。每一次技术的迭代升级，都伴随着数据应用范围的扩大，以及数据对经济贸易、社会生活、商业模式、生产方式等层面的持续渗透。与其说是数据驱动世界，不如说是技术演进驱动世界，技术是一切数据行动的根本。

谁驱动了数据"突变"

在 IT 时代与 DT 时代更迭的大环境下，全球数据量呈爆发态势，被冠以"井喷式增长"的标签。根据研究机构国际数据公司（IDC）2023

年的预测，全球数据规模有望从 2022 年的 103.66ZB 增加至 2027 年的 284.3ZB，年均复合增长率达 22.36%。其中，中国数据量将从 2022 年的 23.88ZB 增至 2027 年的 76.6ZB，年均复合增长率达 26.3%，居全球第一。政府、媒体、专业服务、零售、医疗、金融为数据主要分布领域。

数据规模的剧变促成了"大数据"一词的风靡。从数据到大数据的"突变"，对应着全球数据量以大规模之姿骤然涌现的过程。而最近几年，"大数据"不再以取代"数据"之姿出现，锋芒有所收敛，整个环境似乎又回到了只有"数据"身影的状态。这是因为数据量大已成为常态，而不必再强调"大"，就如鱼儿从川谷入江海之后就不再强调水量大一样。现如今，我们已经生活在满是数据的世界里，自然接触到的就是大规模数据，正可谓"大音希声，大象无形"。归根到底，大数据最终仍是数据。经历了"数据—大数据—数据"蝶变升华之后，后一个"数据"已经超越了前一个"数据"，虽是同一个词，但其所代表的量级已大相径庭。

延伸阅读

数据"突变"之大数据崛起

尽管有业内人士将大数据概念的出现追溯到 20 世纪 80 年代，但是总体来说，大数据一词"横行"全球大致是从 2008 年开始的。彼时，以生物学、天文学、物理学等为代表的研究和实践领域产生了巨量数据，令人无所适从，各界开始思考如何存储、处理和运用海量数据资源，明确创造出了"大数据"概念。

关于大数据概念的提出，有两个重要标志性事件：一个是 2008 年 9 月《自然》杂志推出了"大数据"封面专栏，讨论了"如何应对现在产生的大量数据"；另一个是 2013 年 1 月维克托·迈尔·舍恩伯格和肯尼斯·库克耶所著《大数据时代：生活、工作与思维的大变革》一书出版，探讨了大数据时代带来的思维变革、商业变革和管理变革。理论界和学术界对于大数据的持续关注与深入研究，让大数据概念及其应用价值迅速在全球范围内普及。一时间，关于"大数据"一词的解读和探求热度飙升，市场及其主体表现出对这一极具冲击力的新词汇的高度关注。新概念的提出往往意味着实务领域的某些方面将有所突破，大数据更是如此。从数据到大数据，虽只有一字之差，却掀起了全球各领域一场旷日持久的变革风暴。确实，从个人消费到企业经营，从行业拓展到国家政务，从微观视域到宏观世界，各个方面均因大数据而出现颠覆性改变。

关于数据崛起的驱动因素，各界几乎达成了共识，认为应包括技术角度的科技进步、互联网角度的社交媒体兴起、商业角度的在线交易猛增等。在此，结合外贸行业动向，我们来看一看数据"突变"的缘由。

第一，技术持续快速迭代，海量"沉默"数据被挖掘。在"摩尔定律"作用下，计算机技术升级换代一日千里。从静置于数据中心的大型计算机发展到家用 PC，再演变到一掌可握的手机，数据存储的量级不断攀升，而计算的硬件设备体积越来越小、成本不断降低。这让全球联网的每一个人既可随时随地制造数据，也可随时随地获取和共享信息。这就产生了大量在线数据，助推了数据大爆炸时代的到来。如前所述，近几十年 IT 与 DT 的不断升级迭代毫无疑问是数据井喷的一大驱动力，而最突出的驱动因素应该是算力与算法的巨大进步。数据大量产生只是第一步，借助算力和算法搭建的桥梁，通向数据应用和创新、用数据指导实践才是终极目的。换句话说，算力和算法是让大规模数据拨云见日、释放价值的最强"魔杖"。在算力方面，比较典型的例子是与大数据如影随形的云计算（Cloud Computing）。2006 年，云计算的概念在搜索引擎战略（SES）大会上被正式提出，引领了一场互联网技术革新浪潮。云计算源于全球企业风驰电掣般积累数据的大背景，是一种具有超强数据计算能力和存储能力的系统。亚马孙、微软、谷歌、IBM、阿里、腾讯、华为等国际巨头竞相推出了云计算平台，为用户提供基础设施即服务（IaaS）、平台即服务（PaaS）、软件即服务（SaaS）和数据即服务（DaaS）等应用平台支撑，使得企业通过云计算能够发现、挖掘和揭示大数据的价值，并通过数据分析进行决策。

技术的进步与创新通过提升计算机硬件（如传感器）性能扩展了算力的边界，通过不间断"跑"海量数据训练并优化了算法；反过来，算力和算法的改进正向作用于技术发展；而技术、算力和算法的不断发展又催生了更多数据。这样，技术、数据、算力和算法共同构成了数据智能时代的一个闭环，四者相辅相成，彼此赋能。

延伸阅读

从云计算的 IaaS、 PaaS、 SaaS 到数据驱动的 DaaS

在云计算、云服务领域，常见的服务模型包括 IaaS、PaaS、SaaS 和 DaaS。这些服务模型为用户提供了不同层次的资源和服务，以满足各种需求。

IaaS（Infrastructure as a Service）：基础设施即服务。它提供了一种将计算、存储和网络等基础设施资源以虚拟化的方式呈现给用户的方法，使得用户可以按需使用这些资源，并且不需要购买、维护和更新物理设备。

PaaS（Platform as a Service）：平台即服务。作为一种云服务模型，它为客户提供了开发、运行和管理应用程序所需的基础设施和平台。客户无须购买、安装和维护底层的硬件和软件，只需专注于应用程序的开发和核心业务逻辑的实现。

SaaS（Software as a Service）：软件即服务。它指的是通过互联网提供软件应用程序，用户只需在客户端界面访问即可使用到所需资源，无须接触云计算的基础设施。

DaaS（Data as a Service）：数据即服务。它是指与数据相关的任何服务都能够发生在一个集中化的位置，如聚合、数据质量管理、数据清洗等，然后再将数据提供给不同的系统和用户，无须考虑这些数据来自哪里，具体包括数据集成服务、数据存储服务、数据分析服务、数据安全和合规性服务等关键部分。DaaS 的核心理念是将数据转化为一种服务，使数据的获取、处理和使用更加高效和便捷。通过 DaaS，企业可以更加灵活地利用数据，从而优化业务流程，做出更明智的决策，并发现新的商业机会。

对外贸领域而言，外贸企业的沟通和管理工具紧跟技术迭代而不断更新，催生了大量新数据。以 2001 年中国加入世界贸易组织（WTO）为起点，20 多年来，外贸企业所用工具大致分为三个演变阶段：一是基础信息化与电子化；二是专业外贸软件与平台兴起；三是大数据、人工智能与云计算应用。初期，外贸企业为更好地与国际市场接轨，提高沟通效率和交易成功率，多采用电子邮件、MSN、Skype 等即时沟通工具，以及 Excel、Access、SPSS 等简单的数据处理软件。后来，随着中国对外贸易量的迅猛增长及全球市场竞争的加剧，简单的沟通和管理软件已无法跟上外贸企业开拓国际市场的步伐，急需订单管理、货物跟踪、客户关系维护、供应链管理、市场分析、产品调查等方面的细化工具，由此 ERP、CRM 等系统快速普及，谷歌、eBay、亚马逊、阿里巴巴国际站、环球资源等在线交易平台和营销工具迅速广受青睐。近年来，随着人工智能、云计算等技术的快速发展，外贸行业拓市工具迎来了革命性变化，其中外贸大数据独树一帜，树立了国际贸易营销新理念、新标准。

第二，线上交易平台兴起，沉淀大规模数据。20 世纪 90 年代，国内外互联网公司密集涌现。国外有始于 1994 年的亚马逊（Amazon）、雅虎（Yahoo），成立于 1995 年的易贝（eBay），创立于 1998 年的谷歌（Google）等；我国有始于 1997 年的网易，成立于 1998 年的新浪、搜狐和腾讯等。一时间，互联网公司形成了群雄并起、争夺天下之势。而这背后是 PC 互联网的进场，预示着互联网入局商业领域，开始大规模释放红利。此时，国外的互联网公司如 Amazon、eBay 等，已经开启线上交易，是全球电子商务平台的早期代表。而在我国，京东（1998 年）、阿里巴巴（1999）、当当网（1999 年）开始崭露头角。

这一时期，全球互联网公司大步流星踏入互联网红利追逐战场，掀起新一轮经济革命。在这场硝烟弥漫的商业领域竞争中，越来越多的人开始学习和掌握 PC（个人计算机）上网技能，物理世界的民众迅速且大规模涌入数字世界，成为数字世界的"网民"。海量数据是如何沉淀的？这便是一个炫目的起点。在此之前，人们在现实世界里往来，只有少部分人的零星行踪、思想、成果等被记录在实物载体上；而踏入网络世界，一切开始转变，每个人的踪迹都可被记录。一个人一旦登录网页浏览新闻、发表评论，就会留下"足迹"，无数人的"足迹"汇集在一起，就形成了五花八门的数据形态。可谓"行动无所不在，行动便有数据。"

正是互联网公司作为揭幕者的这一波"上网"，让人们有条件从物理世界迈入数字世界里，并渐渐复制出另一个数字世界中的自己，一举一动皆留下信息，为接下来的线上交易平台进入加速发展通道送来了"东风"。跨入 21 世纪，我国一大批网络零售平台（电商平台）迫不及待地"排兵布阵"，其中最具代表性的是淘宝网（2003 年）、苏宁易购商城（2005 年）、唯品会（2008 年）、哔哩哔哩 Bilibili（2009 年）、小红书（2013 年）、拼多多（2015 年）、抖音电商（2020 年）等。20 多年来，全球网络零售的劲风猛向我国吹来，电商阵地逐步向我国市场偏移，以淘宝、京东为代表的我国电商平台创造了一个又一个 B2C 和 C2C 的线上零售神话。艾媒咨询发布的《2023 年中国电商"双十一"消费大数据监测报告》显示，2023 年"双十一"购物节期间，天猫累计访问用户量超 8 亿人，京东总访问量突破 3.8 亿人。这一"数亿级"在线人数所能创造的数据量是令人震惊的。

近年来，随着短视频平台声势渐大，成立较早的那一批电商平台被冠上"传统"的帽子，视频电商风头正盛，特别是直播带货打出了一张网络零售的新王牌。电商平台的不断发展和升级变革了传统线下消费方式，开启了线上消费新主张，打开了数据"泄洪"的另一个闸口。不同于多数线下门店间歇性营业，电商平台 24 小时不间断运营，商家、消费者、物流企业、支付平台等参与者随时在线，无论何时都可见"永不落幕的零售狂欢"。其间，不计其数的交易数据被沉淀下来，比如交易量、订单量、交易价格、交易金额、支付方式、产品分布、发货时间以及买家和卖家信息、浏览记录等。而商家或平台又可以通过对这些数据的分析，发现消费者的购买偏好和习惯，合理调整上架商品，做出适宜的营销安排，优化用户体验。

此间，各大线上交易平台犹如一台台不知疲倦的数据制造机，打通物理世界与数字世界，将物理世界的商品信息及支付、物流等环节信息复制到数字世界，用数字世界的高效工具促成交易，完成消费闭环，最终创造出一个趋向融合的新型世界。而这个新型世界的起因是数据，根基是数据，未来发展也以数据为生产资料，同时它又是数据的生产者。鉴于数据的极端重要性，过去 20 多年，那些最先生产和拥有大规模数据的企业，成了互联网时代的赢家。可以预测，它们还将在数智化时代延续辉煌。

几乎与网络零售平台的兴盛同步，跨境电商平台改写了外贸交易的传统路径，将外贸带入大数据的世界。在外贸领域，跨境电商以贸易新动能新业态新模式之姿出现，赋予传统贸易新的竞争优势，激发了外贸新的生命力。若从跨境电商爆发的 2013 年算起，该贸易方式仅仅运作了 10 多年，就已经全面浸透外贸行业。根据海关总署发布的数据，2023 年我国跨境电商进出口额达 2.38 万亿元，同比增长 15.6%，远高于全国进出口增速；同时，跨境电商进出口额在货物贸易进出口额中的占比从 2015 年的 1% 增至 5.7%，且规模仍在高速增长；跨境电商主体数量已占到全国外贸进出口实际企业数量的 15.5%。跨境电商平台之所以会取得如此快的发展速度，主要是因为其一降临便带有数据时代的基因，是建立在数据技术之上的新业态。

跨境电商平台将传统线下外贸搬到线上，解除了外贸进出口的物理限制，为大规模数据沉淀创造了空间。跨境电商平台将工厂、品牌商、买家、卖家、物流服务商、支付机构、检测公司等贸易链条上几乎所有的参与者都引流到线上，在时空界限模糊的数据世界里，通过用户活动、交易流程等不间断产生各类数据，同时数据的积累又正向作用于跨境电商平台运作，为外贸大数据精准营销与市场决策确立了航向。跨境电商平台可通过挖掘和分析贸易订单量、交易价格、买家分布、用户偏好、购买记录、搜索热词等数据，勾画一张囊括进出口产品趋势、全球市场环境、供应链竞争态势、需求变化方向等信息的全景图，找到供给盲点和需求热点，并使二者高度匹配。例如，成立于 2012 年的中国跨境电商服装平台希音（SHEIN），通过精准捕捉每个市场的消费趋势和客户偏好，基于数据挖掘和剖析结果，实现了按需生产、"小单快反"、数字化营销、柔性供应链等新模式，加快了整个服装产业的数字化转型进程，推动整个行业形成一个新型贸易创新生态。

第三，社交媒体兴盛，每个人都是数据"制造机"。21 世纪的前 20 年，是线上交易平台涌现的时代，也是各种社交媒体进场的黄金时期。国外社交媒体平台有 LinkedIn（2003 年）、Facebook（2004 年）、YouTube（2005 年）、Twitter（2006 年）、Instagram（2010 年，后被 Facebook 收购）等；国内有 QQ（1999 年）、微博（2009 年）、哔哩哔哩（2009 年）、微信（2011 年）、抖音（2016 年）等。这些社交媒体平台各有特点，聚焦的用户群体也有所差异。例如，Facebook 为全球第一大社交媒体平台，尤其受年轻人青睐；LinkedIn 为全球职场社交平台，聚焦较多职场人士；YouTube、哔哩哔哩为视频搜索和创作平台，汇聚较多创作者；而抖音为短视频平台，既有视频创作属性，又有商城售卖属性，聚集的参与者更复杂，涉及创作者、商家、用户等诸多人群。大浪淘沙之后，留下来的这些社交媒体平台把持了全球社交媒体市场绝大部分份额。而社交媒体更重要的现实意义是让每个人都成为数据制造者，其平台自身则成为大规模数据掌控者。

市场研究机构 eMarketer 发布的《2023 年全球社交媒体更新》报告显示，2023 年全球社交媒体月均用户达 38.6 亿人，约占全球总人口的 48%。根据公开资料整理，2023 年，YouTube 覆盖广告受众约 25 亿人，LinkedIn 全球用户约 8 亿人，Facebook 月活跃用户近 30 亿人，Twitter 月活跃用户超 3.5 亿人，微信月活跃用户约 13.7 亿人，QQ 月活跃用户约 5.9 亿人，微博月活跃用户约 5.98 亿人，哔哩哔哩月活跃用户数量约 3.36 亿人，抖音月活跃用户数量约 15.8 亿人。大规模用户数量背后是大规模数据，而大规模数据蕴藏着巨大商机，又给企业线上营销推广注入活力。

社交媒体平台允许用户创建个人主页、发布动态、上传图片和视频等，并通过关注、点赞、评论等功能与他人进行互动。这一过程自然会留下个人基本信息、地理位置、兴趣爱好、消费习惯、社交关系等数据。而一个用户不止一次登录社交媒体平台，会长年累月重复性产生新数据。大量用户会在社交媒体平台上无限次制造数据，由此汇聚而成的数据池是庞大的。这时，社交媒体平台就如"永动机"，无时无刻不在留存和输出用户数据，并用大规模流量数据打造新营销生态，并颠覆了常规营销方式。

随着近些年短视频业态特别是直播带货的火爆，短视频社交媒体平台爆出许多"造富神话"和"营销传奇"。带货直播间几个小时产生的订单量，甚至远超线下实体店一年的销售量，以前想都不敢想的事情已经变为现实。这种营销模式完全打破了传统商品售卖理念，深挖"货找人"与"人找货"融合模式下的搜索流量分布。无数带货直播间昼夜不停开放，造就了无数"IP 大神"；无数品牌商入驻，创造了线上销售百花齐放的局面。"直播间里的营销疯狂"几乎每天都在上演，有时候工厂生产速度还赶不上线上销售速度，哪里还有过去企业因库存滞销而愁眉不展的影子。短视频社交媒体平台启动的这一场营销盛典远未终结，其蓬勃发展之势依旧强劲。

以被称之为"直播带货主播制造机"和"爆款商品输出机"的抖音平台为例，一场三五个小时的直播带货，成交额破亿元的比比皆是，用"炸裂"一词来形容毫不为过。抖音平台发布的《2023抖音电商这一年》资料显示，抖音电商全平台商品交易总额（GMV）2023年同比增长超80%，其中商城场景GMV更是同比大增277%；844万名创作者通过直播、短视频、橱窗、图文等形式的带货获得收入，其中累计GMV破10万元的创作者数量超过60万人。

从另一个角度讲，这些统计信息让我们看到了社交媒体平台生产数据的超强能力。不仅个人用户参与其中时会留下巨量数据，单单社交媒体直播间这一个场景，就能在短时间内让数据量喷涌迸发。社交媒体平台通过分析其场景留下的成交量、交易额、消费者购买喜好等数据，就能够发掘用户需求、锁定目标用户，进而持续优化内容运营策略和广告投放策略。企业可借助评论、私信、群聊等社交媒体平台上的互动功能与用户直接沟通，收集和分析用户反馈信息和建议，由此调整数据营销决策。这进一步反哺了企业研发设计、生产制造、物流供应链、售后服务等环节的改进提升，从而进一步提升满足消费者个性化需求的能力。

在外贸领域，90%以上的外贸企业利用社交媒体开发客户。多年来，借助Facebook、LinkedIn、Twitter、Instagram、YouTube等海外社交媒体流量成功获客的外贸企业不计其数。例如，一家服装外贸企业在Facebook上创建商业页面，长期展示产品和品牌，观察和记录用户点击率和搜索痕迹，并据此分析和总结客户偏好。遇到新品推出，该企业根据数据分析结果，用客户偏好的文字、图片、视频等形式传递产品信息，吸引老客户和潜在客户点击浏览，最终赋能新产品成为抢手出口品类，找到了大量真实客户。社交媒体平台受众群体庞大，信息以链式传播，流转速度加快，产生和沉淀数据的量级也呈放大效应。不只外贸企业这样的产品供给者是营销主体，社交媒体平台上的每一个人都在有意或无意间做了营销者，由此加速了商品信息的共享与传递。这也是虽然数据技术发展打造出了更多新生的数字营销渠道，但是大多数外贸企业至今仍将社交媒体视为开发海外客户的主渠道之一的原因。

风雪载途，却依旧一往无前。在开辟海外市场的漫漫征程上，外贸企业因社交媒体相伴相随而踏平崎岖，成为社交媒体崛起及其真正将数据带入洋洋大观之境的见证者。同时，它们又在这场数据风暴中扮演着参与者、贡献者、制造者、应用者等多重角色，与时代同步、携数据同行。在外贸大数据营销的当下，那些有能力征服大规模数据并识破数据应用本质的外贸企业，往往能大概率"拿下"海外买家，在纷繁复杂的市场环境中出奇制胜。

全球范围内琳琅满目的社交媒体几乎"绑定"了每个人，它们将人们的日常工作、生活等也搬到线上，提升了数字世界复刻物理世界的丰盈度和精准性，促成了人类数据资源的再开发和再利用，缔造了营销新方式、消费新需求和商业新契机。而今，外贸领域正处在新老形式交棒、数智贸易破土而出的重要节点，无数兼具营销能力和数据分析能力的实践者还将前仆后继，在社交媒体上做出更多、更好的外贸大数据营销文章。

第四，数据应用场景无处不在，数据再生产不眠不休。与其叩问数据产自哪里，倒不如探寻现如今还有什么人、事、物不能产生数据。若把全球社会经济体系比作一台庞大的高速运转机器，这台机器上的每个零部件都在生产数据，那么数据"死角"已不可见。产业、企业、个人，政府、金融、教育、医疗、能源，智能工厂、数字化车间、智能城市、智能家居、智能物流、智慧农业，高铁、汽车、红绿灯、餐馆、App 等等。我们几乎再也找不到一个与数据无关的场景。随着大规模数据价值愈加深入地被揭示出来，数据的应用范围被无限扩大，可谓史无前例、空前未有。

拿制造业来说，数据在该领域的一大应用场景是智能工厂。全球智能制造的兴起与发展是伴随着工业互联网的崛起及大数据、云计算、物联网等技术的广泛应用而逐步推进的：最早可追溯到 20 世纪 80 年代末；进入 21 世纪，因科技革命加持而逐渐落地。当前，智能制造发展上升为我国的一大国家战略，国家明确提出加快推动新一代信息技术与制造技术融合发展，把智能制造作为两化深度融合的主攻方向，在重点领域试点建设智能工厂/数字化车间。大量企业加入智能工厂的建设队伍当中，智能工厂在中华大地上遍地开花，为制造业注入了数据灵魂。根据工业和信息化部的数据，截至2023年底，我国已培育421家国家级示范工厂、万余家省级数字化车间和智能工厂，建成了全球四成的"灯塔工厂"。

总体上看，智能工厂建设大潮最开始是由实力雄厚的大企业主导的，因为这些企业身处制造业发展和技术研发前沿，最先感知制造业数字化和智能化的无限潜能，更有能力承担智能改造和数字化升级的高投入成本。例如，国外的博世、西门子、施耐德电气、霍尼韦尔、ABB、日立、通用电气等，国内的华为、美的、小米、格力、上汽大众等，均早早就开始布局智能工厂，并形成智能工厂第一梯队。有些家底殷实、技术实力卓越的制造业企业，不仅自己建造智能工厂、开展数字化生产，而且帮助供应链上其他企业建设智能工厂。例如，华为发布多个智慧工厂解决方案，特别是基于"一网、一云、一平台"技术架构的智慧工厂解决方案，打通工程数据流、商业信息流和生产工艺流，在海内外帮助不少企业建成或升级智慧工厂，其中包括上汽通用五菱全球首个"岛式"精益智造工厂、一汽集团智慧工厂互联互通网络升级、华兰药用"数字灯塔工厂"升级等。

而解析智能工厂的发展现况，正是要呈现这一数据应用场景的深度和广度，以及由此激发的巨大数据生产空间。政策支持度、企业参与度、产业链接性等因素共同造就了智慧工厂的扶摇直上之势，营造了浓厚的数据氛围。可24小时不间断生产的智能工厂，其产生的数据类型繁多且规模惊人。这些数据来源于智能工厂各个环节及所连接的设备，如温度、压力、速度、产量等设备数据，环境参数、设备状态、产品质量等传感器采集数据，生产计划、物料清单、工序进度等生产流程数据，产品尺寸、颜色、成分、缺陷等质量检测数据，操作记录、培训记录、薪金绩效等人力员数据。这些几乎摆脱传统人力管理的智慧工厂，形成一个个巨大的数据池，可以说既是产品工厂，又是数据工厂。

　　与智慧工厂类似的巨量数据源，还有自动驾驶汽车应用场景。自动驾驶汽车在行驶过程中每时每刻都在收集数据，不只沉淀车体本身的数据，还网罗采集周边环境数据。例如，车载摄像头会不断拍摄道路画面；车载雷达会探测周围物体的距离和速度，并生成周围环境的 3D 地图；车辆还会实时记录自身的运动状态和传感器的数据；等等。对于自动驾驶汽车市场规模，不同的研究机构给出了迥异的预测结果，如全球科技情报公司 ABI Research 预测，到 2025 年，全球 L3/L4 等级自动驾驶汽车出货量将达到 800 万辆；IDC 预测，到 2026 年，全球自动驾驶车辆销售规模为 8930 万辆。不管哪一种预测结果，给出的量级趋势预测都是庞大的。当这些自动驾驶汽车行驶在道路上时，沉淀的数据量难以估量。

延伸阅读

自动驾驶汽车应用场景的数据制造

　　自动驾驶汽车就如一台小型计算机，安装各种智能设备，如传感器、定位与导航设备、计算与控制设备、通信系统等。这些设备自动控制汽车的感知、决策、执行三大系统，可以实时感知并收集车辆周围的环境信息，以实现自主驾驶功能。

　　具体来说，自动驾驶汽车产生的数据，包括但不限于以下 4 个方面：第一，道路和交通环境数据。自动驾驶汽车通过摄像头、雷达和激光雷达等传感器收集道路标志、交通信号、障碍物、行人及其他车辆的位置和速度等信息。这些数据对车辆进行实时导航、避障和路径规划至关重要。第二，车辆状态数据。其包括车速、转向角度、加速度、刹车状态等。这些数据反映车辆的实时运动状态，有助于车辆进行精确控制和稳定行驶。第三，传感器数据。各类传感器产生大量原始数据，这些数据需要经过处理和分析，才能提取出有用的信息。第四，用户行为数据。自动驾驶汽车也会收集与用户交互相关的数据，如乘客的乘坐习惯、对车内设备的操作习惯等。这些数据有助于提升乘客的乘车体验和车辆的智能化水平。

除此之外，政府系统、交通、能源、金融、教育、医疗、电信等应用场景也在不间断产生数据。例如，由政府主导的智慧城市开发，以物联网、大数据、云计算、人工智能、5G 网络等为支撑，为城市的每一条"神经系统"积累海量数据，包括人口数据、交通管理数据、银行数据、医院数据、学校数据、社保数据等。在外贸领域，数据应用场景也随处可见，如营销、物流、通关、支付、认证、市场分析、供应链管理、风险控制等，这些场景产生海量的交易数据、市场数据、客户数据、供应链数据等，沉淀于贸易统计数据、海关数据、商业数据等系统中。

从这个角度讲，数据产生的渠道主要可以归结为 4 个方面：人、事、物、境。与此同时，有这样一个逻辑值得推敲：信息技术和数据技术赋能数据积淀，所积淀的大规模数据催生了广泛的应用场景，而遍布各处的数据应用场景又再生产出新的数据。由此，数据叠加数据的壮观场面悉数铺开，数据爆炸一轮又一轮上演，迎之不见其首，随之不见其后。物理世界时时刻刻产生数据，数据量会越来越大，而一比一映射出来的数字世界，更是会数据"满仓"。人类似乎开启了一段没有终点的数据旅途。

数据旅途中的两朵"奇葩"

在涉古及今的数据应用中，在技术迭代周期日趋缩短的过程中，在无数"数据制造机"不眠不休的运行中，在社会经济各领域主体的全面参与下，数据边界反复被打破、被扩充、被重新定义，不断有大容量新型数据汇入数据世界。在远古时期，石头、贝壳等物什上的简单标记即数据；文字产生之后，用文字描述的一切人、事、物等便是数据；数学、几何学等产生之后，字母、符号、图形等便是数据；图像技术、制图工具、动态影像等出现之后，图像、音频、视频等即数据；等等。所以，数据绝不仅仅是传统意义上的数学符号，它是对客观事物的逻辑归纳，它随历史车轮轰轰前行，隐于人类生老病死的每一阶段，藏于天地间所有事物运行之中。

通常来说，各个系统和主体根据实际需要都有自己对数据的分类标准，数据分类呈现多元化特征。鉴于这种现实情况及数据本身的复杂性，对海量数据进行细致且明确的归类，并不是一件容易的事。结合上述几种数据产生的源头，可以尝试从商业活动过程和数据结构程度两个维度大致梳理数据类别。

从商业活动过程维度，我们试着将数据分为企业角度的商业数据和个人角度的行为数据两大类。

第一，商业数据。商业数据是企业价值创造活动中产生和使用的各种数据，涵盖企业采购、研发、设计、生产、销售、服务、市场开拓、客户关系维护、供应链管理、运营管理、战略实施等全部环节。商业数据又可细分为多种类型：一是采购数据，包括采购数量、采购价格、供应商信息、采购人员信息等；二是生产数据，涉及生产计划与进度、产量和效率、设备运维情况、员工出勤与工时、产品合格率等；三是销售数据，包括销售单价、销售总额、销售量、销售渠道等；四是客户数据，涉及客户的基础信息、客户数量、客户分布、客户属性、购买记录、需求偏好、反馈意见等；五是市场数据，囊括市场整体容量、竞争对手动态、市场供需分布、行业发展趋势、消费者需求层次等；六是物流数据，涉及运输方式、运输时间、运输距离、运输成本、运输路线等；七是财务数据，包括企业的收入、成本、利润、资产、融资、债权债务等。当然，商业数据类别远不尽于此，在企业运营活动中，对内和对外皆留下复杂的数据。

在数字经济时代，商业数据是企业最重要的资产之一。通过运用

"大智移云物区"等各类数据技术，企业可将隐藏于内部数据和外部关联数据中的价值挖掘出来，驱动业务决策和精准营销，在急速变化的商业生态中找到新生动力，获得持续发展。除了实体企业的这些数据类型，一些数据服务公司也构建了区域型、行业型等各种类型的数据库，也可视其为商业经济系统层面的一大数据类型。这些数据服务公司以提供"数据服务"为核心要务，其中就包括彭博有限合伙企业（以下简称"彭博社"，Bloomberg）、汤森路透集团（以下简称"汤森路透"，Thomson Reuters）等数据库服务商。另外，环球慧思作为中国最早一批国际贸易数据服务商中的佼佼者，以自主研发的智能贸易终端系统为依托，形成了"交易数据+商业数据+公开数据"的"三位一体"外贸大数据体系，20多年来帮助无数实体企业在海外市场赢得客户。

案例分享

彭博社与汤森路透的数据库服务

创立于1981年的彭博社，是全球商业、金融信息和财经资讯提供商，用户约35万名。彭博社提供一系列数据库服务，数据信息覆盖股票、债券、外汇、商品等多个市场。在彭博社提供的数据库中，最为核心的是彭博终端（Bloomberg Terminal）。该终端面向全球公司、新闻机构、金融机构等市场主体，集成全球金融市场数据、实时行情、交易信息、研究报告、新闻、分析功能、沟通工具等，并与世界级交易执行系统整合为一体，助益用户进行市场分析、投资决策和风险管理等。

汤森路透由加拿大汤姆森公司与英国路透集团于2008年合并成立，是全球最大的专业信息服务提供商之一。汤森路透除了拥有多个全球知名学术引文索引数据库，还提供涵盖金融、法律、税务与财会、科学技术、知识产权、医疗保健和媒体等领域的数据库服务。例如，汤森路透于2010年推出Westlaw法律数据库，提供全球主要国家和地区的法律条文、资讯和判例等；于 2010 年推出 Eikon 数据平台和 Elektron 数据平台，提供外汇、货币、证券、能源、衍生产品等金融市场相关实时交易数据及金融分析工具；于 2015 年推出 ONESOURCE 全球贸易分析工具，可供用户查询 210 多个国家和地区的最新监管贸易数据。

彭博社和汤森路透主要业务都与数据服务有着密切关系，它们通过收集、整理和分析各种数据，在为客户提供有价值的信息和洞见同时，还利用先进的技术手段对数据进行处理、传输和展示，确保客户能够及时、准确地获取所需信息，帮助客户在复杂的市场中取得成功。

第二，行为数据。个人角度的行为数据主要体现为用户在特定环境、系统或商业活动中的一系列行为的数据记录。全球线上交易平台和社交媒体平台风靡之后，行为数据的量级及其复杂性赫然提升。行为数据沿着用户的行动轨迹，揭示其工作、生活、购物习惯、消费偏好和需求等要素，为市场供给方提供参考。例如，个人的出行记录、交通线路偏好等，均可通过其在打车软件上留下的行为数据得知；消费者的消费需求、购物习惯等，均可在其登录过的购物平台上获取。如果要再进一步细分，行为数据包括但不限于如下类别：搜索数据、浏览数据、点击数据、互动数据、交易数据等。

对于企业来说，行为数据是最重要的数据资源。这是因为：其一，企业作为商品和服务的供给方，最想知道需求方的真实想法，而行为数据是最直接的用户数据，最能体现用户行为特征和偏好，因此可将行为数据视为企业挖掘客户时最具价值的依据；其二，企业或可通过分析行为数据找到潜在客户，同时准确捕捉已有客户需求变化，据此优化商品或服务，增强客户黏性；其三，企业通过行为数据洞察用户真实需求，为目标客户"画像"，制定精准营销策略，进而促使用户资源变现，距离价值最大化更进一步；其四，企业可透过多角度的行为数据预测用户未来的购买意向和需求，进而调整市场策略，做到高瞻远瞩、运筹帷幄。

延伸阅读

数据分类应用图鉴

依数据结构程度维度，数据可分为结构化数据、半结构化数据和非结构化数据，常见的数据分类方式简表见表 1-1。

表 1-1　常见的数据分类方式简表

名称	基本描述	应用领域
结构化数据	该种数据是一种最为常见的数据类型，它遵循固定格式（如 Excel、CSV 和数据库文件）和规则，具有明确的字段和属性，可以通过表格、数据库（主要是关系型数据库）或其他可编程的数据模型进行存储和管理，便于用户访问和使用。常见的结构化数据有企业财务记录、客户信息、交易数据、人口统计信息、金融市场统计数据、医疗数据库数据、政府行政审批系统数据等	在金融、医疗、物流、电子商务等诸多领域得到广泛应用
半结构化数据	该种数据是介于结构化数据（如关系型数据库、面向对象数据库中的数据）和非结构化数据（如声音、图像等）之间的数据类型。它通常指那些不遵循固定格式和规则，但具有一定规范和模式的数据。常见的半结构化数据包括 XML（可扩展标记语言）文档、JSON（JavaScript 对象表示法）数据、HTML（超文本标记语言）文档、日志文件等。相比结构化数据，半结构化数据的存储难度虽有所增加，但同时表现出更强的灵活性和多样性，在支持企业决策方面更加精准，更能发现商业关联和市场趋势	被广泛应用于电子商务、医疗、金融、教育等领域

（续）

名称	基本描述	应用领域
非结构化数据	该种数据是指数据结构不规则或不完整，没有预定义的数据模型，不方便用数据库二维逻辑表来表现的数据类型，如文本（如电子邮件、聊天记录、新闻信息等）、图片、图像、音频、视频、社交媒体数据等。随着数字经济席卷整个社会经济体系，非结构化数据如排山倒海般涌现，其灵活性、多样性和复杂性又在结构化数据和半结构化数据之上。同时，非结构化数据处理、分析和管理难度都比较大，数据安全问题更为突出	需要利用机器学习、深度学习和自然语言处理等技术挖掘图片、图像、音频、视频等背后隐藏的"玄机"，应用价值也更大。例如，通过社交媒体上的用户情感信息，可以预测股票市场走势；借助音频、视频等传递的信号，可以进行市场舆情分析，发现用户对产品或品牌的看法，进而及时采取应对措施

总体而言，结构化数据属于传统数据主体，而半结构化和非结构化数据占据数据总量的绝大部分份额。近些年，半结构化和非结构化数据增长迅速，成为当前主要数据类型，尤以非结构化数据为甚。根据各界共识，非结构化数据才是全球数据中的"霸主"，其规模远远超过结构化数据。据 IDC Data Sphere 预测，到 2027 年，全球非结构化数据将占到数据总量的 86.8%。可以预判，谁能掌握更多非结构化数据并尽早挖掘出其价值，谁就能在数字经济的新生态中获得关键竞争力。

当然，并不是所有数据对于所有人和企业都有价值，最有价值的数据一定是与"我"相关的数据。例如，对于企业来说，只有自身内部数据及与其相关的周边数据才有价值，其他数据规模再大、种类再丰富，对于企业而言也没有实用价值。就如一家企业要预测未来 3 年自身经营收入走向，它会以过去多年至当下的历史内部经营数据作为样本，最多加上所在行业相关数据，而不是用其他企业的数据；一家外贸企业想开发欧洲买家，那它就要收集欧洲市场需求特点、需求量、产品价格、买家分布等相关数据，而不是舍近求远，去分析美国或东南亚的贸易数据。总而言之，企业要挖掘的是与自身相关数据的价值，不能"眉毛胡子一把抓"。

不过，与"我"有关的数据也要保证高质量，才能实现价值变现。数据领域有一种说法，即"垃圾进，垃圾出"。也就是说，如果用户使用的是无序、低劣的原始数据，那么，通过这些数据做出的决策也很可能是无效甚至是具有误导性的。以 ChatGPT 为代表的大语言模型也是如此。若机器学习和训练时采用低质量数据，得出的结果很可能也是劣质的。比如用户发出提问，ChatGPT 给出的答案却顾左右而言他，并未解决实际问题，就很容易失去用户信任，这一试图造福人类的技术也就会失去存在的意义。所以，无论数据被应用于何处，都需要经过数据清洗和筛选，剥离掉无用数据，持续提高数据质量，才能保障其使用价值。

得数据者得天下

在这个朝气蓬勃的数据时代，引流、流量等词汇常常充斥我们的周遭，仿佛无引流不成功、无流量不胜利。事实上，引流、流量背后均是数据。在线上交易平台和社交媒体平台等生态圈里，流量与数据均呈巨量化特征。庞大的流量和数据甚至会改变一家企业的命运。例如，一些发展呈"日薄西山"之势的国货老品牌在抖音、快手等社交媒体平台上借助流量重获新生。这些国货老品牌有上百年历史，经历过经济发展的大风大浪，也曾在商业世界的严酷竞争中绝地反击。它们有炽热的民族振兴之魂，亦有滚烫的实业兴邦之魄，只不过暂时迷失在了数字世界里，遇到了经营困难。它们因数据时代的冲击而迷茫、衰退，最终也因大规模数据带来的营销放大效应而化险为夷。在数据时代，大多数企业头上的"魔咒"被打破了，国货老品牌转危为安的例子就是佐证。而数据就是那个破解"魔咒"的新动能、新生产要素。数据甚至能让处于衰退期的企业再次迎来成长期，重整旗鼓，开启新一轮发展征程。

国货老品牌穿越两个世界（物理世界和数字世界）涅槃重生，便是数据价值的一个微观缩影。数据在宏观经济、产业发展等层面释放的价值则更具顶层引导效应和根本性变革效应。

数据是新时代的"石油"

迄今为止，人类发展经历了农业文明、工业文明和数字文明三个阶段，每个文明各由特定能源来主导。人力和畜力可视为农业文明的能源，石油、煤炭等是工业文明的能源，而数据是数字文明的能源。数据之于数字文明，犹如石油之于工业文明，所以数据又被称为新时代的"石油"。这一说法可以溯源到 2017 年 5 月，当时《经济学人》杂志发文称"世界上最有价值的资源不再是石油，而是数据"（文章名为 *The World's Most Valuable Resource is no Longer Oil，But Data*），提出"数字时代的石油——数据"这一观点，并迅速在全球范围流传开来。

在工业时代，围绕"石油"这一核心资源的争夺及博弈在政治、经济、社会等各个领域激烈上演。自 19 世纪中叶以来的 1 个多世纪里，全球商业巨头们一直高呼"掌握石油！"而现在，他们的口号迅速转向"掌控数据！"这其中就包括谷歌、亚马孙、苹果、脸书和微软等科技巨头。通过控制数据，这些互联网企业把控了数字时代"商业帝国"的根基，并凭借先入者的巨大力量阻碍或吞并新进入者，消除市场竞争威胁，由此引发全球范围内的数据垄断担忧。透过商业巨头对数据的重视度，可见数据的价值，所以称数据为新时代的"石油"毫不为过。不仅如此，从某种意义上说，数据的价值甚至在石油之上。

不管是农业文明时期的人力和畜力，还是工业文明时期的石油和煤炭，它们均是有限能源，终会走向枯竭。而数据作为数字时代的核心能源，却越沉淀越多，并会产生持续的规模经济效应。其价值不仅表现为是一种经济能源，还能揭示事物运行规律，辅助政府、企业等做出正确的决策，价值延伸的空间更广阔。从这一点来说，数据的价值超过了实物属性的石油。进一步说，同石油经过加工和提炼转化成多样化的能量源一样，数据的"燃烧"也会释放超量级能量，通过加工、提炼等环节产生价值，推动产业升级和企业数字化转型，促进社会经济进步。

与此同时，同工业时代石油被当作最重要的战略资源一样，数据也是数字时代的核心战略资源。一个国家要想在扑朔迷离的世界经贸格局中占据有利地位，一家企业要想在激烈的市场竞争中出奇制胜，储备足够、全面的数据资源至关重要。我们看到，当下全球各国对数据资源的争夺战早已硝烟弥漫。数据"新石油"的价值决定了其战略高度，而战略高度又决定了其难以逃脱的靶向命运。

如果说20世纪是石油的天下，那么21世纪就是数据扮演主角的时代。数据意味着一种全新的治理体系、制度体系和竞争体系，全球企业都要生存发展于它所创造的新商业环境中。由石油主导的工业时代旧思维方式并不适用于由数据主导的数字时代，一切都已被颠覆。

数据是新质生产力的关键

2023年9月，习近平总书记在黑龙江考察调研时首次提出"新质生产力"概念。之后，他在不同场合多次提及新质生产力，并系统阐释了新质生产力的内涵、特征、发展方向等要义，由此界定了新时期经济发展的决定性力量，指明了下一阶段中国经济高质量发展的主攻方向。2024年《政府工作报告》将"大力推进现代化产业体系建设，加快发展新质生产力"列为十大任务之首。

习近平总书记指出："新质生产力是创新起主导作用，摆脱传统经济增长方式、生产力发展路径，具有高科技、高效能、高质量特征，符合新发展理念的先进生产力质态。它由技术革命性突破、生产要素创新性配置、产业深度转型升级而催生，以劳动者、劳动资料、劳动对象及其优化组合的跃升为基本内涵，以全要素生产率大幅提升为核心标志，特点是创新，关键在质优，本质是先进生产力。"由此可见，关于新质生产力，可以梳理出这样一条主线：创新主导—技术突破—生产要素协同—

产业转型升级—先进生产力形成—高质量发展。

这一新概念是在全球经济增长乏力、经贸局势动荡、产业链价值链竞争僵持、发展动力不足等深刻而复杂的背景下提出的，是对马克思主义生产力理论的创新和发展，具有战略高度和重大现实意义。而在新质生产力发展的过程中，数据能起到什么作用？早在 2020 年，数据就已被我国确定为新型生产要素，写入政策文件。2021 年，我国提出"数据作为新型生产要素，对传统生产方式变革具有重大影响"，再次指明数据在数字经济发展中的核心地位。可以确定，数据是新质生产力发展的关键生产要素。

相比土地、劳动力、资本、技术等传统生产要素，数据这一新型生产要素肩负着迭代传统生产力、催生新质生产力的使命，是最有活力的生产要素和新生力量。一方面，数据在渗透社会经济过程中改造生产方式、创新资源配置、完善制度体系、优化新工艺和业务流程、重塑产业结构等，恰恰助推了与新质生产力相适应的新型生产关系的形成。不管是对于经济高质量发展战略大局，还是对于壮大新业态新动能新优势战术部署，这一点都至关重要。另一方面，数据将还引导土地、劳动力、资本、技术等生产要素向国民经济各环节流动，并通过与这些生产要素重新组合和创新配置，推动生产力在数字时代实现跃升。同时，数据将赋能生产力三要素——劳动者、劳动资料、劳动对象，使其具备智能化、数字化的内核，匹配新质生产力。

肩负催生新质生产力使命的新型生产要素——数据

关于新质生产力、新型生产关系及数据作用的讨论，目前理论界和实务界才刚刚开始，相信随着新质生产力知识体系的形成及日趋成熟，各界围绕其展开探索将不断深化并取得丰硕成果。到那时候，数据在其中的驱动力效用必将会全部浮出水面。

数据是数字经济"三驾马车"之一

从经济学角度看，我国经济增长由投资、消费和出口"三驾马车"拉动。而来到数字经济时代，在"老三驾马车"之外，又出现了"新三驾马车"，即数据、算力和算法。这三者构成了数字经济发展的核心基础和技术手段，其中数据是数字经济深化发展的核心引擎。

综合中国信息通信研究院发布的数据可知，2014—2023 年，我国数字经济规模从 16.2 万亿元增加到 56.1 万亿元（初步统计），占 GDP 的比重从 25.1% 升至 44.5%。另外，根据国家统计局 2024 年 4 月做出的预测，2023 年我国数字经济核心产业增加值估计超过 12 万亿元，占 GDP 的比重在 10% 左右。这意味着我国数字经济发展很有可能超前达成《"十四五"数字经济发展规划》确定的目标，即到 2025 年，数字经济核心产业增加值占 GDP 比重达到 10%。

这些耀眼成绩的背后，是数据、算力和算法，尤其是数据这一关键要素强大的拉动力作用。数字经济是继农业经济、工业经济之后的新经济形态，也是新质生产力推动社会经济发展的一个重要方面。数据作为新型生产要素和生产资料，对数字经济的拉动作用至少体现在三个方面：

一是驱动创新。这与新质生产力要求的"创新主导"一脉相承。大规模数据的沉淀和实践应用为整个社会经济体系中的创新活跃力量提供了优质能源。这些创新活跃力量通过挖掘、提炼和分析大量数据，能够提升数据技术研发能力，构建新的商业模式、产品生产模式和服务提供模式。大量企业对数据资源的强劲需求，反向激励与数据相关的技术持续创新迭代，由此助推数字经济释放强大势能。

二是优化资源配置。将有限的资源投入到更有价值的领域，始终是大到国家层面、小到企业层面的永续追求。数字经济这一新经济形态的出现，更是要求调整工业经济时代延续的旧有资源配置形式，以便与新发展逻辑相适应。而数据是资源配置动态优化的关键抓手。一方面，数据是一种新型资源，其参与资源配置，可与其他资源优化组合，推动关键经济领域数字化、智能化发展；另一方面，翻转数据，发现其背后的市场供需规律、资源分布优劣等，可捕捉数字经济发展的先导环节和"主阵地"，能消除发展盲点，提高资源配置效率和准确性。

三是加快数字化进程。数据是产业数字化和企业数字化转型的基础和支撑，而这两项恰又是数字经济的重要内容。产业数字化是对传统产业的数字化改造，它以数据为关键要素，以数据赋能为主线，重塑产业分工协作新格局。例如，工业互联网、两化深度融合、智能制造等新业态新模式，均是产业数字化的结果。与此同时，企业数字化转型的核心是将数字技术融入经营管理的全部过程和环节，涉及采购、设计、研发、生产、制造、物流、服务等全链条。例如，生产线数字化改造、建设数字化车间和智能工厂、业务流程数字化、商业模式创新和变革等，既是数据的应用场景，又是数据沉淀的来源。一句话，企业数字化转型与数据息息相关。

数据、算力和算法"新三驾马车"刚刚上路不久，它们将如何拉动数字经济大展宏图，还需要经历一个探索、积累、排难、实践再实践的过程。好在这"新三驾马车"够新、够快、动力够足，数字技术赋能传统工业经济冲破发展瓶颈并闯出一片新天地，将不是太遥远的事。

数据是第四产业的主角

早在 20 世纪 80 年代，我国理论界和实务界就出现了对于第四产业的讨论，并一直持续到现在。有人将创意业定义为第四产业，有人将信息业划分为第四产业，还有人将绿色生态产业界定为第四产业……对于第四产业的解读可谓五花八门，但尚无定论。

近些年，随着数据技术的升级和数字经济的崛起，数据资源在国民经济各领域的作用凸显，于是有人提出将"数据业"列为第四产业，其中尤以 2022 年出版的《第四产业：数据业的未来图景》一书为代表。该书认为，工业时代的三次产业划分理论已经无法适应数字时代社会经济发展和产业升级需要，迫切需要突破传统产业划分标准，界定新的产业形态。而数据业是将数据转化为数据资产、将数据资产加工为数据产品和服务，并以数据产品和服务为相关产业赋能的行业和厂商的总和，是人类社会第四产业的理想形态。因此，有必要数据业独立划分与核算，并将其纳入产业升级变迁的理论研究框架。

目前，联合国《所有经济活动的国际标准行业分类》（ISIC）、我国《国民经济行业分类标准》（GB/T 4754—2017）等官方文件中均没有出现对第四产业的界定内容，仍然沿用传统三大产业划分标准，即农业、工业和服务业，如何重新定义第四产业仍有讨论的空间。不过，我国已有政策文件明确将数据列为新生产要素，数字经济发展也已上升为国家战略，奠定了数据的重要经济地位。我们确有信心，数据作为一个整体产业出现的路径会越来越清晰，数据业最有可能成为第四产业，让有关第四产业长期而热烈的讨论尘埃落定。更确切地说，作为新型生产要素的数据，必然是第四产业的主角。

有一种观点认为，若仅强调数据在数字时代国民经济中的重要性，却不明确数据的产业地位，那么，数据这一新型生产要素仍然只是工业时代的附庸，其价值和重要性依然会被掩盖和低估。这种说法不无道理，但数据产业化还需要一定时间也是不争的事实。可以看到，现在实业领域对数据要素的应用先行一步，产业数字化和数字产业化都在如火如荼地进行，企业数字化转型也在深入推进。与数据相关的法律、制度、政策等，需要尽快完善。因为数据业一旦成为一个独立的产业，就不仅仅是应用这么简单，还会涉及产业结构、产业组织、产业布局、产业政策等体系化设计的跟进。

当前，数字化经历了在线化、数据化和智能化的渐次演进，数据与智能密不可分。以前所有行业都可以用互联网重新做一遍，现在所有行业都可以用数据智能化改造一新，其中的关键因素是数据。由数据主导的第四产业将重新定义国民经济结构和发展趋势，并作为一种新产业，与其他三大产业一起开辟经济发展的新增量空间。目前，我国初步形成了门类较为齐全的数据产业链，涉及数据采集、计算存储、开发利用、流通交易、安全治理等各个环节，各类型的头部数据企业逐渐成为带动产业链突破的主力军，如阿里瓴羊就是其中的优秀代表之一。

案例分享

做数据智能服务的领头羊——阿里瓴羊

阿里瓴羊是阿里巴巴全资子公司，成立于 2021 年，主营数据要素服务，是阿里云智能集团的重要业务之一。该公司致力于将阿里巴巴沉淀 10 余年的数字化服务经验，系统化、产品化地全面对外输出给千行百业，提供一整套数字化产品和服务，涵盖数据生产、数据消费及数据流通三大环节，旨在以数据驱动为增长引擎，打通整合企业的商业流、数据流和工作流，让数据智能在企业的生产和经营中发挥最大价值。

瓴羊拥有丰富的产品矩阵，包括分析云、营销云、产销云、客服云、开发云等多个领域，具体产品如 Dataphin（智能数据建设与治理产品）、Quick BI（数据可视化及分析产品）、瓴羊 One（一站式全渠道经营平台）等。这些产品可解决企业在数字化转型过程中遇到的各种痛点，如数据孤岛林立、数据建模不规范、IT 运维成本高、供应链协同滞后、报表开发低效、消费者资产不清晰等问题。目前公司已服务上百家知名企业和众多中小企业的数字化建设，涵盖制造业、跨国企业、新国货消费品牌等多个领域。

数据是新经济的突破口

犹如鱼不可脱于渊，新经济深根固蒂的源泉在于数据这一股江海之激流。2020 年 4 月，国家发展改革委、中央网信办发布《关于推进"上云用数赋智"行动 培育新经济发展实施方案》，提出大力培育数字经济新业态，深入推进企业数字化转型，打造数据供应链，以数据流引领物资流、人才流、技术流、资金流，形成产业链上下游和跨行业融合的数字化生态体系，构建设备数字化、生产线数字化、车间数字化、工厂数字化、企业数字化、产业链数字化生态的典型范式。从这一政策内容可知，新经济将以数字经济为突破口，而数字经济又以数据为核心引擎，故新经济最终的执牛耳者非数据莫属。

简单地说，人类的发展历程就是不断寻找新动能、开发新空间的雄心勃勃之旅，社会经济运行方向皆因环境变化而改变。新经济也不例外，它是在全球经济贸易时势剧变、数据技术重构传统经济模式和商业模式等复杂大环境下应运而生、崛地而起的。在这个过程中，数据既是新经济的动因，又是新经济的动能。

第一，物理世界的争夺空间越来越小，数据空间的竞逐已然开始。商业世界中有一个普遍被接受的定律，即"先发优势"。希腊船王奥纳西斯用一生淋漓尽致地演绎了这一定律。20 世纪 30 年代，奥纳西斯在希腊与阿根廷的贸易中初露锋芒，但他的企业很快因经济危机爆发而受到重创。与很多持谨慎观望态度的商人不同，奥纳西斯在危机中并未退缩，很快便捕捉到了新机会。在全球海运商纷纷退出海运市场之际，奥纳西斯以低价购入加拿大一家铁路公司的 6 艘货船。正是这一逆水行舟之举，让他开启了足以载入世界航运史和贸易史的商业传奇。其实，这背后的逻辑就是"把生意做到别人之前"。在销售领域，奥纳西斯一直强调要先人一步，提前预测和把握客户需求，抢占客户心智，走在竞争对手前面，从而赢得市场竞争优势。后来，这一商业做法上升为理论，被纳入经济学范畴，即"奥纳西斯定律"。希腊船王的故事是物理世界市场竞争的一个典型例子。

拿最近 200 年来说，人们在物理世界里经历了对矿产、石油等稀缺资源的争夺，前三轮工业革命皆伴随着有关商业资源的"厮杀"。那些提前垄断战略资源的商业巨头（如美国洛克菲勒公司），以及在全球产业链、供应链、价值链上取得较大话语权的国家（如美国）、国际和地区组织（如欧盟），抢占了有利市场竞争地位，经贸率先实现快速增长。与此同时，它们一度主导了全球资源配置，在制造业成本"高地""洼地"之间分配投资力量，阻碍或"剥削"市场后进者，赚取高额利润。当前，全球自然资源领域的竞争更多地体现为对存量的争夺，且空间越来越小。

20 世纪初，物理世界的争夺扩展到了低空领域，百年中形成了"低空经济"新业态。进入 21 世纪，中国低空经济也经历了从起步积累到快速发展的阶段，以大疆公司为代表的一批低空飞行器企业引领了低空经济的"黄金期"。低空经济的争夺涉及航空器制造与应用、低空运输与物流、低空旅游与娱乐、低空监测与探测等领域，代表性产品有无人机、直升机、热气球等。例如，近些年，无人机在农业生产、物流运输、环境监测、地质探测、灾害救援等方面的优势凸显，能够解决"急难险重"、非人力所能为之事，到达人力难以到达之处，降低成本、提高效率。当前，全球关于低空经济的争夺几近白热化。

始于 20 世纪 50 年代、以美国和苏联太空竞赛为标志的"高空经济"，发展到现在出现了新趋势，不断有新的航天力量加入，尤其是中国航天的全球地位不断上升。从卫星通信和导航、载人航天、国际空间站到月球、火星等星球探测，人类探索太空的脚步不断加快，对高空资源的争夺愈演愈烈。在全球许多城市，当人们望向夜空时，如果有机会肉眼看到由多个"灯"连成的一条线在移动，那很可能是近些年赚足眼球的美国太空探索技术公司（SpaceX）部署的互联网"星链"（Star Link）。全球其他国家也有类似的计划。毋庸置疑，地球已被卫星包围。随着中国 2013 年 12 月"嫦娥三号"探测器在月球成功登陆、2020 年 12 月"嫦娥五号"返回器取回月壤样本、2024 年 5 月"天问一号"探测器成功着陆火星、6 月"嫦娥五号"在月球背面成功取样，以及中国载人登月计划提上日程，中国航天的跨越式发展将打开全球高空经济发展的新局面。

另外，地下、地面、海洋、低空、高空……全球竞争从下到上、从低到高、从时间维度到空间维度无处不在。我们不得不担忧，现在物理世界可争夺的空间越来越小，可能会陷入"卷"不动的僵局。而与此同时，新的竞争空间已经打开，那便是一比一从物理世界映射出的数字世界。因为数据具有规模效应、范围效应、无限性等特征，所以数字世界是一个更大、更高级的资源争夺空间。数字世界在重构传统物理世界的经济、产业、企业等过程中，释放新动能、新资源。商业中的"先入优势"无外乎有两个：一个是时间先入优势，另一个是空间先入优势。早在几十年前，就已有一些先知先觉的企业踏入数字世界的领地，夺得了时间和空间上的优势。

数字世界（虚拟世界）的争夺才刚刚进入新阶段，而数据是其中最重要、最稀缺的资源，必然也是焦点所在。就如同物理世界中垄断铁矿石、石油的那些巨头可以控制下游钢铁厂、炼油厂一样，在数字世界中，控制数据的企业也能主导产业链、供应链。作为外贸大数据解决方案提供商的环球慧思，20多年前就投入了大量资金在全球范围内购入各类数据资源，并组建了数字技术团队开发贸易数据终端，抢占了数字世界的第一波先机。这才有了现如今无惧"乌卡时代"的底气，并在近几年经贸局势波动加大情形下实现了逆势高速发展。

数字世界发展到现在，其实已经开始出现数据垄断的苗头，不少先入者掌握了大量数据，形成了规模效应，在某些经济领域"占山为王""赢者通吃"。而后入者要想获得数据资源，所要付出的代价只会越来越大。好在数据资源不同于矿产、石油等自然资源，个人即可生产数据，更别说企业、国家了。所以，一家实力较强的企业仍能具备组建自己的数据库的条件。而且，数据是可再生的，今天这些企业掌握了巨量数据，也许明天另一些新企业又掌握了更有价值的数据。所以，数字世界的资源争夺变数更大，机会很多。总而言之，"数"即是"矿"，你有了"数"之"矿"，就可在数字世界里游刃有余。

第二，在物理世界和数据世界之后，精神世界价值迸发，人心红利开始释放，人的情绪价值创造出新的价值机会。这是一个在物理世界和数据世界的基础上的更深层次、更难以具象的空间，因为它以"人心""心智"资源为关键争夺对象，存在着巨大的探索挑战。物理世界和数据世界都是客观的，而人的精神世界是主观的，人的思想、情感、意念、价值观都是变化发展的，人心常常变幻莫测、难以捉摸。就如同一件物品，有人喜欢，有人唾弃，有人认为它有价值，有人却认为它一无是处。然而，强中自有强中手，一些抢先在数字世界占据有利位置的企业（平台）通过数据分析成功攻破了"人心"，获得了巨大的商业成功。

例如，在抖音等短视频平台上，商家在直播带货中调动用户的情绪、提供"情绪价值"，通过攻占人心获得了惊人的订单量。这种情绪价值多数情况下并不是营销人员的花言巧语带来的，而是人与人之间的情感交流所激发的。主播一句令人深有感触的话，或者一个令人共情的表情，都可能成就数单生意。"董宇辉现象"在一定程度上诠释了什么是情绪价值和人心红利。就如在一场助农直播中，有人提出上线的农产品价格偏贵，而董宇辉用"谷贱伤农"4个字便将这场直播带向了新的境界，不仅说出了农人的不易，引起了人们的共鸣，让他们心甘情愿下单，而且带动了更多人关注农业发展这一国家大计。我们不评价这场直播带货背后有何争议，仅看其销售逻辑就可知，这种方式确实攻占了人们的"心智"，让情绪价值占了上风。

同样一件商品，在不同的直播渠道价格可能会有所差异。多数情况下，人们会选择在最便宜的那个直播间购买。但一旦商品被"镀"上了情绪价值，商品价格就开始变得模糊和脱敏，人们可能因为情感上得到了满足而选择最贵的那个直播渠道。你看，精神世界就是这么不按常理出牌，而这全因人心是可变化发展的。从另一个角度说，提供情绪价值相当于给用户做了一次"心理按摩"，抚慰和治愈人心，再在商品上附加价值就变得理所当然了。因此，如今商业世界中"得人心者得天下"这一说法并非空穴来风。有人甚至认为，市场营销已变成认知的争夺而不是产品的"战争"，抢先占据客户心智要胜于抢先进入市场。

改革开放以来，中国经济发展的驱动要素从最开始的人口红利到后来演变为人才红利，现在正要步入人心红利的新经济生态。可以说，人口红利基本已经消失，人才红利正当时，人心红利刚刚释放。过去，企业只需关注物理世界，用实物产品占领市场；数字世界崛起之后，企业开始实施数字化转型，用数据改造生产和组织模式；现在，企业要兼顾物理世界、数字世界和精神世界，研究人心所向，进行有温度的营销。

之所以阐释以上三大世界和三大红利，主要是为了穿透分析新经济的真正内核和发展趋势。对三大世界抽丝剥茧地研析之后会发现，数据的地位越来越重要，抓住人心的前提是数据采集和分析。例如，根据主播 IP 和流量确定上线何种产品，根据产品受众确定在哪些平台直播，根据用户偏好制定直播脚本等。因此，新经济的突破口是数据，面对的是叠加了人心世界的数据世界。

在新经济环境中，企业在开发人力资源的同时，还要积极开发人心资源，挖掘和占领心智资源。人心资源看不见、摸不着，把握起来比较困难，但数据是客观的。企业可以借助数据透视人心，一旦俘获人心，便能在短时间内获得超高红利。但同时要注意，产品或服务一朝失去了人心，企业受到的打击也是翻倍的，甚至会在市场上销声匿迹。所以，企业在人心的世界里做营销，一定要把握好度和基本的价值取向。

数据要素议题渐深

从 2014 年"大数据"一词出现在我国《政府工作报告》中算起，国家对于数据世界的认知经历了从大数据、数据要素、数据要素市场到数据要素制度体系建立的过程。我国也是世界上第一个提出"数据要素"概念的国家，数据相关理论、制度和应用均走到了全球前列，也必将一步步印证"数字时代是中国的时代"的发展趋势。

2019 年 10 月，党的十九届四中全会提出"健全劳动、资本、土地、知识、技术、管理、数据等生产要素由市场评价贡献、按贡献决定报酬的机制"，意味着我国开始将数据作为生产要素参与分配；2020 年 3 月，

《关于构建更加完善的要素市场化配置体制机制的意见》正式将数据列为五大生产要素之一；2020 年 5 月，《中共中央 国务院关于新时代加快完善社会主义市场经济体制的意见》提出"加快培育发展数据要素市场"；2022 年 12 月，《中共中央 国务院关于构建数据基础制度更好发挥数据要素作用的意见》（也被称为"数据二十条"）提出 20 条举措，要求从数据产权、流通交易、收益分配、数据治理 4 个方面搭建我国数据基础制度体系，对数据要素市场发展具有重大全局指导意义。

除了数据要素相关政策密集跟进，我国还于 2023 年 10 月 25 日新组建了国家数据局，负责协调推进数据基础制度建设，统筹数据资源整合共享和开发利用，统筹推进数字中国、数字经济、数字社会规划和建设等。2023 年 12 月 31 日，国家数据局便联合中央网信办、科技部、工业和信息化部等 16 个部门发布了《"数据要素×"三年行动计划（2024—2026 年）》，提出充分发挥数据要素乘数效应，推动数据要素高水平应用，开启"数据要素×工业制造""数据要素×现代农业""数据要素×商贸流通""数据要素×交通运输"等 12 个数据要素应用场景，大幅拓展数据要素应用广度和深度。有研究者将过去提出的"互联网+"与"数据要素×"做对比后，认为数据要素应用带来的放大效应是乘数级而非加数级，将远远超出互联网时代技术迭代升级带来的加数效应。这与数据要素数量级庞大的固有特征紧密相关。

延伸阅读

国家数据局正式揭牌

2023 年 10 月 25 日，新组建的国家数据局正式挂牌，这是我国数字经济和数字中国建设进入实质阶段的重要标志。国家数据局的成立与数字经济快速发展和数字化转型需求紧密相关，是适应数字经济发展趋势、推动数字化转型的重要举措，今后将加强数据资源的整合利用，提升数据治理水平，推动数据产业创新发展，为中国经济社会发展注入新的动力。

国家数据局由国家发展和改革委员会管理，该机构有利于强化数据要素制度供给，建立数据流通体系，激活数据生产力，对于构建新发展格局、建设现代化经济体系、构筑国家竞争新优势具有重要现实意义。同时，它将从国家层面统筹协调数字中国、数字经济、数字社会的规划和建设，加快构建数据基础制度，增强"建"的能力。国家数据局还能更好地统筹数据资源整合共享和开发利用，推动互联网、大数据、云计算、人工智能、区块链等数字技术加速创新融合，实现数字技术与实体经济的深度整合。

组建国家数据局还是我国强化国家数据资源建设顶层统筹和队伍建设，加快建设全国统一、辐射全球数据大市场的重大举措，有助于充分激活数据要素潜能，释放数据作为生产要素的价值，形成数据高效流通和利用的生态格局，迎来更大的发展机遇。

数据要素具有无形性、无限复制性、非竞争性、非稀缺性、规模报酬递增、正外部性等特征，能够以接近零成本甚至零成本重复使用。有别于土地、劳动、资本、技术等传统生产要素，数据要素可无限使用、无限增长、无限共享，打破了自然资源稀缺性对社会经济发展的限制。数据价值往往随着数据规模和数据种类的扩大而增加，产生价值增量和外溢。数据大范围应用也通常会产生较强的正外部性，如数据应用边际成本是递减的，对于企业来说具有提高资源配置效率、降低生产经营成本等好处。不过，数据要素的这些禀赋也对传统资源产权、流通、分配、治理等制度提出新挑战，因此需要搭建全新的数据制度体系、流通交易体系、利益分配体系和治理管理体系。

数据确权

数据确权指的是在数据使用和共享时，对数据拥有者、使用者和处理者的身份及权限进行明确和维护的过程。数据确权很难，这曾是理论界在研究数据要素权属如何确定时共同的感触。可以说，在数据应用发展的初期阶段，数据确权因权利主体复杂、权利内容多样、技术手段欠缺、相关法律亟待完善、实践操作不易等都是导致数据权属难定的重要影响因素。

从生产要素角度看，农业时代对应"土地财产"，工业时代对应"资本财产""技术财产"，数字时代对应"数据财产"。拿农业时代的关键生产要素土地来说，其归类于自然资源，产权确定较易，有成熟的确权方法，如文件确认、惯用确认、协商确认、仲裁确认等。当前，我国对自然资源也已经有非常系统的法律法规和政策文件规定，如 2016 年发布的《自然资源统一确权登记办法（试行）》、2019 年发布的《关于统筹推进自然资源资产产权制度改革的指导意见》《自然资源统一确权登记暂行办法》等。而数据是无形资产，具有无限复制性、来源多样化等特点，其生命周期包含生产、收集、存储、清洗、分析、应用等诸多环节，涉及提供者、加工者、经营者、使用者等复杂的参与主体，面临利益方的多头诉求，基本上不适用于传统生产要素确权方法。

为加快构建适应数据特征、符合数字经济发展规律、保障国家数据安全、彰显创新引领的数据基础制度，在国家层面，以数据产权、流通交易、收益分配、安全治理为重点，"数据二十条"给出的数据确权方法是"探索数据产权结构性分置制度""建立数据资源持有权、数据加工使用权、数据产品经营权等分置的产权运行机制"。围绕"分置产权"这一数据确权大方向，理论界和实务界展开了一系列研究和讨论，其中或有建设性方案。有人认为，数据确权不能完全借鉴传统物权制度，也不能过于强调数据财产权的独占保护，而应在保护数据财产权和促进数据流通之间寻求平衡；有人认为，考虑到数据权利的多元化和场景化，应将数据确权置于实际应用情景中，综合考量各方当事人情况及各种要素；还有人认为，个人数据保护已有较为完善的制度依据，而公共数据尚不能确权，因此数据确权应主要聚焦于企业数据；亦有人认为，应基于数据分类分级确定处置权、收益权等，如采用个人数据、企业数据、公共数据的分类方式。

一些地方政府也跟进推出了有关数据确权的政策文件，如 2023 年 6 月，北京市发布《关于更好发挥数据要素作用进一步加快发展数字经济的实施意见》，要求"推进数据资源持有权、数据加工使用权、数据产品经营权结构性分置的产权运行机制先行先试"；2023 年 7 月，上海市发布《上海市促进浦东新区数据流通交易若干规定（草案）》，提出"根据数据来源和数据生成特征，探索建立数据资源持有权、数据加工使用权、数据产品经营权分置机制"。不难发现，这些地方政策基本上是沿着"数据二十条"给出的数据确权方向而进行设计的。

总体而言，不管是学术界，还是地方政府，目前在数据确权上的研究和规定多数未超出"数据二十条"范畴，其中探讨性质以研究居多，给出的确权方案是否可行尚待实践检验。数据确权是数据要素市场腾飞的初始，也是数据要素合法流动和交易的前提，因此，即便存在诸多困难，也要把这块"硬骨头"啃下来。这需要付诸实践、验证、研究再探索的循环往复过程。相信随着基础理论研究的深入和实践应用场景的丰富，具有中国特色、行之有效的数据确权方案将浮出水面。

数据定价

数据定价是数据交易的基础，合理的定价有助于挖掘数据价值、尽快释放数据要素市场潜能。若将数据要素看作实物商品，那么其定价就与其内在价值、生产成本、市场需求等因素相关。而数据要素又不是一般的商品，因此其定价又不限于这些传统因素。上述数据确权的复杂性同样体现在数据定价中，因此数据定价成为数据要素市场发展需要破解的又一难题。

我国政策文件对数据定价提出了初步目标和方向。2021 年 11 月，工业和信息化部印发《"十四五"大数据产业发展规划》，提出推动建立市场定价、政府监管的数据要素市场机制，到 2025 年初步建立数据要素价值评估体系。2021 年 12 月，国务院印发的《"十四五"数字经济发展规划》提出，鼓励市场主体探索数据资产定价机制，推动形成数据资产目录，逐步完善数据定价体系。"数据二十条"进一步提出，支持探索多样化、符合数据要素特性的定价模式和价格形成机制，推动用于数字化发展的公共数据按政府指导定价有偿使用，企业与个人信息数据由市场自主定价。

　　进入 21 世纪，我国就有学者对数据定价展开了初步探讨，当时还没有"数据要素"的概念，研究多聚焦于"数据业务"定价。21 世纪第二个 10 年，随着大数据崛起，相关研究扩展到大数据如何影响和优化金融产品、资源资产、服务等领域的定价，并开始探讨"数据买卖"及大数据作为商品如何定价。此阶段给出的定价方法也比较丰富，如基于数据质量、效用、区块链定价，基于博弈论、全生命周期理论定价，以及拍卖定价、协商定价等。近几年，有关"数据要素""数据资产""数据产品"定价的探讨明显增多，数据定价研究进入迸发阶段。这些基础性研究为当前我国数据要素市场的现实发展提供了思辨参考方法，有助于推动数据要素交易、流通并进入快速发展通道。

　　当前，我国数据定价并没有止于政策文件和理论研究层面，各方实践力量已开启定价模式验证之路。例如，2022 年，普华永道发布的《数据资产价值评价指标分析》从数据成本、数据质量、数据应用、数据风险 4 个维度构建了数据资产价值评估指标体系。这一方法推出后被运用于多个角度的数据定价研究和实践。随着数据要素制度体系的构建、数据权属的清晰化及企业、第三方机构等加入，符合数据要素特征的数据定价模式将日渐清晰。

数据交易

　　相比数据确权和数据定价因难度大而稍显冷清，数据交易就显得热闹多了。

　　自 2014 年起，我国开始探索建设数据交易场所，此后一批数据交易机构（包括数据交易平台、数据交易中心、数据交易所，统称"数据交易所"）涌现。2015 年 4 月 14 日，全国首个大数据交易所——贵阳大数据交易所正式挂牌运营并完成首批大数据交易。截至 2024 年 3 月底，我国共计成立 49 家数据交易所，其中深圳数据交易所（2021 年 12 月 1 日）、贵阳大数据交易所、广州数据交易所（2022 年 9 月 30 日）、北京国际大数据交易所（2021 年 3 月 31 日）和上海数据交易所（2021 年 11 月 25 日）为前五大交易所。根据前瞻产业研究院发布的数据，截至 2023 年底，这五大交易所累计数据交易规模分别约为 65 亿元、30 亿元、25 亿元、20 亿元和 11 亿元。

根据上海数据交易所发布的《2023 年中国数据交易市场研究分析报告》，2022 年，中国数据交易行业市场规模为 876.8 亿元，年增长率达 42%，占全球数据市场交易规模的 13.4%，占亚洲数据市场交易规模的 66.5%。当前，中国数据交易市场的交易标的主要包括数据产品、数据服务、数据工具、数据资源、算力资源、算力模型等，其中上海数据交易所上架产品数量超过 2000 个，居于首位。已有机构尝试开发数据要素交易指数，如 2023 年 5 月中国信息通信研究院（以下简称"中国信通院"）推出了包含数据指数、应用指数、市场指数、支撑指数和风控指数的"数据要素交易指数指标体系 1.0"。

如同我国不少新兴行业走先行先试、制度跟进的路径一样，数据要素市场似乎也在以数据交易的热火朝天来印证"实践出真知"。尽管数据场内交易仍处于初级探索阶段，但是星星之火渐起燎原之势，同时尚有新的数据交易所在筹备。数据交易以数据确权和数据定价为基础，而数据交易实践又为二者提供了丰富的一手参考资料，政策引导、理论研究、实践验证形成了闭环，正所谓搭架子一起盖高楼。

数据收益分配

当前，我国各界对于数据要素收益分配的研究和实践均较少，可从政策文件中窥见一斑。"数据二十条"提出，按照"谁投入、谁贡献、谁受益"原则，着重保护数据要素各参与方的投入产出收益，依法依规维护数据资源资产权益，探索个人、企业、公共数据分享价值收益的方式；推动数据要素收益向数据价值和使用价值的创造者合理倾斜；通过分红、提成等多种收益共享方式，平衡兼顾数据内容采集、加工、流通、应用等不同环节相关主体之间的利益分配。

基于这一政策方向，从数据供给端、加工端、流通端、应用端角度看，数据供给者、生产者、加工者等将是收益初次分配的主要获得主体；数据要素因具有价值而被流通、应用，因此数据价值和使用价值的创造者将成为收益分配的优先考虑对象。不过，有人认为，只有少数掌握新一代数字技术的企业才具备生产数据要素的能力，这决定了数据要素在不同社会成员之间的配置会存在极不均衡，因此，政府需要通过再分配机制对数据要素收益进行调节。也有人提出，可通过征收"数据税"的方式进行数据要素收益再分配。

总而言之，数据要素收益分配关系到数字经济建设参与者的积极性，进而影响数字经济发展成效，必须以"平衡兼顾"为原则，惠及数据要素市场参与各方。关于数据要素收益分配机制的研究又是数据要素市场的一个复杂课题，尚存模糊地带，未来需要群策群力、共同破题。

数据隐私与安全

福兮祸所伏。数字时代，数据在为人们带来生活便利化、提升企业效率和降低成本的同时，也带来了隐私与安全风险，甚至因数据泄露和滥用（特别是金融领域）而出现社会不稳定问题。近年来，个人信息、企业商业数据泄露等数据安全事件层出不穷，引发了人们对数据安全的深度担忧。

2019 年 Facebook 应用程序的两个数据集被暴露、2021 年领英（LinkedIn）7 亿用户相关数据泄露、2022 年黑客入侵思科公司窃取数据、2024 年超过 2.5 万名英国广播公司（BBC）现任和前任员工的详细信息因数据泄露而被曝光、2024 年谷歌内部数据库泄露、2024 年宝马公司云存储服务器配置错误导致内部数据及敏感信息暴露于公众视野……这些全球知名公司因数据安全漏洞事件而遭受了巨大的经济损失和信用损失。可以说，自从数据开始大规模在线上"漂流"，数据安全问题就未间断过。近些年，随着数据渗透社会经济的方方面面，这一问题有愈加凸显之势，"警钟长鸣"时常萦绕业内人士耳畔。

关于数据隐私与安全，国内外均有相应的法律法规进行监管。这其中就包括 2018 年 5 月欧盟实施的《通用数据保护条例》（GDPR）、2020年 1 月美国实施的《加利福尼亚消费者隐私法》（CCPA）、2021 年 1 月加拿大实施的《个人信息保护和电子文件法》（PIPEDA），以及中国数据安全法律体系三大"护法"——2017 年 6 月实施的《中华人民共和国网络安全法》、2021 年 9 月实施的《中华人民共和国数据安全法》、2021 年11 月实施的《中华人民共和国个人信息保护法》。当前比较成熟的数据安全保障措施包括访问控制、数据加密、备份与恢复、监控与审计、视频监控等。对于企业来说，应基于业务全面评估自身的敏感数据，设定严格的敏感数据访问权限及具体的分类安全保障措施。

如果没有充实的后方保障，那么"前线打仗"就很容易前功尽弃。而在数据领域，数据隐私与安全就是那个至关重要的"大后方"。随着数字经济的发展、数据技术的进步、数据应用的广泛化，更细致、具体、全面的数据隐私与安全护卫手段需要快速跟进，为个人、企业、全社会构筑起从物理世界到数字世界的数据安全立体网络。

数据跨境流动

近年来，特别是 2008 年金融危机以来，全球化进程遇阻受挫。然而，随着全球数字经济领地迅速扩大及贸易数字化入场，数据跨境流动以一己之力推翻了"全球化已被抛弃"的悲观论调，其带来的贸易效应和价值重新定义了数字时代的全球贸易格局。

早在 2016 年，麦肯锡全球研究院就在其发布的《数字全球化：全球流动的新时代》（*Digital Globalization: The New Era of Global Flows*）中表示，数据跨境流动激增产生的经济价值已经超过具有悠久历史的传统货物贸易，数据跨境流动每增长 10%，将拉动全球 GDP 增长 0.2%。2014 年，数据跨境流动对全球 GDP 的贡献价值达 2.8 万亿美元，预计到 2025 年增加至 11 万亿美元。

作为数据生产和应用大国、数字经济规模全球第二大国及货物贸易全球第一大国，我国对数据跨境流动倾注的精力是巨大的。中国信通院测算，2022 年我国数据的整体经济贡献度为 1.06%。我国有关数据跨境流动的政策提出时间虽短，但各方行动非常迅速，并且在数据分类分级方面走在了数据要素市场其他板块的前面。

2024 年 3 月，《政府工作报告》首次将"数据跨境流动"写入政策文件，提出"推动解决数据跨境流动等问题"。紧随其后，国家互联网信息办公室于 2024 年 3 月 22 日发布了《促进和规范数据跨境流动规定》，要求数据处理者按照相关规定识别、申报重要数据，对个人信息或重要信息向境外提供做出了严格规定，并允许自由贸易试验区在国家数据分类分级保护制度框架下自行制定数据清单。该文件为我国数据依法规范跨境流动制定了行动总纲领。

基于此，我国各地积极探索数据跨境流动先行先试，如广东以粤港澳大湾区为试验空间探索数据跨境流动新范式、北京率先落地数据出境安全评估制度、上海先行推出数据跨境流动分类分级制度等。2024 年 2 月，中国（上海）自由贸易试验区临港新片区管理委员会（以下简称"上海临港新片区"）发布《中国（上海）自由贸易试验区临港新片区数据跨境流动分类分级管理办法（试行）》，将跨境数据分级，从高到低依次分为核心数据、重要数据、一般数据三个级别，要求核心数据禁止跨境，重要数据形成重要数据目录，一般数据形成一般数据清单。

2024 年 5 月，上海临港新片区正式公布了全国首批数据跨境场景化一般数据清单，涉及智能网联汽车、生物医药、公募基金三个领域的 11 个具体场景、64 个数据类别。其中，智能网联汽车涉及跨国生产制造、全球研发测试、全球售后服务、二手车全球贸易 4 个跨境场景的 23 种数据；生物医药涉及临床试验和研发、药物警戒和医疗器械不良事件监测、医学问询、产品投诉、商业合作伙伴管理 5 个跨境场景的 30 种数据；公募基金涉及市场研究、内部管理 2 个跨境场景的 11 种数据。

可以说，在贸易数字化变革传统贸易全链条和外贸企业数字化转型的当下，数据跨境流动这艘新航船劈风斩浪，开辟了我国对外贸易升级发展和扩容的另一个增量新航道。

数据资源化、资产化和资本化

数据资源化、数据资产化、数据资本化"三化"分属数据价值化的 3 个递进阶段，是数字经济发展的重要趋势和关键领域。

综合中国信通院及相关学者等给出的定义：数据资源化是指经过收集、整理、清洗、转换等步骤，将无序、混乱的原始数据转变为有序、有使用价值的高质量数据资源的过程；数据资产化是指数据通过流通、交易等形成数据交换价值，给使用者或所有者带来经济利益的过程；数据资本化是指通过数据证券化、数据质押融资等形式将数据打包成金融衍生产品进行流通、交易，实现数据要素社会化配置的过程。

总体上看，三者遵循这样一条主线：数据加工形成数据资源—挖掘数据资源交易价值形成数据资产—包装数据资产形成可上市流通的金融产品。

根据中国信通院发布的《数据价值化与数据要素市场发展报告（2023 年）》，数据资源化方面，全球已初步形成较为完整的数据资源供应链，我国已在数据采集、数据标注环节初步形成了产业体系；数据资产化方面，我国在数据确权、数据定价和数据交易上的探索实践步伐加快；数据资本化方面，国内外已有企业开展相关探索，如数据证券化、数据质押融资、数据银行、数据信托等。

2024 年 5 月，全国数据资源调查工作组（国家工业信息安全发展研究中心）发布《全国数据资源调查报告（2023 年）》，首次对我国数据资源进行摸底。该报告显示，我国数据资源管理和利用整体处于起步阶段，数据"生产-存储-计算"规模优势基本形成，数据"供给-流通-应用"主体逐渐丰富。我国数据生产规模持续扩大，2023 年数据生产总量达 32.85ZB，同比增长 22.44%，其中非结构数据呈爆发式增长。

2023 年以来，"数据资产入表"成为一个热词。它关系到广大企业的数据资源能否作为资产进入资产负债表进行会计处理，因此备受瞩目。2023 年 8 月，财政部印发《企业数据资源相关会计处理暂行规定》，并已于 2024 年 1 月 1 日施行。该文件明确了企业数据资源可以作为无形资产或存货项目进入资产负债表，据此获得价值依托。当前，已有企业在资产负债表中披露了数据资源，掀起"数据资产入表"大幕的一角。

延伸阅读

数据资产入表

数据资产入表是指将数据资源确认为企业资产负债表中"资产"一项，以反映其真实价值与业务贡献。数据是数字经济的核心要素，数据资产入表是数据在数字经济中的新表现形式，是数据的价值实现和创新发展的重要途径。

数据资产入表对数据资产化有多方面的意义。一是反映数据价值。通过将数据纳入企业的资产负债表，可以更直接地体现数据的经济价值，从而更准确地评估企业的整体价值。二是促进数据利用。数据资产入表有助于企业更好地管理和利用数据资源，推动数据驱动的决策和业务创新，提升企业的竞争力。三是规范数据管理。数据资产入表需要按照一定的规范和流程进行，这有助于企业建立更加完善的数据管理体系，提高数据质量和安全性。

实现数据资产入表的路径，主要包括数据准备、数据建模、创建表格、数据导入等步骤。此外，在数据资产入表过程中，还需要考虑数据的安全性和隐私保护问题，确保数据不被非法获取和篡改。同时，为了充分发挥数据资产的价值，企业还需要加强数据分析和挖掘能力，从数据中提取有价值的信息，为业务决策和创新发展提供支持。

数据支持政策"排兵布阵"

2020 年可视为我国数据相关政策发布节奏变化的一个节点。2020 年之前,"数据"一词零星出现在个别政策文件中;从 2020 年开始,"数据"文件密集排兵布阵,"数据要素"被更加清晰地剥离出来,以独立之姿跻身社会经济体系,释放经济价值和时代红利。

2014 年,《政府工作报告》提出"在新一代移动通信、集成电路、大数据、先进制造、新能源、新材料等方面赶超先进"。同时"大数据"一词首次被写入国家政策文件。虽然此时大数据仅作为"未来产业发展"的一个领域被提及,未得到更多阐述,但是已经足够说明,经历了前期(大致在 2008—2013 年)的探索,国家正式将大数据纳入产业创新发展议程。

2015 年,国务院发布《促进大数据发展的行动纲要》,标志着大数据正式上升到国家战略层面。此后,大数据产业进入蓬勃发展期。

2017 年,党的十九大报告进一步提出"推动互联网、大数据、人工智能和实体经济深度融合"。

2020 年,中共中央、国务院发布《关于构建更加完善的要素市场化配置体制机制的意见》,首次明确将数据纳入生产要素范畴,与土地、劳动力、资本、技术四大生产要素并列,并要求引导培育大数据交易市场。

2021 年,《中华人民共和国国民经济和社会发展第十四个五年规划和2035 年远景目标纲要》明确要求,加快构建全国一体化大数据中心体系,建设若干国家枢纽节点和大数据中心集群。同年,工业和信息化部发布《"十四五"大数据产业发展规划》,大数据产业进入高质量发展阶段。

2022 年,备受瞩目的"数据二十条"发布。

2023 年,数据政策文件接踵而至,对数据确权、数据安全、数据跨境流动等做出了周密部署。同年 12 月 31 日,国家数据局等 17 个部门联合印发了《"数据要素×"三年行动计划(2024—2026 年)》,旨在通过发挥数据要素的放大、叠加、倍增作用，构建以数据为关键要素的数字经济，赋能经济社会，推动高质量发展。

2024 年 7 月 18 日，中国共产党第二十届中央委员会第三次全体会议通过了《中共中央关于进一步全面深化改革 推进中国式现代化的决定》，明确指出"建设和运营国家数据基础设施，促进数据共享。加快建立数据产权归属认定、市场交易、权益分配、利益保护制度，提升数据安全治理监管能力，建立高效便利安全的数据跨境流动机制。""培育全国一体化技术和数据市场。健全劳动、资本、土地、知识、技术、管理、数据等生产要素由市场评价贡献、按贡献决定报酬的机制。""加快内外贸一体化改革，积极应对贸易数字化、绿色化趋势。"

除了这些，我国还出台了一系列有关数据的细化政策，涉及工业大数据发展、政务大数据体系建设、交通运输大数据平台建设等诸多领域，完成了从宏观层面到具体产业、从顶层设计到落地措施的细致布局。（我国数据相关重点政策文件见附录）

通过资料查阅及分析，在此梳理出一条数据在我国兴起、应用、发展的脉络：观望国内外大数据崛起及运行情况（静观其变）—明晰数据及其产业概念（接纳数据）—数据正式进入国家政策（成为"正规军"）—数据成为五大生产要素之一（确定数据要素关键地位）—数据在各行各业全面开花（深化应用与融合）—数据进入高质量发展阶段（细化和筑牢制度基础）。从 2008 年至今，短短十几年时间，大规模数据就已被全面接纳并融入经济发展，构筑起我国数字经济发展的一大支柱，足见其价值之大、影响之深远。

这是一个工业文明苦寻新路的转型时代，这也是一个数字文明急迫接棒的黄金时代；这是一个传统贸易力量与新晋贸易力量斗智斗勇的复杂时代，这也是一个贸易新理念、新要素、新模式纵横交织的创新时代。而这一切，均以数据为刀枪剑戟。在"数据井喷+算法创新+算力突破"之下，中国外贸大数据营销具备了走向"精准画像"和"精准预测"的基础条件，以及融入全球数智贸易谱写新华章的底气和实力。

第2章

智链：外贸大数据及实用价值

- 外贸大数据定义、分类及特征
- 外贸大数据从何而来
- 外贸大数据行业发展
- 外贸大数据的实用价值

随着科技的飞速发展，互联网如同一张无形的网，深度渗透到我们生活的方方面面。我们每一次与互联网的互动，都会在网络上留下痕迹。这些数据不仅记录着我们的行为轨迹，还逐渐开始反向影响我们的消费习惯、决策过程乃至社会的运作模式。在外贸领域同样如此。全球货物贸易产生并沉淀了海量贸易数据（即外贸大数据），这些数据反映了全球贸易的实时动态和趋势变化，更蕴含着丰富的商业价值。外贸大数据承袭了大数据海量性、多样性、时效性和可变性等典型特征，同时又具备其独特的行业性、专业性和真实性。

海量性，是指数据量巨大。由于全球贸易的广泛性和交易的复杂性，贸易进出口活动覆盖了众多的国家和地区，每一天都有大量数据产生并沉淀。如美国提单数据，2023 年 10 月单月数据条数就达到 204 万条，2022 年数据总条数超过 2500 万条。从统计学的角度来说，一般情况下统计分析的准确性和样本数量成正比，足够庞大的数据量更能够清晰、准确地揭示历史发展轨迹和变化规律。海量性特征决定了通过外贸大数据就可以窥探跨国贸易的真相。

多样性，是指数据类型多样。外贸大数据涵盖了海关交易数据、互联网公开数据等多种不同类型数据，不同类型数据内容具有不同侧重点，展现的是不同视角和不同维度的情况。通过对外贸大数据多维度、多视角的全面分析，我们可了解到更立体真实的情况。

时效性，是指数据的更新速度快。全球贸易活动的快速变化要求数据实时更新，以便企业可以及时获取市场变化信息，调整营销策略。时效性越强的数据越能够帮助用户预留出更充足的决策和调整空间，更从容地应对市场和环境变化。无论是抢抓机遇还是规避风险，快人一步会有更大胜算。

可变性，是指大数据的动态性。大数据并非一个静态不变的数据集合，随着时间推移，数据不断产生和沉淀，大数据也一直处于不断变化的状态。通过数据的变化可以映射真实情况的变化，进而帮助用户实时了解情况并做出高效决策。

行业性，是指外贸大数据有其行业特征。这一方面体现在数据来源和数据范围上，只有和国际货物贸易相关的数据才会被纳入外贸大数据的范畴；另一方面体现在服务群体上，一般外贸相关领域的用户对外贸大数据的使用需求更为明显。

专业性，是指在行业限定的前提下，理解数据内容有一定的专业门槛。外贸大数据的内容多会涉及外贸领域的专业术语、专业知识和专业内容。数据构成要素的专业性决定了数据总体的专业性，同时也对数据使用者的专业能力提出了一定要求。

真实性，是指外贸大数据是真实发生的行为和动作的客观体现，无论动作本身从规则或价值层面判断是否正确，只要是真实发生的，数据就会如实体现出来。数据不以个体的主观意志为转移，不会凭空产生，也不会通过改变历史行为而被修改。

外贸大数据定义、分类及特征

本书所说的"外贸大数据"是指对外贸易这一细分领域里的大数据，是通过采集、清洗、分析和整合全球贸易数据、产业数据、社媒数据和企业资信调查类数据而形成的巨量数据集合，也是对国际货物贸易相关的海关交易数据、商业数据和互联网公开数据的统称。

外贸大数据虽然是虚拟事物，但并不是缥缈之物，它产生于真实世界，又作用于真实世界的业务流转和流程优化。外贸大数据中包含着不同类型的数据，不同类型的数据作用于真实世界的商业行为时各有侧重，具体着力点的区别取决于数据的不同特征。

我们将外贸大数据理解为海关交易数据、商业数据和互联网公开数据的统称，这三类数据内容不同、特征不同，在业务领域各自发挥的作用和价值也不同。

海关交易数据

海关交易数据是指进出口企业在进行国际货物贸易时在当地海关留存下的申报行为数据。各个国家和地区的进出口企业在从事国际货物贸易时，都需要根据当地法律法规和海关政策的要求如实填报交易货物信息，包括但不限于交易双方的公司信息、交易货物的详细描述及规格号型、交易货物的数量/重量、交易价格、原产国、目的国、物流货代等关键信息，这些要素构成了海关交易数据的主要内容。

海关交易数据根据其内容和特征不同，又可分为关单数据、提单数据、统计数据和名录数据四大类常见数据。

第一类关单数据，是贸易相关国家和地区的企业按照当地海关要求报关或清关时申报登记产生的数据。各个国家和地区海关的数据公开政策不同、海关内部系统设置和运行规则及内容填报格式要求不同，其关单数据的内容会呈现出差异化，一般情况下会包含进出口商公司名、海关编码、产品描述、单票货物交易价格及数量、原产国/目的国、税费等关键信息。

数据实战

以环球慧思智能贸易终端系统中的巴拉圭新版数据为例（如图 2-1 所示）。巴拉圭当地进口商从全球采购货物到巴拉圭，货物到达巴拉圭后进口商需要根据巴拉圭海关要求在当地海关申报登记进口货物相关信息，并办理完结货物清关相关的税费缴纳等手续，等待海关审核确认无误放行货物，货物方可正式入境，此数据即为申报登记产生的数据。

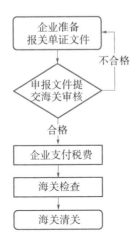

图 2-1　进口货物清关：巴拉圭进口货物清关简要流程

巴拉圭新版进口数据具备较为典型的关单数据特征，从数据详情页（如图 2-2 所示）可以看到数据精准地呈现了这一票交易货物的买卖双方公司信息、产品描述等货物信息、提单号等货运信息和交易量价等重要细节信息，这些信息对深度剖析交易详情和精准把握客户需求有重要意义。

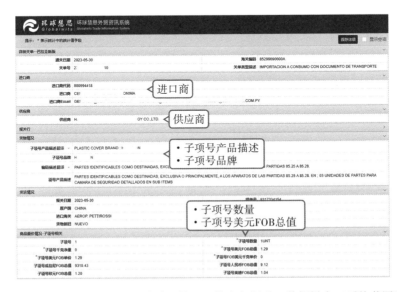

图 2-2　环球慧思智能贸易终端系统：巴拉圭新版进口数据样本（系统截图）

不同国家和地区关单数据的内容和格式

每个国家和地区都会根据其实际情况和需求设置海关内部流程、明确货物进出口操作及管理规定。因各个国家和地区情况及需求的不同，关单数据内容也会有较为明显的差异。

一是数据详尽程度不同。数据详尽程度主要体现在呈现数据内容的维度上，有些国家和地区公开的关单数据全面囊括了交易方、货物、运输方、量价甚至仓储方等不同维度信息，全面且详尽；有些国家和地区公开的关单数据可能只有某一交易方信息，如只有进口商公司名而无供应商公司名，或只有出口商公司名而无采购商公司名；有些国家和地区公开的关单数据无运输方或仓储方信息等。

二是数据精度不同。数据精度也可理解为数据颗粒度，颗粒度越细，越有利于了解更多真实的交易细节。关单数据一般按照其精度可以分为项号级别关单数据和子项号级别关单数据，其中，子项号级别的关单数据颗粒度最细，项号级别关单数据次之。颗粒度越细的关单数据对交易细节的刻画越到位。项号级别关单数据一般可了解到某一次交易中报在同一个项号下货物的总体情况，如果同一个项号下报关了多种货物，对每一种货物的情况难以准确把握；子项号级别关单数据则对报在同一项号下每一种货物的情况都有非常清晰的呈现，数据精度更高。

三是数据覆盖范围不同。部分国家和地区的关单数据中会包含过境数据或保税区相关进出口数据，数据覆盖范围更大。过境数据，是指货物在某个国家和地区发生转口（过境）交易时，根据该国家和地区海关要求填报产生的数据，也可以称之为转口数据。保税区相关进出口数据，一般是指从该国所辖保税区进口到国内消费的货物相关信息，或从国内出口到该国所辖保税区的货物相关信息。这里还需要注意一个"境内关外"的概念，即国境之内、关境之外，一般涉及保税区时才会涉及"境内关外"相关范围的区分。

第二类提单数据，是国际贸易中货物运输产生的相关单据，是货物的所有权凭证。提单数据来源于提单信息，常见的有海运和空运两种运输方式提单数据。

提单数据一般会包含收发货人、通知人、产品描述、货物重量/数量、货柜等关键信息。由于提单是所有权凭证，不涉及海关税费的清缴，所以提单数据一般不体现具体货物价格信息。

数据实战

以环球慧思智能贸易终端系统中的美国提单数据为例（如图 2-3、图 2-4 所示）。美国进口提单数据是停靠在美国港口的船舶上的货物提单信息。根据美国海关要求，准备停靠在美国港口的船舶都须于开船前 24 小时在 AMS 舱单系统中填写并提交船上具体货物相关信息，这些信息构成了美国提单数据的丰富内容。

图 2-3 环球慧思智能贸易终端系统：美国提单数据贸易相关方数据（系统截图）

图2-4 环球慧思智能贸易终端系统：美国提单数据货运及货物情况
（系统截图）

　　美国提单数据的详尽程度在各个国家和地区的提单数据中居于较高水平，其详情页可以看到收发货人、通知人、承运人、货物信息、货运信息、货柜等内容，信息非常翔实完整。这些信息为分析贸易情况和开发市场的用户提供了详细的数据参考和分析维度。

延伸阅读

关于提单数据的两个小问题

　　关于提单数据，有两个常见的小问题容易混淆。

　　第一个问题是：提单数据中是否可以看到准确的货物交易价格？

　　传统提单数据是不可以的，如美国提单数据。提单是货物的所有权凭证，原始提单样本如图2-5所示，可以清楚地看到提单本身并不包含货物价格相关信息，所以无法看到准确的货物交易价格。提单的这一典型特征也是其与关单数据的主要区别之一。

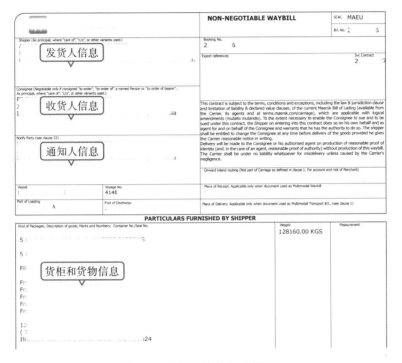

图 2-5　原始提单样本（截图）

在常规类型数据以外还存在特殊数据，有些特殊数据具备提单数据的典型特征，外贸大数据领域内也会倾向于将其归类为提单数据。这种具备提单数据特征的特殊数据可能会出现价格信息，但参考价值十分有限。

第二个问题是：提单数据中交易相关方为何称"收/发货人"而不是"进/出口商"？

提单是国际贸易中货物运输这一环节的相关凭据，"收/发货人"在国际贸易中涉及的主要职责是货物的发出和收取，并不一定是直接交易的买卖双方。

收货人，即有权提取货物的人。收货人可能是真实买家，也可能仅仅执行收货动作但并不是最终买家，没有货物的所属权或支配权。

发货人，即办理货物托运手续的人。发货人可能是真实卖家，即合同上约定的供应商，按照约定将货物发出，也可能是与供应商有关系的工厂，供应商签订合同后由工厂将货物发出，还可能仅仅是被委托发货的货代公司。

"进/出口商"一般会出现在不同交易方向的关单数据中，其中，"进口商"和"供应商"成对出现在某个国家和地区的进口数据中，"出口商"和"采购商"成对出现在某个国家和地区的出口数据中，且一般情况下"进口商-供应商"和"出口商-采购商"都是合同中约定的买卖双方，但不一定是在整个贸易流程中负责发货或收货的一方。

为了更准确地区分贸易相关方的身份，厘清相关方之间的关系，在不同类型数据中，贸易相关方都会有不同的命名。

第三类统计数据，是各个国家和地区海关根据其自身进出口管理需求，按照海关管理及运行规则对这个国家和地区进出口情况进行规律周期（一般为单个月度）的统计所产生的数据。

统计数据是对国家和地区进出口情况进行宏观统计的结果，不会体现具体某一次交易的详情，即数据中不会体现具体交易的进出口商、具体产品和具体产品的量价信息，一般会包含海关编码、编码描述、统计量、统计价（CIF价/FOB价）、原产国/目的国等内容，体现市场贸易的宏观情况和水平。

数据实战

以环球慧思智能贸易终端系统中的中国出口统计数据样本为例（如图2-6所示）。中国出口统计数据，是中国海关总署根据中国进出口货物管理规定及要求，并结合海关自身统计和管理需求，统计生成并公布的数据。数据内容包含月份、海关编码、编码描述、采购国、发货人注册地、数量、金额等关键字段，对宏观分析中国出口货物情况有重要帮助。

图 2-6　环球慧思智能贸易终端系统：中国出口统计数据样本（系统截图）

延伸阅读

统计数据中的量价和实际具体交易的量价不同

统计数据中的量价可以称之为统计量价，统计量价所传达的是某类货物在某个阶段内宏观、整体的交易水平和情况，并不是某一笔或某几笔具体交易量价的直接体现。

统计量价是当地海关基于某一类货物关单数据中的具体交易量价，根据海关的使用需求和内部规则统计生成的。由于在实际具体交易量价的基础上有再加工的过程，原始的量价信息发生了变化，所以和实际具体交易的量价有差异。

第四类名录数据，是不同国家和地区的当地海关公布的进出口贸易相关方信息，一般是当地进口商或当地出口商的公司名和海关编码、编码描述等相关信息，也可能包括公司地址等联系信息，但无法体现交易产品的量价信息，也无法判断某类产品需求及宏观表现情况。

数据实战

以环球慧思智能贸易终端系统中的英国名录数据样本为例（如图2-7所示）。英国名录数据，是英国海关按照月度公布的英国当月有货物进出口行为的公司信息，这些信息包括海关编码、编码描述、公司名及地址。通过动态更新的名录可同时实现开发客户和判断企业活跃情况的目的。

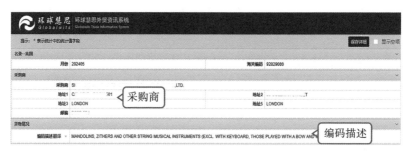

图 2-7　环球慧思智能贸易终端系统：英国名录数据样本（系统截图）

一般情况下海关发布的名录数据里只会出现进出口贸易相关企业，实际情况下也会存在特殊名录。其数据中包含某个国家和地区所有企业信息，不仅限于进出口，数据范围更大、内容更丰富。这类特殊数据的公布机构可能不是当地海关，而是其他综合管理职能更强的官方机构。

数据特征是区分数据类型的关键指标（见表2-1），也是合理运用数据、充分挖掘数据价值的方向指引。不同类型的海关交易数据有各自特色内容和典型特征，一般可以通过典型特征对数据类型进行初步判断，并科学分析、使用数据，从而实现企业降本增效的目的。任何一件事物都是个性和共性的集合体，海关交易数据也不例外。不同类型的海关交易数据除了有各自的个性特征，也有普遍存在的共性特征。

表 2-1　不同类型数据的主要特征和区别

类型	公司名称	海关编码及编码描述	产品描述	交易量	交易价格	税费信息	周期统计量价
关单	√	√	√	√（单条）	√（单条）	√	×
提单	√	×	√	√（单条）	×	×	×
统计	×	√	×	√（汇总）	√（汇总）	×	√
名录	√	√	×	×	×	×	×
备注	①上述主要内容是一般情况下某一类型数据会具备的信息，由于各个国家和地区海关公开政策和数据公开程度不同，部分内容可能会在数据中未完全呈现，如可能会存在关单数据无产品描述信息的情况。 ②单条，同一关单或同一提单下的其中一条。例如，同一次报关了 3 种货物，根据海关要求填报了 3 次报关信息，产生了 3 条数据，单条是指 3 条数据中单独的一条。 ③汇总，海关根据其内部规则汇总处理后的结果。例如，2023 年 5 月，我国南京出口 291814 编码对应货物一共有不同出口商的共 200 笔交易，假设共涉及 300 条关单数据（我国不公开），海关按照报关时间、发货人注册地、海关编码进行同类项合并，将 200 笔交易中的共 300 条数据合并处理之后在统计数据中形成 1 条数据，汇总量价指的是这一条数据的量价情况。						

海关交易数据是外贸大数据的重要组成部分，其典型特征较外贸大数据的总体特征会更细化、更具象，主要有以下四大特征：

权威性。海关交易数据的权威性来源于其发布机构的权威性。海关交易数据一般由当地海关官方对数据进行审核和确认后发布。海关是一个国家和地区的重要机关，代表国家行使职权，海关发布的数据表示的是国家认可的结果，其权威性和可信度有足够保障。

海关交易数据的权威性在实际应用中一般可通过数据来源进行判断。数据来源可以简单分为两大类：一类直接来源于当地海关官方，此类数据的原始性和完整度更高，对数据处理者的数据解析及处理经验，以及数据加工和呈现技术的要求同样很高，以确保可以将原始数据解析并处理成一般用户可使用的高价值数据；另一类来源于各类数据加工处理企业，一般无法接触到海关官方或不具备专业数据处理能力的数据公司，它们会选择直接购买其他数据公司已解析处理过的数据为用户提供相应

67

数据服务，各类数据加工处理企业专业度参差不齐，在处理数据时受专业能力、行业经验和专业技术等多种因素限制，处理后的数据在完整度和准确性等方面会有不同程度的缺失。

准确性。其是指在海关交易数据中数据能够精准反映交易实况，并将交易方在海关中申报的信息如实呈现，一般不存在数据任意生成和随意篡改的情况。准确性是衡量海关交易数据有效性和优质程度的关键指标，数据准确性与数据有效性和优质程度正相关。准确的数据是科学决策和有效流程优化的重要保障。

数据准确性在实际应用中一般体现在数据内容和细节方面，用户一般可用自己明确知晓的确定性信息进行校验。例如，校验某一次具体交易的细节，可从交易时间、交易买卖双方信息、交易产品信息和产品量价等多个维度展开，从而更高效直观地确定数据的准确程度。

及时性。"信息灵通，生意兴隆"，这句俗语直接体现了及时有效的信息对商业活动的重要作用。"先发制人，后发制于人"，数据用户究竟是"制人"还是"制于人"，与用户所使用数据的及时性密切相关。

优质的海关交易数据一般可保持稳定、及时的更新，以更快的速度、更高的频率和更短的周期极速传递市场的最新情况和变化趋势，以便用户结合最新形势及时调整商业策略。

详尽性。海关交易数据的详尽性重点体现在数据内容的翔实程度上，数据的翔实程度直接关系到用户从数据中可以获取多少有价值的信息。数据详尽性一般可从数据内容的维度和颗粒度两个方面判断。一般情况下，维度越多、颗粒度越细，数据内容也就越详尽。

商业数据

泛指一切与商业相关的数据或有商业价值的数据。外贸大数据中所探讨的商业数据是指国际贸易相关企业在当地工商或海关等官方机构登记注册的企业相关信息，包括但不限于企业名称、注册地址、注册时间、业务范围、财务信息、联系人及联系方式等信息。

商业数据广泛分布在各个国家和地区的工商、海关等官方机构中，这些机构公开的官方信息中包含了商业数据的多个要素，可将这些来源不同、格式不一的信息整合处理成便于用户查询和使用的数据，并将这些数据作为商业活动中重要的生产资料。商业数据在数据用户和客户之间创造出无数条高效交流与沟通的纽带，在支持企业提高沟通和业务推进效率方面有重要帮助。

商业数据的典型特征和海关交易数据相似，主要表现为权威性和准确性，这两个特征的内涵和海关交易数据特征的内涵基本相同。

商业数据的内容主要为登记和注册信息，而登记和注册信息变更频率较低，故商业数据的更新频率较海关交易数据总体偏低。

商业数据在商业活动中应用广泛，可用于企业背景调查、企业情况评估、联系方式获取等多种不同场景，用户在获取商业数据时有 3 个常用渠道。

渠道一：当地官方工商部门。当地工商部门一般会向社会提供部分信息查询便捷通道，如我国的"国家企业信用信息公示系统"，用户可通过官方通道查询企业信息。此渠道有查询信息经济实惠、直接财务成本低的优势，但查询到的信息多数较为简单、零散，无法满足调查、评估等复杂工作的需求。

渠道二：商业信息服务机构。商业信息服务机构专注于商业信息的整合和再加工，并充分发挥机构自身的资源和平台优势，为用户提供专业的企业资信调查、风险评估等多元化服务，其中代表有我国的"企查查"和美国的"邓白氏"（dun & bradstreet）。邓白氏作为全球领先的商业信息和服务提供商，堪称商业信息服务的"常青树"，成立至今已有180 余年的历史。其商业数据被广泛应用于企业信用评估、市场营销、供应链管理等多个领域。凭借庞大的数据规模、高质量的数据保障、多样化的服务及全球化视野等优势，其在全球商业信息领域占据领先地位。商业信息服务机构中的数据多着眼于宏观层面，基于宏观视角对企业的关键维度进行全面、深入的扫描，常以专业报告的形式呈现给用户，用户可以直观了解企业经营、信用等方面情况并做出判断，但用户难以知晓宏观结果背后的真实细节，缺少实操层面策略或动作调整的微观信息支持。

渠道三：外贸大数据解决方案提供商。权威准确的商业数据是实力强劲的外贸大数据解决方案提供商一揽子数据服务中的标准配置。目前市场上头部外贸大数据服务商如环球慧思（Globalwits）提供的解决方案中会包含部分国家和地区进出口企业的商业数据服务。需要特别说明的是，不同国家和地区所能配置的商业数据的详略程度不尽相同。这些数据重点集中在注册信息和联系信息两个方面，具有真实准确、使用便利和匹配度高的优势。用户在查询和使用海关交易数据的同时，可以及时获取当前查询企业的商业信息。在外贸业务开发环节，海关交易数据和商业数据的有机结合有效提升了用户描绘客户画像的准确度，以及客户分析和客户开发的效率。与海关交易数据相结合的商业数据市场覆盖范围与商业信息服务机构相比较小，受市场当地官方机构公开政策影响较大，但其内容可以和商业信息服务机构的数据形成互补，推动客户分析和市场调研的巨大合力。

延伸阅读

环球慧思（北京）数据技术有限公司（以下简称"环球慧思"）于 2001 年在北京成立，是全球领先的智能贸易终端和服务提供商，旨在为全球进出口企业提供专业的外贸大数据服务。作为外贸大数据领域的先行者，环球慧思致力于打造精品数据、专业服务、极致体验、高端品牌，经过 20 余年耕耘，目前已开拓出交易数据、公开数据、商业数据三位一体的外贸大数据产品体系，即环球慧思智能贸易终端系统（如图 2-8、图 2-9 所示），为全球企业提供全面、准确、及时、详尽的一站式贸易数据营销解决方案。

图 2-8　环球慧思智能贸易终端系统首页（系统截图）

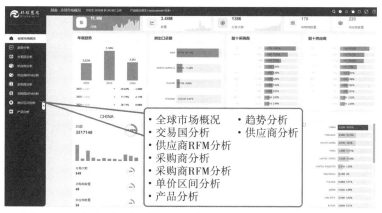

图 2-9　环球慧思智能贸易终端系统可视化功能首页（系统截图）

目前，环球慧思拥有全球顶级的资深数据专家团队和精通国际贸易的营销专家团队，能为外贸企业提供全方位的数据解析与咨询服务。截至 2024 年 10 月，环球慧思已累计为全球 100 多个国家和地区的超过 10 万家企业提供高品质的产品和服务。公司分别在天津、山东、浙江、江苏、辽宁、河北等省和直辖市设有近 10 家运营和开发中心，全部采取直营管理模式，以一体化管控、精品化产品、标准化价格服务全球高端客户群体。

2020 年，为推动中国贸易数字化进程，在商务部配额许可证事务局的支持和指导下，由环球慧思发起并提出申请，经中国对外经济贸易统计学会讨论通过，中国对外经济贸易统计学会贸易数字化专业委员会于北京正式成立，是国内该领域目前集政、产、学、研于一体的贸易数字化赋能平台。2024 年，环球慧思研究院在京成立，致力于大数据和人工智能的开发、研究与应用。

互联网公开数据

互联网公开数据是对在互联网上公开、可查询的信息的统称。互联网用户在互联网上的每一步操作都会留存下痕迹，这些痕迹经过积淀成为数据，积淀的数据在互联网上又可以被再次检索、查询和使用。在商业领域中，互联网上的商业相关数据包括但不限于企业可公开的工商注册信息、企业的官方网站及网站内容信息、企业联系人及联系方式信息、企业的推广或求购信息等，这些数据在商业活动中具备一定的参考和使用价值。

在外贸大数据领域，互联网公开数据通常指以下三类数据：

互联网上可公开查询到的企业基本信息，如企业的主营业务、经营范围、企业性质、法人代表、官方网站等。这些数据和商业数据中部分内容很相似，但其内容更加简单，一般不涉及更深层次和更全面的专业信息，可以初步满足了解企业基本情况的需求。这类信息零星分布在公司网页、工商机构网页、商业信息服务机构网页等页面中。

互联网上可查询到的企业联系信息，如企业采购负责人及联系电话或邮箱，企业营销负责人及联系电话或邮箱等。这些信息一般来源于企业网站上公开的信息，或是在互联网上发布的推广及求购信息。这类数据的产生与搜索引擎营销的发展密不可分。搜索引擎营销一般通过企业建站、SEO（搜索引擎优化）、竞价排名和专业广告投放的方式实现推广、引流和成交等营销目的，这些动作全部都通过互联网实现。在完成动作和实现目的的过程中，互联网上留存下海量的联系信息，构成了互联网公开数据的重要组成部分。

企业及企业员工的社交媒体信息，有企业及企业员工 LinkedIn 信息、

Facebook 信息、Twitter 信息、WhatsApp 信息等。这类数据直接来源于企业或企业员工所使用的社交媒体。在互联网技术飞速更迭的时代，国际贸易领域的传统营销方式渐显乏力，信息爆炸、技术突破等多种因素共同催生了社交媒体营销这一新型营销方式，成为解锁新时代机遇的一把钥匙。如今社交媒体营销已经遍地开花，逐渐成为一种常规营销方式，企业和企业员工在互联网上打造自己的社交媒体链接节点也成为一种新常态，这为社交媒体数据的产生和沉淀创造了非常有利的条件。

互联网公开数据具备来源广泛、内容多样、类型复杂、良莠不齐、真假难辨、新旧难分、信息沉淀门槛低、筛选和分辨难度大等典型特征。互联网公开数据在使用时存在明显的获取信息难度小但获取高价值信息难度大这一不平衡的情况。这些特征决定了用户在自行查找和使用互联网公开数据时需要投入更多的成本和精力，明显阻碍了工作效能的提升。

在发展速度日新月异的数字化时代，同时追求效率和效果目标，往往会受限于传统的工作方式，使我们不得不面临"鱼与熊掌不可兼得"的艰难抉择。就互联网公开数据的查询和使用而言，通过搜索引擎在互联网上自行查找、辨别、验证、整理再使用的过程，需要我们付出巨大的时间精力和成本，还需要接受信息量少、准确度低、信息不全等客观存在的问题，这种不尽人意的境遇难免会使人感到心力交瘁。在数字化的时代，我们可以考虑用新思维和新方法找到新路径、打开新局面，或许能够找到一个兼顾效率和效果的目标最优解。

在互联网公开数据领域有一群专业的"捕鱼达人"，他们以专业先进的信息抓取、甄别、验证技术为"渔网"，在互联网"公海"里网罗各类具备商业价值的数据信息，并将这些数据信息分门别类整合成服务平台，为企业提供能够快速精准查询和高效便捷的数据服务。这群"捕鱼达人"就是互联网公开数据服务商，用户选择与其合作也是在查询和使用互联网公开数据时平衡效率和效果的最优解之一。

互联网公开数据服务商的解决方案优势在于便捷、高效和精准，通过更简易的操作快速获取到强相关度和高精准度的企业或关键人物公开信息，促成效率和效果双实现飞跃。恰如想吃鱼未必一定要亲自出海捕鱼，找到捕捞、存储和运输技术俱佳的渠道，足不出户，一样可以享受到顶级的美味珍馐。

延伸阅读

解密"捕鱼达人"——"环球搜"查询工具

"环球搜"，是环球慧思推出的互联网公开数据查询专业工具，也是环球慧思外贸大数据解决方案的重要组成部分。以"环球搜"为例，可以了解互联网公开数据查询工具可以查到的信息类别以及为外贸企业带来的具体帮助。

查询全球进出口货物贸易相关企业信息。"环球搜"主要用来查询具有行业针对性和专业性的数据，能全面呈现全球 170 余个国家和地区从事进出口货物贸易的相关采购商、供应商、生产商或物流公司信息。它利用先进的捕捉、甄别和筛选技术，能有效屏蔽常规搜索引擎一般搜索或普通抓取结果中的不相关信息，从而为用户创造浏览纯净、信息专业、结果适用的检索体验，实质性提升用户检索效率。例如，用户通过输入产品关键词或公司名称，即可检索待查询公司的官方网站、主营业务等多维度信息，有力支持用户业务的后续开发。

查询全球进出口货物贸易相关企业社媒信息。"环球搜"中整合了 LinkedIn、Facebook、WhatsApp 等全球多个主流社交媒体平台信息，将查找模式从多个社媒间来回切换查询转换成一个平台链接多个窗口，打破了各个社媒间的"围墙壁垒"，帮助用户建立多个高效、精准的客户联系渠道，大大节省了用户自行在各个社交平台筛查的成本。

查询企业关键联系人及邮箱信息。"环球搜"中沉淀了海量全球进出口货物贸易相关企业联系人的职位及邮箱信息，在

"环球搜"中用户可将采购主管等职位信息作为筛选对象，筛选并获取关键联系人及经过验证的邮箱信息，以便直接参考和使用。"环球搜"通过专业经验和数据积累优势，助力外贸用户高效实现节省信息检索成本、提高市场开发效率等营销目标。

外贸大数据从何而来

简而言之，外贸大数据的原始数据主要来源于各个国家和地区中与进出口贸易密切相关的海关、工商等官方部门，以及互联网中与国际贸易相关的公开信息。利用大数据、云计算等先进技术，对这些原始数据进行采集、筛选、解析、整合、加工、处理之后，就形成外贸大数据。

追溯外贸大数据的来源，要重点关注产生条件、产生过程、加工过程三个关键环节。

外贸大数据的产生条件主要有两个，分别是技术条件和政策条件。

技术条件是外贸大数据产生的先决条件。大数据的发展与电子计算机和互联网的发展密不可分。电子计算机和互联网是大数据发展的关键基础。如果不具备这一条件，大数据就缺少了产生及发展的根基和土壤。现实世界里的真实动作需要在互联网上留下痕迹才会有可能成为数据，如果没有先进的电子计算机技术和发达的互联网，数据就如同永远飘荡在空中的蒲公英种子，无法落地生根，也无法融入数实世界融合的生态。在不具备大数据发展环境的地方，人类在现实世界中的真实活动并没有停止，只是这些活动无法与互联网发生连接，这些行为痕迹更无法用数字化的技术和手段加工处理形成有价值、可参考的数据。大数据的种子无法在互联网等先进技术贫瘠的区域生根发芽。

以海关交易数据为例，我国互联网、物联网、电子计算机、大数据、云计算等技术发展日新月异，我国海关作为进出口贸易相关重要职能部门早已将数字化理念和技术与海关职能相结合，创新出"智慧通关"等多种数字化时代新举措。得益于科技发展和一系列数字化措施，所有进出口货物都在海关留下了明确清晰的信息，海关再结合其内部需求和规则，利用先进技术对信息进行加工处理，从而形成可供查询和使用的中国进出口统计数据。

我国海关能够提供中国进出口统计数据的条件之一就是互联网和大数据相关技术可以满足外贸大数据发展需求。根据《中国互联网发展报告2023》蓝皮书数据，截至2023年6月，中国互联网普及率达76.4%；截至2022年底，中国算力总规模位居世界第二，数据产量达到23.88ZB，位居世界第二；数据储存量达724.5EB，占全球数据总储存量的14.4%。这一组数据是我国互联网和大数据发展的真实写照，我国的互联网和大数据发展水平在世界处于领先地位，为外贸大数据发展培植了肥沃土壤、提供了有利条件。根据国际电信联盟（ITU）《2022年全球互联互通报告》数据，非洲互联网覆盖率为33%，在最不发达的国家互联网覆盖率仅有22%。在一些社会发展水平相对落后的国家或地区，互联网还没有成为常规基础设施，将互联网与职能部门的工作相结合也难以达到常态化，无论是互联网覆盖率，还是互联网发展状态，都难以支持大数据的产生和发展。

结合海关交易数据的产生，我们可以设想这样一个场景：在不发达国家一个相对落后的城市，海关仅有几台性能不佳、计算能力较弱的计算机和其他互联网设备，海关内掌握计算机技术和数据存储、处理技术的人员屈指可数，当地供电和网络并不稳定，时常出现断电或断网的情况，计算机也常常因为断电断网无法正常使用而逐渐从工具沦为海关内的"展览品"。又因现有的计算机和互联网设备仅能用来处理管理类工作，无法投入到操作端的报关、清关和后端的数据存储、处理环节，当地海关处理业务类工作就只能靠传统人工模式维持。这样的场景连信息的产生、传输和处理都难以达到高效和准确，更无法满足对硬件、技术和人才要求更高的大数据发展需求。大数据在这个海关系统里无法扎根，这些相对落后的地区自然也就没有海关交易数据可供参考和使用。同样，由于互联网技术和资源的匮乏，较为落后地区的国际贸易相关企业也无法参与到利用互联网进行生产和交流的环节中，它们在互联网上留存下的痕迹寥寥无几，也让外贸大数据的产生缺少了一部分重要来源。

政策条件是外贸大数据发展的必要条件。数据是互联网发展到一定阶段的产物，数据大发展无疑为各行各业的成长和变革带来不可辩驳的正向影响。同时，数据大发展也带来许多未知的风险和挑战。这些风险和挑战与现有规则间的冲突在发展过程中逐渐凸显。近年来，数据流通与隐私保护、数据安全与共享发展等矛盾的平衡成为数据发展过程中的热点话题。这些矛盾是摆在各个国家和地区面前的一道选择题。各方所持观念和态度不一，也做出了不同的选择，致使大数据在不同区域的发展呈现出不同的走向。

有些国家、国际和地区组织选择积极拥抱变化，有选择地开放共享。2018 年 5 月 25 日，欧盟正式生效了"史上最严格"的数据安全管理法规《通用数据保护条例》（*General Data Protection Regulation*，GDPR），以保护个人数据安全；2020 年 1 月 1 日，美国正式生效了被称为美国"最严厉、最全面的个人隐私保护法案"《加利福尼亚州消费者隐私法案》（*California Consumer Privacy Act*，CCPA），以加强消费者隐私权和数据安全保护；2021 年 6 月 10 日，第十三届全国人民代表大会常务委员会第二十九次会议通过《中华人民共和国数据安全法》，旨在保护个人、组织与数据有关的权益。上述国家、国际和地区组织都在个人隐私和数据保护上进行明确规定，采取了严厉措施，同时在公共数据上又予以灵活的开放空间。在外贸大数据领域，欧盟可公开提供欧盟进出口统计数据，美国可公开提供美国进口 AMS 舱单数据和美国进出口统计数据，我国可公开提供中国进出口统计数据，这些公共数据的开放共享有利于加强数据和信息交流，在数据反哺技术革新、优化流程和决策等方面的良性循环中发挥了重要作用。当然，也有些国家、国际和地区组织会持不同态度，基于其国情、地区具体情况做出严密保护所有数据的决策，这些国家、国际和地区组织的法律不允许数据公开和流通，在外贸大数据领域就没有可公开的海关交易数据以供分析和参考。

技术条件和政策条件，一个是基础条件，另一个是必要条件，二者缺一不可。二者同时满足时，外贸大数据才具备基本的产生条件。当外贸大数据产生和发展的条件已具备，我们便可以将目光转向外贸大数据产生过程，一起解密外贸大数据究竟是如何产生的。

外贸大数据的本质是行为数据。在前文的内容中我们已经说到，外贸大数据是国际货物贸易相关真实行为的反映，所以外贸大数据产生的前提是有真实的行为发生。我们目前探讨的外贸大数据重点指海关交易数据、商业数据和外贸相关互联网公开数据。这三大类数据具体产生的情况不同，但都遵循同样的基本逻辑，即只有真实的行为发生，才会有相关的数据沉淀。

海关交易数据、商业数据和外贸相关互联网公开数据产生于不同的真实行为。

海关交易数据主要产生于各个国家和地区的海关。进出口企业在当地海关如实填写申报，海关会留存下企业填报的信息并进入海关官方数据库，海关交易数据就产生于进出口企业在海关的填报信息。数据按照填报情况如实呈现，也成为海关进行有效管理、优化流程和提升职能的重要依据（如图 2-10 所示）。

图 2-10　海关交易数据优化流程示意图

商业数据主要来源于各个国家和地区的工商、海关等官方机构，当地企业在官方机构如实登记或注册的信息经过存储和加工，成为商业数据的重要内容。专业的商业机构经过针对性走访调查了解到的企业经营相关信息也成为商业数据的重要组成部分。

互联网公开数据主要来源于谷歌（Google）、必应（Bing）、百度（Baidu）和 Yandex 等搜索引擎，以及 LinkedIn、Facebook、WhatsApp 等全球主流社交媒体。企业或企业员工在网上发布的任何与企业或产品相关的信息都会留存在互联网上，如在企业官网中发布的产品推广、在社交媒体平台中共享的个人联系方式等，这些信息都可能成为互联网公开数据的信息源头，被再次检索并使用。

在外贸相关领域内真实行为沉淀下的数据还不能直接称之为外贸大数据。从商业的角度来说，外贸大数据是可以被使用、被分析并产生价值的。真实行为直接沉淀的数据只能被称之为原始数据。原始数据普遍存在内容零散无规律、过于专业不易理解等情况。普通用户难以发掘出海量数字和代码背后的真正价值。从原始数据到外贸大数据，还需要一位顶级设计师帮助完成这次华丽蜕变。具备专业渠道、经验和技术的外贸大数据解决方案提供商就是这位顶级设计师。

外贸大数据解决方案提供商在数据产生的整个流程中担任着加工过程设计者和把控者的角色，原始数据在顶级设计师的手上经过一道道工序，完成筛选、清洗、整合，最终才能称之为真正意义上的外贸大数据。

数据源开发和挖掘

数据源是外贸大数据加工过程的开端，源洁则流清，高品质数据源是外贸大数据总体品质的基本保障。如何找到并开发出高品质数据源是外贸大数据解决方案提供商需要持续研究和攻克的重要课题。

外贸大数据的源头有些是当地官方机构，有些是在市场上活跃的数据供应商，外贸大数据解决方案提供商需要有能力准确分辨哪些是真实官方数据、哪些是被加工过的数据。在分辨环节，提供商需要有敏锐的嗅觉和严格的品质把控标准。敏锐的嗅觉能够让提供商迅速洞察市场上数据源的变化和波动，知晓哪些源头是固有活跃者，哪些源头是新进入者，哪些源头是品质引领者，哪些源头又是资质平庸者，要能敏锐地嗅到整个市场的宏观情况和灵活波动的信号，全面深入地甄别细节，建立起庞大而活跃的供应链资源池，才有机会为自己准备更多可选项，巩固好数据供应链的稳定性。严格的品质把控标准是甄别优质数据源的重要保障，一家外贸大数据解决方案提供商具备严格的品质把控标准才能找到真正优质的数据源。对于提供商而言，制定严格的标准不难，严格坚守标准才是更大的挑战，能否制定并坚守住严格标准也成为衡量一家提供商实力的重要指标之一。

雄厚的数据源采购实力和与数据源共赢的格局是外贸大数据解决方案提供商手中的"利剑"，手持"利剑"才能在前进的道路上披荆斩棘，到达胜利的顶峰。总体来说，原始数据的品质及稀缺程度和原始数据的价格是成正比的，品质越高，市场上越稀缺，数据自然也会有更高的价码。采购实力雄厚的提供商在遇到优质数据时会有豪掷千金的底气，"不将就"是实力派的选项清单内容；而缺乏雄厚的采购实力的提供商只能做退而求其次的必答题，只能寻找数据源中的品质平庸者合作。与数据源共赢的格局是促进良好供求关系的稳定剂，致广大而尽精微，坚守与数据源的约定，维护与数据源的共同权益，把宏大的理念落到供应链维护的实处，才能维护好供应链的稳定和安全，从而持续获得高品质数据源。

开发出优质的数据源头，拥有稳定优质的原始数据供应，外贸大数据加工过程才算正式按下启动键。

数据清洗和解析

原始数据的内容复杂多样，不同国家和地区的数据都会有不同的内容和格式，原始数据经过专业清洗和解析才能转化成普通用户可用的数据。格式化是数据清洗解析过程中的第一个关键步骤，它是将原始数据杂乱的内容按照符合常规阅读习惯的格式进行重新梳理并导入数据库。例如，原始数据中可能存在串列、数据列名与内容不匹配的情况，在格式化过程中就需要将数据内容与其正确的列名对应梳理，最终用户才能从中捕捉到正确的信息。已经完成格式化的数据会进入解析环节，此环节是将原始数据中难以理解的代码解析成常规用户普遍可以理解的表述，让原始数据的内容不再神秘。例如，原始数据中部分内容会以代码的形式呈现，较为常见的有运输方式代码和报关类型代码，非专业处理人员难以理解代码所代表的真正含义。在数据解析的过程中，代码需要还原成便于阅读和使用的直观信息。

原始数据的清洗解析工作对外贸大数据解决方案提供商的行业经验和专业素质要求极高。如果将原始数据看作是用一门特殊语言记录的信息，那外贸大数据解决方案提供商就是已经熟练掌握并能够灵活运用这门特殊语言的翻译官，用专业的翻译技能将原始数据翻译成用日常用语表达的内容。原始数据处理人员只有具备与翻译人员相似的专业素质和业务技能，才能做好原始数据的"翻译"工作。丰富的数据解析经验和阅历是数据处理人员实现解析工作的基础保障。行业术语、专业知识、常见问题、典型案例等是经验和阅历的外部显现。在外贸大数据行业沉淀足够久、见识足够多、经历足够丰富，才能有机会练就专业技能，掌握专业经验。经验和阅历是时间付出对进取者的奖励，脱离了时间积累的经验和阅历可以应急，但缺乏内涵，无法长青。只有经过时间雕刻的经验和阅历才能够让数据处理人员精准理解原始数据表达的真实含义，再通过平实的语言还原出交易实况，而缺乏相应经验的人员在数据解析时容易出现要点遗漏、含义偏离等常见问题。时间付出的奖励除了经验和阅历，还有深厚的知识储备。处理人员在千百个数据清洗和解析的日夜中会储备丰富的行业相关知识，这些知识结合处理人员专业精准的表达才能对原始数据进行更有效的转化，以避开文不对题、不知所云等常见"雷区"，让原始数据变成准确、专业、平实、易懂的信息。

在外贸大数据领域，原始数据"翻译官"的水平有高低，清洗解析出的数据品质也就会存在好坏。品质差异会严重影响数据的准确性、完整性和可用性，未经专业清洗解析的数据所传达出的信息可能与实际情况存在偏差，进而造成分析误判，影响有效决策。

数据呈现和实现

经过清洗和解析的原始数据已经具备了准确易懂的特质，但从准确易懂到便捷可用还需要经过专业的呈现和相关工具的功能实现。在这个环节，数据还会经历存储、响应、运算和呈现4个关键步骤。

存储，是将已经清洗解析过的原始数据导入服务器中，方便后续需要使用时灵活调用。

响应，是服务器识别用户发出的指令，并根据指令信息做出数据检索、数据统计等反应。

运算，是服务器通过程序运算执行用户发出的指令，完成指令信息指定的数据检索、数据统计等任务。

呈现，是将指令任务的运算结果通过文、图、表等多种形式呈现给前端用户，以便用户查看。

数据的呈现和实现一般会借助特定的工具完成，如在线数据库系统。数据库系统实现数据呈现和各种功能的基础逻辑是在不断交互中响应指令并呈现结果。数据库系统分为前端和后端两个部分，前端面向用户，用户通过数据库系统的各个功能设置向后端发出数据检索、数据统计等指令，后端负责运算，根据用户发出的指令快速调取相关数据完成运算，并将结果呈现在前端，供用户参考和使用。数据库系统是提供商在数据存储、运算、响应和呈现方面技术实力的集中体现，其降低了外贸大数据的使用门槛和使用难度，实现了海量数据的高效检索、统计、比较和深度分析等功能，充分发挥了大数据记录真实、揭示规律、预测未来和支持决策等价值，让外贸大数据变得便捷可用。

针对数据库系统的功能和页面设计，不同提供商会有不同的设计理念和技术水平，而这些直接影响数据库系统使用和分析的便捷性、准确性及智能性。极速响应、精准呈现、准确统计、智能分析、便捷操作和友好交互是大数据时代数据库系统需要具备的基本特性，庞大的服务器集群、先进的处理技术、稳定的迭代能力是数据库能够完成海量数据存储及多并发请求的响应、运算及呈现的基本保障。

外贸大数据行业发展

外贸大数据行业的起源与发展，得从海关交易数据说起。海关交易数据的诞生与计算机的普及和应用密不可分。国际进出口货物贸易早于电子计算机的发展，在电子计算机诞生并进入商业领域之前，海关交易数据以港口货物及其运输信息和记录的形式存在着。最初的信息和记录可以更通俗地称之为"情报"，同时也是海关交易数据的"种子"。那时"数据"的概念还并不存在，只是一些港口运营商、码头、船公司及少量贸易公司对"情报"有需求，他们意识到"情报"可以在决策和合作过程中提供一些帮助。市场需求只集中于港口、码头等特定客户群体，而客户体量更大的进出口贸易商多数还未萌发利用"情报"提高营销效率的意识。

20 世纪 70 年代，技术发展带来了时代变革，第三代计算机凭借其良好的性价比开始普及到社会经济的多个领域。计算机和贸易情报产生了千丝万缕的联系。计算机技术改变了情报的记录方式、存储方式、传播方式及服务方式，也让情报改头换面成为"数据"。成立于 20 世纪 70 年代的美国皮尔斯（PIERS）公司则是全球最早的贸易数据公司，而皮尔斯公司的前身，是成立于 1872 年的美国《商业日报》（*Journal of Commerce*），其主要帮助美国海关刊登货物进出港记录，为货主提供货物进出凭证，1920 年开始为港口、航运公司、贸易商和政府编辑出版海关贸易数据。随着 1966 年《美国信息自由法案》的通过，皮尔斯公司开始公开出版发布含有每一笔海运记录的美国提单数据。20 世纪 70 年代计算机技术的发展，使得皮尔斯公司可以利用光盘、软盘等方式提供贸易情报。皮尔斯公司的成立时间和计算机的应用普及时间吻合并非巧合。在当时的技术和经济发展条件下，即使不是皮尔斯公司，也会有其他公司成为外贸大数据行业的首创者，打开外贸大数据的神秘之门。

计算机的普及极大地提高了社会经济各个领域的工作效率，在贸易领域，港口、码头和执行海关职能的机构可以以更高效率的记录、存储、统计和分析进出口贸易信息，信息的记录和分析方式也发生了变化。互联网技术的发展更让外贸大数据行业实现跨越式进步。外贸大数据在发展过程中不仅需要解决数据存储的难题，还需要攻克数据传输的关卡。单个节点上存储的数据如果不能和更多节点上的数据形成集合，数据的分析和预测功能会大打折扣。数据传输需求在互联网发展及广泛应用之前已经存在，无论是国家（地区）内部的数据传输，还是不同国家（地区）之间的数据传输，它们都在不断追求高效、安全和稳定，对数据传输技术也就提出了更高要求。软盘、光盘这些已经被时代淘汰的技术，在互联网传输广泛应用之前承担着重要的数据传输任务。在需要存储相同量级数据的条件下，软盘、光盘相较于传统的纸质文件更轻量、便捷、高效、经济。重要的数据存储在软盘、光盘中，通过邮递等多种方式送达目的地，再将存储在软盘、光盘中的信息读取出来并使用，达成在那个年代背景下最高效传输数据的目的。

20世纪90年代，互联网技术开始广泛应用，数据传输技术进入新的发展阶段。近年来，互联网发展速度一日千里，PC互联网、移动互联网的出现让数据实现了一定程度上的传输自由。当下的互联网技术可以同时支持PC与PC间的数据传输、PC与移动端的数据传输及移动端之间的数据传输，且更加高效、安全，这为外贸大数据能够及时反馈市场信息提供了技术保障。互联网技术的发展不仅推动了数据传输效率的提高，而且还为互联网公开数据的诞生和发展创造了先决条件。从PC互联网到移动互联网，普及率越来越高、覆盖面也越来越广，Google、Bing、百度、Yandex等搜索引擎和Facebook、Twitter等主流社交媒体成为人们的生活工具和国际营销工具的结合体，在生活和营销中使用互联网工具已经成为这个时代的常见场景，这为互联网公开数据的诞生和发展创造了基础庞大、增长迅速的优质资源池。

全球贸易的迅速发展，也是促成外贸大数据诞生和发展的重要因素。

1944 年，布雷顿森林体系（Bretton Woods system）建立，关税及贸易总协定（General Agreementon Tarriffs and Trade，GATT）于 1947 年 10 月 30 日在日内瓦签订，贸易全球化的趋势开始显现。1995 年，世界贸易组织（WTO）正式成立，全球国际贸易得以空前发展，贸易壁垒减少，多边合作成为主流趋势。不同国家间贸易便利性增强，贸易往来频率增加，贸易活动增多，产生了更多贸易相关信息和数据，持续增加的贸易信息构成外贸大数据的重要信息来源之一。

20 世纪 90 年代后，计算机和互联网的春风吹向全球，美国以外的其他国家陆续开始出现各类专业的贸易数据公司，它们在各自擅长的细分领域内提供不同方向的专业数据服务，外贸大数据的版图从北美、中美一路拓展到南美，更多国家和地区的贸易数据进入数据市场，成为进出口企业市场分析和营销决策的重要依据。

21 世纪的前 10 年，外贸互联网迅猛发展，国际市场需求空前旺盛。尽管此时能提供贸易数据的国家和地区不断增加，数据品类也日益丰富，但由于当时外贸企业对数据认知不足和使用水平低下，绝大多数外贸企业依然以展会和互联网作为出口营销的主要渠道，外贸大数据行业在这一时期还处于边缘化的位置。同时，受当时技术水平的限制，那时提供的外贸大数据只能以线下表格的形式存在。即便后来发展到在线提供的形式，也只是非常简单的检索，所以外贸大数据行业在这个阶段发展非常缓慢。

在 21 世纪的第二个 10 年，外贸大数据行业取得了非常大的进展。外部社会环境的持续向好为其发展注入了强大动能，推动了外贸大数据行业稳步发展。在政府层面，多个国家和地区提出或实施有利于数据发展的政策或措施。2012 年，美国提出"数字政府战略"；2015 年，中国提出实施"国家大数据战略"；欧盟、日本、澳大利亚等多个国家、国际和地区组织分别在不同时间提出关于发展大数据和大数据治理的相关综合性政策，极大地推进了大数据在全球范围的推广和应用速度。在社会认知层面，随着大数据概念的日益普及，人们了解和运用大数据的意识不断增强，潜在客户群体不断扩大。在技术应用层面，大数据、云计算等新型数字技术在外贸大数据领域广泛应用，算力提升、算法优化，大大提高了外贸大数据检索、分析和应用的效率。在数据源层面，大数据版图从美洲拓展到全球更多国家（地区），基于外贸大数据分析全球贸易动向的价值再次被强化。

进入 21 世纪的第三个 10 年，外贸大数据行业快速发展，步入黄金增长期。2020 年全球暴发的新冠肺炎疫情，导致出境展览、实地拜访客户受阻，外贸企业在这个时期大量采用外贸大数据，足不出户主动精准开发全球客户。外贸大数据在这个特殊时期起到了非常关键的作用，同时行业本身也取得了快速的发展。这个阶段我国对数据更加重视，2020 年首次将数据列为生产要素，后续"数据二十条"的发布及国家数据局的成立更是极大地推动了外贸大数据外部环境的不断成熟。在这个时期，大数据技术日益成熟，实现了从数据清洗到数据搜索、数据挖掘、数据可视化及云计算能力的大幅提升，让极速检索、高效统计、直观呈现、智能操作等成为可能。2023 年开始的生成式人工智能技术在外贸大数据行业的应用又为行业注入了强大的动能和想象空间，外贸大数据行业前景可期。

环球慧思作为国内外贸大数据行业的先行者，于 2001 年开始创造性地将大数据应用到国际贸易中，亲历和见证了外贸大数据行业的发展与变迁。环球慧思在外贸大数据行业中不断进行技术和商业模式的创新，同时不断培育外贸大数据市场，提升外贸企业的数据意识和数据使用技能。在数据智能时代，环球慧思的智能贸易终端不断升级迭代，从国内走向海外，朝着成为全球领先的智能贸易终端和服务提供商的愿景不断前进，致力于将智能贸易终端做到全球贸易精英的桌面上，将外贸大数据行业推向更辉煌的明天。

外贸大数据的实用价值

科技的飞速突破为商业发展提供了层出不穷的新产品、新方案和新工具。作为数字化新外贸时代开拓国际市场的利器，外贸大数据的价值不容小觑。虽然外贸人对其价值的理解不尽相同，但随着使用范围的愈加广泛和深入，越来越多的外贸人已经不再满足于数据表面的浮光掠影，而是深入挖掘数据的核心，探索那些隐藏在"数据丛林"深处的"秘密花园"，寻找广阔的贸易商机。

价值一：探索未知的"导航仪"

置身城市密集林立的高楼大厦，穿梭于纵横交错、四通八达的街区，无论驾车还是行走，常常会被迷失方向的焦虑困扰。于是，导航仪便成为当下社会日常出行的必备工具，不仅能显示地图，指引方向，还能把控时间，预知变化。

外贸大数据可以称得上是国际贸易领域的"导航仪"，发挥着显示贸易地图、指引市场方向的重要作用。在探讨其作用之前，不妨先从切身的生活经验思考一下，出行时我们为何使用导航仪？无外乎这样一些原因：一是对陌生的环境感到不安全；二是在陌生的环境中找不到目的地；三是想找到到达目的地的最优路线。这几点原因映射到国际贸易领域，我们就更容易理解外贸大数据对国际贸易发展的重要作用。

延伸阅读

企业面对国际市场的四大典型痛点

国际贸易中，进出口企业面对国际市场时常会有四大典型痛点。

痛点一：看不清市场在哪里。发展贸易要先找到市场。企业在找市场阶段常会由于地域、认知、实力和信息掌握程度的限制而看不清自己产品的市场究竟在哪里，难以找到准确分析和开发的目标。企业所处的环境从自己所在的区域扩大到国际范围，企业也会像前面所述的到达一个新环境的个人一样，面对陌生环境会有不安和压力。

痛点二：看不全市场有哪些。相信很多人都有爬山经历，处于山的不同位置会看到不同的景物。在山脚下，我们能看到的就是眼前的一草一木；在半山腰，我们可以越过一些遮挡视线的树木看到山脚下的情况；在山顶上，我们就能看到这座山周围的景色。上升的高度越高视野就会越开阔，看到的东西也会越多。看市场和爬山看风景一样，如果缺乏开阔的视野，就很难发现还有哪些潜在的需求市场。

痛点三：看不透市场真实情况。企业在市场调研分析阶段一般会通过互联网信息查找、实地考察、行业调研等多个渠道获取市场相关信息，再基于搜集的信息和数据并结合行业经验分析市场情况进而得出结论，用于支持自身决策。通过上述常用渠道搜集的信息来源有限，真实性和客观性缺乏保障，在市场深度分析方面效果不佳，分析结果难以帮助企业真正看透市场的真实需求变化和整体走势，难以做出更科学合理的决策。

痛点四：看不准哪些是优质市场。国际贸易中外贸企业都存在精准找到最优市场的需求，因为优质市场有更多合作机会和更大发展空间。当前市场发展阶段、市场饱和度、市场客户的普遍需求特征等都是企业需要关注的关键信息。若关键信息缺失，企业没有可靠的分析资料，就难以结合自身情况和需求对各个市场进行客观全面的评估，更无法筛选判断哪些才是最适合自己的优质市场。

解决上述痛点的关键就是外贸大数据，数据可以为企业绘制并展现清晰准确的全球贸易地图，并指明确切的前进方向。

作为国际贸易中的"导航仪"，外贸大数据的作用主要体现在以下三个方面。

市场开发和拓展。开发新市场和拓展市场的需求主要集中在企业初创时期和扩张时期。初创时期企业毫无市场根基，需要找到自己产品的市场，进入市场、拓展业务、站稳脚跟，才有进一步发展壮大的机会。扩张时期，原有的市场体量可能不再满足企业发展需求，甚至会成为企业扩大的抑制因素。企业需要将业务拓展到更多市场，让内部供应和外部需求达到相对平衡的状态，并在供需的此消彼长和相对平衡的切换中实现业务扩张和自身壮大。

"导航仪"在企业开发新市场或拓展市场的过程中，可以通过产品与市场实际贸易记录的匹配，帮助企业快速找到产品的需求市场，避免因"看不清"和"看不全"而影响企业的市场决策。在外贸大数据中，按照产品展开搜索，有过对应产品交易记录的市场会出现在搜索结果中，说明这些市场有明确的产品需求，可作为重点分析对象；没有出现在结果中的市场说明搜索的周期内没有对应产品的交易记录，这些市场可不作为优先研究对象。找到需求市场，才能更顺利地进入下一个阶段，即市场分析和筛选。

分析锁定优质市场。市场分析的需求存在于企业发展的全阶段，任何阶段企业都想找到需求大、机会多、潜力大、利润空间大的优质市场。市场分析是锁定优质市场、优化市场布局前的必要行动。

生活中导航仪在推荐路线时有几个维度：实际距离、道路情况、红绿灯数量、拥堵情况，在国际贸易中分别对应市场实际需求情况、产品在市场上的当前发展阶段、市场波动情况和市场竞争情况。企业对这几个维度进行深度分析有助于做出正确的判断决策。

在市场开发阶段我们已经找到了有明确需求的潜在市场，在市场分析这个环节我们需要弄清楚这些潜在市场的实际需求情况。实际需求从贸易量来判断会更加直接。基于外贸大数据的统计分析作用，我们可以按照产品对市场贸易量进行宏观统计，贸易量大表明当前市场需求旺盛，贸易量小说明当前市场需求不足。在外贸大数据帮助下，不同市场的贸易表现一览无遗，企业可以轻松把握市场的实际需求情况。

产品在市场上的生命周期遵循市场基本发展规律，任何产品在一个市场上都会经历兴起、成长、成熟和衰退4个不同阶段。当产品在一个市场上已经进入成熟期或衰退期时，企业就需要考虑重新审视和评估这个市场是否还有发展潜力和空间，刚刚兴起或正在成长的市场或许有更多机会。在外贸大数据中，我们如何判断产品当前正处于哪个发展阶段呢？外贸大数据趋势统计分析可以提供帮助，扩大市场研究的时间周期，在相对长的周期内看产品在市场上的贸易变化趋势。趋势上扬可以初步判断产品在该市场正处于兴起或成长期，需求还将持续增加，市场更具开发潜力；趋势波动但振幅不明显，且波动前后无明显大的差值，可以初步判断市场相对稳定，总体需求无大变化，产品在该市场可能正处于成熟期，企业需谨慎进入；趋势持续下降，可能产品已经处于衰退期，需求衰减，企业需考虑及时抽身，规避风险。

市场起伏不定才是商业常态，波动小又稳定的市场更容易得到企业青睐。发展那些走势大起大落的市场会让企业犹如坐过山车，每一次起落都会刺激企业的神经，企业可以从市场波动情况判断市场稳定性，避免市场起伏导致企业发展不稳。市场波动同样可以通过市场发展趋势判断，市场趋势规律波动、需求总体稳定，企业在该市场上受到巨大冲击的概率就相对较小。

了解市场的竞争情况，可以帮助企业判断当前是否有必要进入市场，以及以什么策略进入市场。企业可以基于数据分析打有准备之仗。市场竞争情况在外贸大数据中可以通过某个市场上活跃的采购商和供应商的数量判断。我们可以按照产品追踪某个市场上有过对应产品交易记录的采购商和供应商，在采购商和供应商列表中了解某个阶段市场上活跃的采购商和供应商数量及贸易统计情况。市场上采购商数量多，供应商数量少，说明市场正处于上升期，该市场初步判断具备进一步研究的价值；采购商数量和供应商数量相对平衡，说明供求稳定，新进入者可能会面临一些压力，如果新进入者在产品、服务等方面有独特优势，也会有更多化解压力的把握；采购商数量少于供应商数量，表明竞争激烈，进入这样的市场则会面临更大的挑战。

外贸大数据中包含了评估上述几个维度情况的关键有效信息，可帮助企业客观评估市场情况并找到适合企业当前发展状况的最优市场。

决策优化市场布局。在企业成长期，优化市场布局是企业在国际市场业务快速增长的有效途径；在企业成熟期，优化市场布局是企业突破瓶颈的关键动作。

市场是动态的，一直处于发展变化的过程中。市场发展阶段、外部环境和政策规则等因素的变化，都会带来市场状态变化。在复杂的国际贸易中企业需要精准识变，才能从容应变，做好应对和规避风险的准备，同时在变化中捕捉新的发展机遇。外贸大数据作为国际贸易的导航仪可以帮助企业及时洞悉市场变化，并根据变化情况制定行之有效的策略，调整前进方向。

优化市场布局可以分为两个方面：一方面是优化市场分布；另一方面，是优化市场结构。做到这两点，既可以帮助企业扩大营销利润空间，又可以帮助企业规避贸易风险。

优化市场分布重点指调整产品在全球市场的营销区域。调整方向一般是从成熟或衰退期的市场转向新兴或成长期的市场，从中低端市场升级到中高端市场，从单一市场拓展成多元市场。营销区域调整可帮助企业找到新的利润增长点，为企业创造更大收益。

成熟或衰退期的市场已经处于饱和状态，缺少足够的空间支持企业发展，企业需要找到有更多机会的新市场。通过外贸大数据锁定优质新市场的方法前文已经做过探讨，可通过市场趋势分析帮助判断。

中高端市场流行的产品一般附加值更高，高价值增长、高经济效益、高利润率可让企业在市场上获得更高回报。随着企业发展、技术提升和转型升级，中低端市场不再满足企业发展需求，走向中高端市场是企业的必由之路。评估市场级别，一般可以参考市场所在国家和地区宏观发展水平、市场宏观的交易产品结构、某一产品在该市场的价格水平、市场头部客户的交易情况等方面信息。

市场所在国家和地区宏观发展水平从多个渠道都可以轻松了解到，在外贸大数据中直接体现为周期内贸易总量情况。周期内贸易总量低，且多个周期比较增长不明显，可以初步判断该市场处于低速低额增长状态，市场总体需求和购买力不足，发展有限。

市场宏观的产品交易结构能反映市场当前主要需求产品类别，这可以通过外贸大数据的统计和排序分析来完成。如果市场交易量和交易金额都比较大的产品主要是高附加值产品，则说明该市场对高附加值产品的需求大、接受程度高，高附加值产品在该市场内大有可为；如果交易量和交易金额都比较大的产品主要是低附加值产品，说明该市场目前处于相对初级阶段，市场需求主要是满足当前的生存和生活需要，以及少量发展需要，在这样的市场上，能够认可并采购高附加值产品的群体较小，进入这样的市场产品推广和销售阻力更大，可能还需更长的培育时间，企业成本投入更大。

市场价格接受水平较为直观地反映了一个市场对某个产品的价值认知和购买力。中高端市场对产品价值的认知水平更高，对高价值产品的购买力也更强。价值认知水平高、购买能力较强，市场上的采购商普遍更能够认可并接受与高价值对应的高价格，企业在该市场上的利润空间较大；价值认知水平低，购买能力较弱，市场上的采购商偏向于价格敏感型客户，对高价格接受程度较低，企业在该市场上的利润空间也就较小。判断市场价格接受水平，可以依据市场上某产品的价格表现。在外贸大数据中，企业根据自身条件设置价格线，以产品价格和交易频次为坐标轴，查看市场上采购商 RFM 情况。在"高频高额""高频低额""低频高额"和"低频低额"不同象限中，采购商的密集程度直观体现了市场上采购商对价格的普遍接受程度，也反映了市场的普遍接受水平。

延伸阅读

简便有效的客户细分工具——RFM

国际市场的精准营销离不开外贸大数据，而作为一种有效的客户细分工具，RFM 在数据分析的基础上可以帮助企业更好地了解客户，制定营销策略，优化资源配置。RFM 指的是 3 个关键指标：最近一次消费（Recency，R）、消费频率（Frequency，F）和消费金额（Monetary，M）。

R 体现了客户对于企业、产品或服务的兴趣和关注程度，R 值越大，表示客户最近购买的时间距离现在越近，反之则表示客户最近购买时间距离现在越远；F 体现了客户对于企业的忠诚度，F 值越大，表示客户购买的次数越多，反之则表示客户购买的次数越少；M 体现了客户的消费能力或消费潜力，M 值越大，表示客户消费的金额越高，反之则表示客户消费的金额越低。

R 值高、F 值和 M 值也高的客户，可以视为重要价值客户，企业应给予重点关注和最优质服务；R 值低、F 值和 M 值也低的客户，则可能需要重新评估其价值和营销策略。

RFM 分析简单易懂便于操作，能够为企业提供直观的客户细分依据。但考虑到客户的其他属性（如年龄、性别、地域等），仅凭几个关键性指标可能无法完全反映客户的真实价值和需求时，还应结合实际情况和其他分析工具进行综合评估。

市场头部客户表现情况，在外贸大数据中一般可以结合贸易追踪、贸易综合统计、可视化分析等不同功能来分析（如图 2-11、图 2-12、图 2-13 所示）。我们通过产品可以追踪到某个市场上指定时间内采购过该产品的客户，排序查看头部企业情况。头部企业在市场上起着引领和影响市场发展的作用，头部企业的产品、服务有更大概率会被其他企业模仿，所以头部企业的情况是一个市场整体情况的缩影。

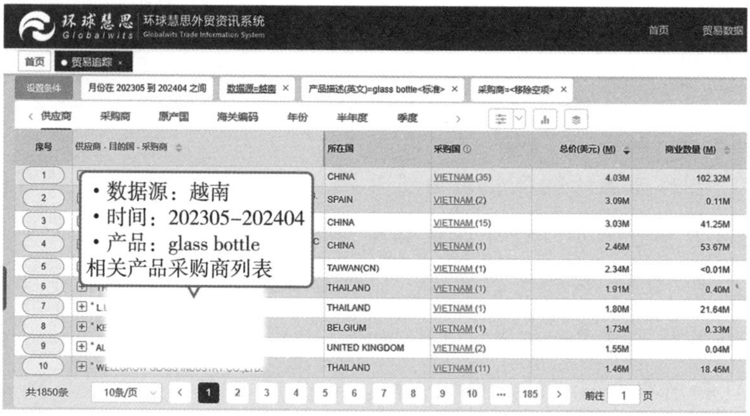

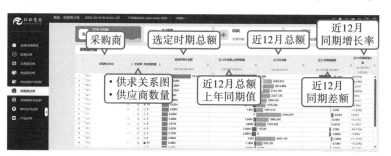

图 2-11　环球慧思智能贸易终端系统：贸易追踪功能（系统截图）

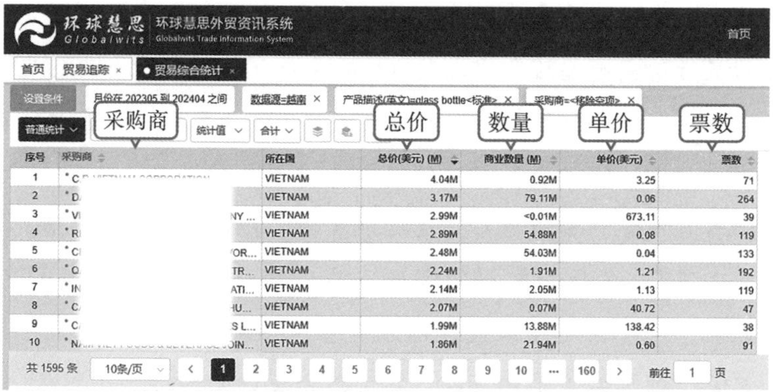

图 2-12　环球慧思智能贸易终端系统：贸易综合统计功能（系统截图）

图 2-13　环球慧思智能贸易终端系统：可视化分析功能（系统截图）

分析头部企业可以重点分析企业采购实力、采购周期、采购稳定性、产品结构等，如果较大范围的头部企业普遍具备高频、稳定的采购能力和很强的采购实力，且采购的产品以中高端产品为主，一定程度上可以说明市场上有一定体量的中高端客户存在。在头部企业的影响下，中高端客户群有望进一步扩大，从而推动整个市场的升级。如果较大范围的头部企业采购量都比较小、交易价格普遍偏低、交易波动大且交易产品以较基础的产品为主，说明该市场还有很大发展空间和较长的发展道路，当前可能并不是市场开发优选目标。

评估市场等级的每一个关键要素都不是完全独立的，中高端市场的划分也没有绝对标准，每个企业的产品特征、发展阶段等都存在差异，外贸大数据的价值是帮助企业找到最适合自己的最优市场，适合自己的才是最好的。

优化市场结构，重点强调的是调整企业在全球不同市场的投入比例。不断评估当前市场情况，增加在稳定或高增长优质市场的投入比例，适当减少在表现欠佳市场的投入比例，实现资源利用率最大化。企业的资源是有限的，需要通过优化资源分配机制，实现用有限的资源创造出更大效益。

企业在任何发展阶段几乎都要面对市场波动带来的风险。就单个产品来说，没有任何市场可以永远处于长盛不衰的境地。当市场不再能为企业创造可观的效益时，企业可以通过优化市场结构，调整企业资源在不同市场的投入比例，找到新的优质市场，将更多资源集中在优质市场上。在绩优股和潜力股上做有效投资，才有更大概率收到更多回报。

优化市场结构是在市场分析和筛选的基础上，基于分析结果做出科学预测和决策，外贸大数据在整个环节中发挥着提供客观市场数据支持和分析支持的作用。它让企业有足够多和足够准确的样本，清晰描绘每一个市场的具体情况，再根据市场表现和企业发展需求合理调整市场投入比例，找到正确的发展方向。

寓言故事《南辕北辙》告诉我们：方向不对，努力白费。找准前进的方向，企业才能去往正确的目的地，拿到想要的结果。企业在"出海"

征途中可能会迷失前进的方向，还可能会遇到恶劣天气和危险"暗礁"，影响方向判断、危及生命安全。"导航仪"是"出海"途中必备的工具，能够帮助企业拨开迷蒙的"海雾"、避开危险的"暗礁"、显示正确的"航线"，指引企业顺利前行，安全到达成功的"彼岸"。

价值二：精准画像的"定位器"

"导航仪"的作用是帮助企业找准市场，顺利到达目的地，而"定位器"的作用则是帮助企业找准客户、找准需求，高效达成合作。

"定位器"在客户开发、跟进和管理不同阶段实现的都是精准定位优质客户及其主要需求的作用，只是定位后才能帮助企业实现目标。在客户开发阶段，"定位器"主要实现的目标是找到优质客户，为企业提供明确的开发目标；在客户跟进阶段，"定位器"主要实现的目标是定位客户明确需求，帮助企业高效推进合作；在客户管理阶段，"定位器"主要实现的目标是定位具体客户的需求变化情况，方便企业及时调整策略。"定位器"的作用是通过客户精准画像来实现的，这也是企业需要持久、规律开展的工作。客户的情况发生变化，客户的画像也要随之调整，以确保画像的准确性和决策的准确性。

外贸大数据是客户在交易中留存下来的行为数据，行为数据能够较为真实地体现一个客户的行为习惯和特征。通过对行为习惯的研究和分析，企业可以清晰描绘出客户的精准画像，并判断客户究竟是否是自己要找的"有缘人"。数字化时代的难题当用数字化手段来解决，企业利用外贸大数据精准画像，通过客户画像和企业需求匹配，高效锁定自己的"有缘人"，方可制定追求策略，展开强烈攻势。

在国际贸易中精准绘制客户画像需要重点了解客户基本情况、需求特征、交易周期特征、交易习惯、采购意向等维度信息，而外贸大数据对此都可以提供直接或间接的帮助。

客户基本情况。客户的基本情况包括客户的组织架构和经营信息。公司组织架构信息一般包括基本工商信息、股东信息、主要人员、分支机构等，了解工商信息可以帮助判断企业的经营年限、企业规模和稳定性，经营年限久、规模大的客户一般稳定性更强，在贸易中存在的风险相对较小。股东信息在贸易中相当于关键决策人信息，在贸易中了解股东情况一方面可以帮助判断实际对接人是否是关键人，方便调整业务推进策略；另一方面可以在贸易推进受阻时，从企业股东切入，扭转局面。主要人员信息是贸易对接关键人信息，找对人、办对事，才能事半功倍。掌握主要人员信息无疑可以有效提高沟通和推进效率。分支机构信息既可以用来判断企业规模，又可以为升级销售提供新思路。分支机构多、分布区域广的企业一般规模较大，在合作了其中一部分机构之后，攻破另一部分的难度会大幅降低，这有利于在未来扩大销售规模或进行升级销售，进而创造更多贸易机会。公司经营信息包括营业范围、营业额、可采购预算、业务增长轨迹、决策总部、财务信息、经营风险等，是评估企业实力、经营状况和发展潜力的重要依据。营业范围广、营业额多的客户一般实力更强；可采购预算多、业务增长轨迹良好的客户具备更大潜力。财务信息、经营风险信息反映了客户的经营稳定情况，增长明显、风险预警小的客户更稳定；决策总部信息有助于更快找到关键决策组织，加快客户开发和合作进程。通过对基本信息的掌握，企业能够描绘出客户的基本轮廓和“高矮胖瘦”，完成客户初筛，找到那些规模适中、经营良好、发展稳定和潜力更大的优质客户群，再进入详细画像、深度分析环节。

客户基本情况信息包含在外贸大数据的商业数据中。我们通过官方政府平台可查询到企业注册的工商信息、营业范围和股东等基础信息，数据获取难度较小。专业的商业数据服务机构如邓白氏，则可以提供企业分支机构、决策机构、营业额、可采购预算、业务增长轨迹、财务信息和风险预警信息等更具专业性和深度的数据，它几乎覆盖评估企业经营风险、预计企业发展潜力的全维度信息，一站式满足用户了解全维度信息，可全面评估客户情况的需求。可靠的信息来源、科学的分析模型、严谨的分析结果可为用户的科学决策提供保障。互联网公开数据更是包罗万象，公司简介、公司经营信息、联系人和联系方式信息等全部囊括在内。公司简介可以通过企业官网直接查询，公司经营信息可以在搜索引擎中被轻松检索出来，关键联系人及联系方式信息分布在 Facebook、WhatsApp 等主流社交媒体中。这些信息在专业的互联网公开数据服务商的服务中可以被集成而轻松获取。海关交易数据不仅会体现客户真实的交易记录，部分也会包含当地进口商注册信息、关键联系人和联系方式等信息。海关交易数据中的官方商业信息与客户本身联系更紧密，可以直接确定当前查看的信息与客户所关注的进口商是否为准确的对应关系。相较于商业数据服务机构的信息和互联网公开数据信息，省去了验证和确认的步骤，更直接、更高效。

外贸大数据为了解客户基本信息提供了一套高效搜集和分析信息的解决方案，外贸大数据服务提供商则扮演着将散落在市场上的碎片信息进行规范化、标准化处理及整合的角色，经专业服务提供商整合后的信息更加全面、准确和客观。信息详尽、准确、客观是精准描述和正确画像的基本保障，进而才能实现潜在市场与客户的精准发掘。用户自己搜集的信息受限于渠道、时间、财务、技术、人力等多方面因素，难以做到高全面性和高准确度，无法支持画出最客观真实的客户面貌，那么实施精准有效的市场开发也就无从谈起。

客户需求特征。分析客户需求特征可以从客户的采购产品特征、交易价格特征、交易量特征等方面入手，从而评估客户类型，判断其需求倾向与可接受的底线是否与企业能够提供的产品或服务相匹配。

采购产品特征包括产品结构和产品类型。产品结构是指客户所有需求产品的整体分布。掌握客户的产品结构便于企业了解当前产品在客户需求结构中的具体位置，判断其属于高需求产品还是低需求产品。产品结构中的主要产品或新开发产品一般属于高需求产品，会有更稳定或持续增长的需求量，对企业来说合作后会有更大的发展潜力和利润空间。次要产品一般趋向于低需求产品，在整个需求结构中所占比例较小，如某种产品的辅料，或者客户主产品线以外的其他产品。客户对次要产品需求少、关注度小，该类产品的未来增长空间有限。

在外贸大数据中，海关交易数据是了解客户产品结构的主要信息源。海关交易数据清晰记录了客户所有产品的交易情况。通过客户公司名追踪和统计，可以完整呈现客户每一类产品的交易量和交易总额。企业可以通过每一类产品的交易量和交易额在所有产品交易中的占比情况判断主次关系，结合详细的产品情况和行业专业知识综合评估，较快区分哪些是主要产品，哪些是次要产品。判断是否是新产品需要对客户长时段历史数据进行分析对比，在分析对比中若发现某个时间以前从未出现过的产品，从近期的某个时间点开始新增交易并保持增长态势，且在总体交易中的占比逐渐增加，大概率该产品是客户近期新增采购产品，未来可能会有进一步扩大交易规模的预期，企业在合作中也有机会通过进一步扩大销售该产品获得理想收益。

产品类型主要分析产品的等级层次，通过与企业实际情况对标，帮助企业找到更适合自身定位的客户群体。在市场上每一家企业都有自己的发展节奏和发展路线，有提供初级产品服务的企业，也有提供中高端产品服务的企业，不同等级的企业具有不同的技术实力、资金实力及不同的合作标准。不同产品规格型号档次对应不同的价格，通过数据对客户采购产品要求进行精准把握，同时监测同行的产品类型和价格体系，对于客户跟进和谈判非常关键。

案例分享

用数据挽回客户

国内做镀锌板的 A 公司正在与泰国客户 B 进行报价阶段的谈判，客户 B 一直以 A 公司报价太高为由，迟迟没有达成合作。后来，客户 B 提到也联系了 A 公司当地的一家 C 同行企业，他们的报价比 A 便宜不少。但是，据 A 公司外贸业务人员的专业判断，同等质量、同等规格下的镀锌板价格不可能低那么多，A

公司也十分清楚自己的报价确实是很低了，同时还提供了其他增值服务。在与客户进行多次博弈之后，谈判仍然没有实质性的进展，陷入僵局。两周时间后，A 公司从环球慧思智能贸易终端系统中查到了一笔 B 客户与同行 C 公司的样品单交易记录，从详细关单中发现其交易的产品规格和最开始的需求不一样，而是另外一种低档规格的产品，该产品的成交价格 A 公司还可以更低一些，而现实是客户 B 花了比较高的价格买了低一档质量的产品。获取到这个信息后，A 公司觉得这个客户还有挽回的余地，立马和客户 B 进行了深入的电话沟通，从客户 B 得知，他们这次采购的较低档次的镀锌板需求会更大一些。通过双方的密切沟通，B 客户最终决定更换供应商，合作的原因不仅仅是价格，更是 A 公司的专业和真诚。

通过外贸大数据分析和评估企业类型，海关交易数据和商业数据也可以提供帮助。海关交易数据提供分析客户交易产品和价格情况的数据支持，商业数据通过企业资质和风险预警等信息提示企业经营的稳定性，不同数据结合使用可以帮助企业结合自身特征和发展情况筛选出真正适合自身的理想客户。

交易价格特征的分析思路和产品类型比较相似，只是产品交易价格特征的分析更关注客户对价格这一个要素的关注情况，无关产品类型和客户类型。即使同样都是中高端定位的客户，他们也有价格敏感型和价值敏感型的区分。

价格敏感型客户一般在相同品质或等级的产品交易中，成交价格会控制在相对较低的水平，同类产品的交易价格波动不明显。而价值敏感型客户更关注产品本身的品质和价值，对于品质好、价值大的产品愿意支付与价值对等的价格。客户交易的价格特征既会影响企业对客户的类型判断，也会影响企业在后续开发中的营销策略。企业如果对自身的产品品质和价值有清晰定位，在市场上更希望找到慧眼识珠的客户，那么被动等待可能会让"明珠蒙尘"，主动出击才有拿下客户的机会。一方面，企业可以利用海关交易数据按照价格区间筛选并定位客户，找到交易价格与自己定位的价格区间匹配的客户群，再通过具体交易细节精准定位潜在客户群里价值敏感型的优质客户，一步步增加筛选条件，缩小筛选范围，锁定准确目标；另一方面，也可以利用海关数据优化营销策略，对现有客户进行交易价格分析，针对每一类重点客户采取不同的策略，达到最理想的效果。那么，如何分析并判断现有客户是价格敏感型还是价值敏感型呢？在合作过程中，对于价格敏感型的客户而言，一个合适的价格可能就是达成合作的关键，他们会更关注企业的产品报价；在海关交易数据中，客户过往交易记录中的成交价格会是企业精准报价的有力参考。对于价值敏感型客户，企业在合作过程中则需要更关注对方的痛点，突出自身产品的品质和价值；海关交易数据中，产品的详细描述和品牌信息，可以帮助企业直观洞察客户对产品价值的关注度，从而帮助企业有效评估客户需求倾向。

客户交易量大小及变化趋势，以及交易量与企业规模的适配情况，能够比较准确地反映出客户的需求量及需求稳定性。交易量大且稳定的客户，一般需求比较旺盛，他们会不断拓展新供应商以满足业务发展需求，这种可能性越大则保持稳定合作的概率越高。交易量大但需求不稳定的客户，一般是因为难以有比较稳定的产出，针对此类客户，企业需要重点分析其交易周期特征，找到合适的时机跟进与开发，如果此类客户在已合作清单内，企业或许需要考虑开发需求更稳定的客户来对其替换。

如果企业规模和交易量大小适配，那么可以预估客户当前正处于比较正常、健康的发展状态，交易风险较小；如果企业规模大但交易量小，则说明该客户可能对某种产品的需求量较小，或者客户需求正在缩减，继续合作或开发可能难以达到理想效果；如果企业规模小但交易量大，虽不排除该客户是市场"黑马"的可能性，但有更大概率是财务预警企业，这需要深度调研和分析，在开发和交易时需要对该客户的支付能力重点关注。一般情况下，更大的交易量需要有更强的企业实力作为支撑，如果企业实力和交易量出现不适配的情况，合作也有更大概率面临风险。

客户是否优质并不能单纯由外部因素决定，更要结合企业自身实际情况客观评估。对公司规模大、供应能力强的大企业来说的好客户，未必是中小企业的最优选；对产品附加值高、服务能力强的企业来说的小客户，中小企业也未必不能从中找到新的发展机遇。企业需要结合自身的实际情况和需求，客观分析、理性评估，找到最适合自己的客户，才有更大机会实现效益最大化。

在剖析客户交易特征的过程中，企业可以同时应用海关交易数据和商业数据，前者为企业提供了交易量的量化依据，可用来重点分析客户的交易量大小，洞察交易量变化趋势；而后者则补充了企业层面的质化分析，便于企业联合评估客户的综合实力与可靠性。不同类型数据可以发挥各自的优势，这种双管齐下的方法也使得企业在分析客户需求特征时更加得心应手。

客户交易周期特征。交易周期可以清楚体现客户交易间隔的长短、交易频率的高低以及交易的稳定性。交易间隔短、频率高、稳定性强的客户才是企业优选，此类客户能够在更短的时间内为企业带来更多收益，具备更高的开发性价比。交易间隔长、频率低的客户和交易量大、不稳定的客户一样，无法为企业创造持续价值；交易间隔和交易频率无稳定规律的客户，需求变幻莫测，充满不确定性，可以预见难以与此类客户维持稳定的合作关系。开发或合作此类客户，企业需要付出更大的客户管理成本。

客户交易习惯。客户的交易习惯一般指客户对交易条款、付款方式、货物运输方式、运输航线选择等交易细节处理方式的偏好，掌握客户的交易习惯有助于快速推进谈判进程。交易条款、付款方式、货物运输方式、运输航线选择等交易细节是海关交易数据包含的重点内容，这些是商业数据和互联网公开数据都难以全面且精准呈现的。通过对海关交易数据的详细交易记录分析和统计了解客户的交易习惯偏好，在沟通和谈判中投其所好，做比客户更懂他自己的合作伙伴，推进合作的速度就如同骏马添翼。同时，以客户的习惯偏好为关键维度可以找到与企业自身定位更契合的客户。以付款方式来说，在实际国际贸易中，信用和信任问题是买卖双方都会面临的难题，而国际追债、国际维权都有很大的实操难度，基于对实际情况的风险预估，交易双方都会更倾向于选择让自己更有保障的操作方式。采购商一般会对供应商的供应能力和契约精神保留怀疑态度，担心提前付款会让自己面临财货两空或实际交易数量少于约定数量的局面，可能会更倾向于选择信用证付款（L/C），利用银行信用做担保，以避免预付货款的风险，但供应商可能需要办理更加复杂的手续，也会有更长的结算流程，需要付出更多时间和人力等成本。供应商一般也不敢完全信任采购商的采购实力和支付能力，对提前发货但未收到货款、发货后收款是否有保障会感到忧虑。如果能够在及时收款的同时简化对接流程，这是供应商乐见其成的事。所以供应商一般更希望客户可以在发货前付清 100% 的货款（前 T/T），这样既能保障自身的收款权益，也能为自己争取更多的周转资金，利于经营。单从付款方式来看，采供双方都会有不同的需求，企业需要在客户过往的痕迹中找到对方的需求偏好或能够接受的方式，从而为后续协商合作方案提供必要的信息支持。

客户采购意向。采购意向一般可以通过关注客户的需求增长情况、市场占有率变化情况、供应商稳定情况、品牌关注度情况等信息，进行全面且翔实的评估。

需求增长情况、市场占有率变化情况和供应商稳定情况可以帮助判断客户产生新需求、接触新供应商的可能性。需求增长快、市场占有率高，说明该客户当前大概率正处于业务上升期，对产品能够稳定、足量供应的需求明显，也会有更明显的采购意向或与更多供应商建立合作关系以满足其采购需求的意向，此类客户在开发和管理过程中可以作为重点关注对象。反之，需求增长缓慢或减少，市场占有率变化不明显甚至萎缩，反映出该客户当前进一步新增采购和扩大采购的意向不强，此类客户在开发和管理过程中需要斟酌。分析需求增长情况和市场占有率变化所需要的数据支持主要来源于商业数据和海关交易数据：商业数据中一般会有客户经营信息和发展预估，为企业提供宏观的、结论性的信息支持；海关交易数据可以依据客户交易趋势变化进行分析，为企业提供微观的、依据性的信息支持。供应商稳定情况对正在开发客户的企业而言可以是寻找最佳开发时机的一个关键因素，对已合作客户的企业来说是加强客户管理的重要指标。供应商稳定的客户，接触新供应商并新增采购的意向度一般不高，如果当前供应商能够满足其采购需求，客户一般无须重新接触、沟通、评估新供应商的产品和实力，企业在开发此类客户时会面临较大的竞争压力和不够积极的客户反馈。供应商不稳定的客户，在其总体发展情况和稳定情况良好的前提下，反映出当前供应商未能满足其需求的情况，其需要接触更多供应商以稳定自身发展，在开发过程中，此类有需求、有意向的客户可以成为优质合作对象的潜在选择。如果企业正在合作的恰是供应商不稳定型客户，企业就需要考虑重新审视客户需求，确定客户仍在发展供应商的原因，分析其是需求扩大、对当前服务不满意，还是在发展新产品等，不同原因应匹配不同应对策略。分析客户供应商稳定情况主要通过海关交易数据实现，结合数据中的供应商列表、供应商交易情况全面评估。

品牌关注度情况重点帮助企业了解客户对产品的要求，从而判断能够顺利推进合作的概率。海关交易数据中产品和品牌的描述内容可以作为企业判断评估的依据。如果客户对产品品牌，尤其高端品牌或知名品牌的关注度更高，一般产品的合作门槛也就更高；如果客户对产品品牌无特殊偏好，一般产品则会有更大的合作机会。企业可以根据自身产品与品牌定位对照客户品牌需求偏好，定位到适合企业开发和跟进的潜在客户。

价值三：安全管理的"监测仪"

外贸大数据的"监测仪"作用，是指通过监测市场和客户的异动情况，提示企业及时启动风险管理机制或机会抓取机制，帮助企业有效规避风险、应对风险，增强企业发展稳定性，快速捕捉市场上的有利发展机会。

外贸大数据"监测仪"会在常规风险管理的不同阶段，即风险识别、风险评估、风险处理和风险监控阶段发挥数据价值，提高企业风险管理能力，为企业平稳开展国际贸易保驾护航。

风险识别。国际贸易企业面临的风险主要来源于市场波动、信任危机、客户交易异动和客户经营异常 4 个方面，这 4 个主要方面会危及企业的经营发展安全和稳定。在国际贸易业务推进过程中，企业需要借助外贸大数据精准识别出具体市场或具体客户主要存在哪些风险点，方便对症下药进行有效管控。

市场波动的风险在国际贸易中会通过市场总体需求量的变化体现出来，无论引起波动的原因是市场总体经济下滑、市场发展阶段出现变化，还是有其他特殊政策限制等，最终的直接表现方式都是需求量变化。分析市场需求量变化情况主要通过海关交易数据实现，企业可通过市场需求量变化趋势和具体变化情况，评估市场是否正经历或即将出现明显波动。

信任危机主要存在于国际贸易的交付环节，关键点是采供双方的交付能力，采购商怀疑供应商的供应能力，供应商担忧采购商的支付能力，在没有数据支持的情况下，采供双方在交易过程中经常会经历"极限拉扯"。此时海关交易数据和商业数据会从不同角度对客户进行扫描，帮助企业精准识别风险，告别"极限拉扯"带来的焦虑不安。海关交易数据识别交付风险走的是迂回路线，立足于客户和其交易方的交易频次及交易稳定性。客户已经在合作的供货商，其在交易前或交易过程中已经对客户进行过评估，他们会根据评估情况确定后续是否继续合作，所以在海关交易数据中企业可以通过交易频次和稳定性直接参考其他供应商的评估结果。商业数据在这方面则更偏向于"打直球"，部分商业数据中会有客户可采购预算或支付风险提示，直接呈现出企业更关注的内容，同时部分商业数据服务提供商还可提供专业的企业调查服务，交付能力是其中的常规项目，可供参考。

交易异动反映的是客户在动态交易中的异常情况。识别交易异动风险一方面可以从扫描客户的主要交易对象入手，分析交易对象池的总体稳定情况和交易对象的增减变化情况；另一方面，可以关注客户的需求变化波动，据此判断客户的稳定性和安全性。这两方面的扫描指令都需要海关交易数据结合具体的交易细节来完成。

经营异常关注的是企业的经营状态，识别经营异常风险可以在利用海关交易数据识别交易异动风险的基础上，结合商业数据中的财务报告、经营风险预警等信息进行全面评估。下述案例就是利用海关数据结合商业数据有效规避风险的经典呈现。

案例分享

海关数据结合商业数据规避风险更有效

一家生产电子产品的外贸企业，从网络上开发了一个非洲客户，前期沟通非常顺畅，客户很快下了一个大订单。正当业务员心生喜悦时，客户却要求做 D/A 付款。当业务员提出这种收汇方式风险太大时，客户表示在非洲都是采用这种方式。该业务员心怀疑虑，立马利用海关数据进行详细查询，发现在非洲市场并没有这个客户的任何采购交易记录，又结合商业数据查询客户的背景，也未查询到任何信息。由此他们得出两方面结论：一方面，这个客户并不是真实的买家，很有可能是骗子公司；另一方面，这个客户可能是一家成立不久的公司，刚起步做外贸，公司实力、采购周期、付款能力都无从得知，如果合作，可能存在较大风险。通过一系列的数据分析，业务员最终果断决定放弃这个客户，毕竟一旦买方提取了货物却到期不付款，卖方将会陷入银货两空、得不偿失的境地。海关数据和商业数据的结合，有效地帮助外贸企业分析客户背景，准确了解客户采购能力，及时规避了外贸风险。数据解决了外贸环节信息不对称的问题，帮助分析买家是否符合精准客户定位，从而达到事前控制和精准营销的目的。

风险评估。发现风险点，对风险进行客观评估后才会进入风险处理环节。风险评估是决定企业是否启动风险处理机制的控制枢纽。外贸大数据是风险评估的基础依据，其作为国际贸易"监测仪"，不仅可以扫描风险点，而且能够体现风险相关数据信息，帮助企业根据客观数据准确评估决策。

在识别风险的环节，企业已经掌握了各个主要风险需要关注的要点及相关数据，评估环节的重点工作则是将外贸大数据中的数据表现和企业的实际情况结合分析、联合评估，以得出风险程度和企业可承受程度的结果。

数据实战

外贸大数据以客观数据为支撑，为企业风险管理提供可靠的决策依据。在环球慧思智能贸易终端系统中，以实际交易行为产生的客观数据为基础，用户灵活应用深度追踪功能和可视化分析功能，可高效实现风险识别和评估（如图 2-14、图 2-15 所示）。

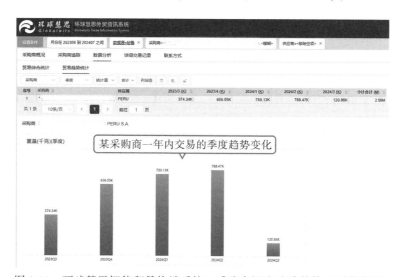

图 2-14　环球慧思智能贸易终端系统：采购商深度追踪趋势（系统截图）

图 2-15　环球慧思智能贸易终端系统：可视化分析-供应商（系统截图）

深度追踪功能以具体公司为追踪对象，快速掌握追踪公司的供求关系、贸易趋势、交易细节等情况，从追踪目标总体趋势的稳定性和交易对象的稳定性，准确识别并评估风险状况。

可视化分析功能以直观可交互的方式直接呈现目标企业贸易关系及关系稳定状态，极速评估风险状态。

同时，环球慧思贸易终端系统还可辅以商业数据（如图 2-16 所示），从相对静态的商业数据中了解企业经营状态、资质背景和支付能力等信息，帮助其全面判断、科学决策。

图 2-16　环球慧思智能贸易终端系统：邓白氏商业数据（系统截图）

风险处理。外贸大数据的价值还体现在它是帮助企业制定可落地的风险处理策略的好帮手。

企业的风险处理策略一般有规避风险和应对风险两种类型。国际贸易领域规避风险的主要方法是目标转移和多元化发展。

目标转移，即将业务发展的聚焦目光从中高风险目标转向低风险目标。在市场或客户的开发和管理环节，面对明显的发展风险，企业可以采取的策略是暂时放弃对该市场或该客户的开发，在外贸大数据中找到其他合适的开发对象，转移开发或发展目标，将自身暂时从风险漩涡中抽身出来，持续观察事态发展。

多元化发展，主要指市场多元化和客户多元化，即"不把鸡蛋放在同一个篮子里"，将企业资源同时分散在多个优质市场和多个优质客户上，避免资源过于集中导致一旦遭受的风险冲击力过大，影响企业正常运转或发展。多元化发展在弱化风险影响力的同时，也有助于增强企业发展韧性、提高抵御风险能力。外贸大数据覆盖范围广、涵盖内容多，能够同时为企业提供众多市场和客户信息，支持企业全面分析市场及客户情况，高效筛选优质市场和客户，科学部署多元化发展策略。

国际贸易中业务拓展和推进都是动态过程，在开发和管理环节评估的低风险随时可能因为某一个要素的变化演变成中高风险。如果业务已经处于推进过程中，风险规避策略失去用武之地、无法发挥效用，企业需要在发展过程中启用风险应对策略，加强风险治理，减小风险引发的负面影响。外贸大数据在应对风险时主要凭借其数据客观性、完整性和信息传递及时性的优势，为客户提供及时准确的数据分析支持，提高企业应对风险的效能。

为保持实时风险跟踪，建立多线路沟通渠道和多个沟通节点十分必要。外贸大数据可以提供多种联系信息帮助企业打通多个沟通渠道，同时可在内部建立多个沟通节点，确保最新数据及时应用于不同部门和不同层级（如图 2-17 所示），助力企业掌握主动权，密切跟踪整个风险处理流程。

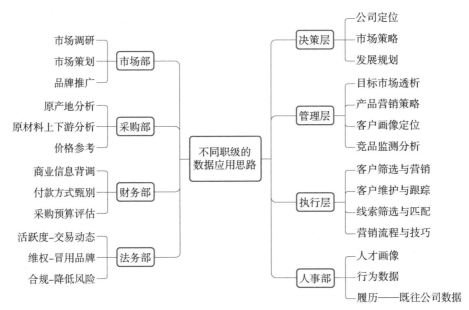

图 2-17 不同部门及层级的数据应用思路

监控风险变化，及时调整策略。持续观察风险相关数据变化，把握风险变化情况，及时调整应对策略，做好风险处理工作，企业才能在国际贸易的征途中行稳致远。

风险监控。风险管理是一个闭环，风险监控既是这个流程的终点，也是开启下一轮运转的起点。企业在流程反复运转中可实现对目标的密切监控和对风险的有效管理。

外贸大数据在风险监控环节发挥着围绕风险点进行信息监督、记录、呈现和传输的作用。对市场或客户的交易情况进行监督，记录下异动情况出现的事件、相关产品、相关方、细节表现等信息，以简单直观的数据形式呈现出来，并传递给终端用户，用户可从数据中详细了解风险变化情况。

基于外贸大数据的国际贸易风险监控高效、明确、直接，这些优势和数据本身的特征息息相关。外贸大数据中包含了海关交易数据、商业数据和互联网公开数据，这些不同类型的数据为企业风险监控提供了多个不同视角。在先进技术的支持下，不同视角监控到的信息都可以高效完成处理并及时传递到终端用户，终端用户得以在最短时间内获取到有关市场和客户最全面的信息，并对信息进行处理、分析并做出决策。外贸大数据极大地节省了企业在监控环节对监控目标进行多个维度搜集、验证和信息处理的时间，推动整个流程运转效率的提升。同时，外贸大数据还可以依托于数据服务提供商的系统等工具，明确锁定监控目标，高效调用关键数据，大大解放企业的信息整理和筛选时间。在监控过程中，无论市场或客户有什么具体表现形式，它们最终都需要提炼成数据再用于分析。而外贸大数据可以直接向企业呈现风险点相关数据，企业也可以直接从数据变化中把握风险变化趋势和具体情况。相较于传统监控手段，依托于外贸大数据实现的风险监控同时达成了提升效率和简化流程的目标。

外贸大数据"监测仪"还可以成为风险过后企业复盘风险处理过程、优化风险管理机制的重要依据。监测仪中记录着风险发生的过程和相关信息，企业可以结合具体应对策略实施情况和效果记录，复盘处理过程，提炼总结经验教训，优化风险管理机制，提高企业风险管理能力。

外贸大数据"监测仪"能帮助企业发现风险点，也能帮助企业洞察新机遇。以外贸大数据为主导的营销方式核心是主动精准营销，而从被动泛泛营销成功转变为主动精准营销的关键之一是打破国际贸易中信息不对称的局面。市场、客户、行业、产品、风险、机会等多数与国际贸易相关的信息在外贸大数据中都能找到，海量、准确的信息能够增强企业主动"走出去"的力量和勇气。

价值四：高效触达的"通讯录"

从古至今，可以支持远程沟通的工具和方法经历过多次演变。从古代的烽烟报警、鸿雁传书、飞鸽传书、八百里加急，到近代邮差投递、电报传递、电话沟通，再到现代的互联网实时交流，信息传递的速度越来越快、信息可以承载的内容也越来越多，沟通交流的效率飞跃式提升。

互联网尤其是移动互联网的广泛应用，让可以用于沟通交流的工具得到空前发展。无论是相对传统的电子邮件还是可支持多种沟通形式的社交媒体软件，都是目前国际贸易领域常用的沟通工具。企业可通过这些渠道与客户保持密切联系和高效沟通，以持续维系与客户的熟悉感和信任度，奠定良好的合作基础。在国际贸易中与客户保持多渠道、多节点联系主要有两个重要的意义：

第一，加快推进合作的进程。在还未合作的状态下，多渠道、多节点沟通有助于提高企业在客户心中的存在感，出现合作机会时，企业可以更早知晓、及时把握。在合作过程中，多渠道、多节点沟通可有效支持解决实际业务推进中因沟通阻碍导致的进展过慢的问题。当一个渠道或一个节点出现沟通堵塞时，企业可以通过其他渠道或节点了解堵点信息，针对性疏通，也可通过其他渠道或节点找到真正关键决策人，加快合作步伐。在合作后，多渠道、多节点沟通有利于更好地维护客户关系、加强客户管理，为后续合作打开局面。

第二，加强风险管理。多渠道、多节点沟通可为企业提供更多风险相关信息源。企业可以通过对不同渠道或节点获取到的信息展开分析和求证，找到更多可用于风险评估或掌握风险发展状态的高价值信息，支持科学决策，并及时采取有效的风险管理策略。同时，多渠道、多节点沟通也有利于增强企业和客户间沟通的稳定性，如果客户组织内的某个联系节点"下线"，还可以有其他节点保持沟通，不至于面临对接人一旦"失联"就与客户"断联"的尴尬局面。

外贸大数据不仅包含交易信息、企业信息，还包括官方联系方式和互联网主流社交媒体联系信息，外贸大数据中的联系信息解决方案为国际贸易企业创造了一本万能"通讯录"。在"通讯录"里，企业可以一站式获取多种不同渠道和多个不同节点的联系信息，建起与客户沟通的桥梁，提高客户沟通和业务推进效率。

不同类型的外贸大数据有不同的"通讯录"解决方案。

海关交易数据的"通讯录"。海关交易数据中会包含部分国家和地区企业在当地海关或官方机构中填报的联系信息，这些信息主要包含联系人、职位、电话/邮箱/传真。海关交易数据中的联系信息有两个明显特征。其一是官方权威，准确率高。该类联系信息是企业应官方机构要求真实填报并由官方机构发布的。官方机构对填报信息一般有明确要求，无效联系信息可能会影响企业处理与当地海关等官方机构相关的重要工作。官方要求和特殊的填报目的共同保障了海关交易数据中联系信息的准确率。其二是信息价值高，信息类型较统一。海关交易数据中的官方联系信息一般是客户公司关键联系人或国际贸易直接相关部门的联系方式，与国际贸易领域联系信息需求的匹配度高、针对性强，更具使用价值。同时，联系信息的类型统一，主要为电话（固定电话或手机号）、邮箱和传真，可支持高效直接联系，但不包括社交媒体等具有个人特征的非官方联系信息。

在国际贸易中，关键联系人的直接联系信息是非常重要且稀缺的资源。在部分互联网发展相对落后的市场，商业数据和互联网公开数据的发展基础薄弱，在商业数据或互联网公开数据中能够找到企业联系信息的概率低、难度大，而海关交易数据中提供的关键联系人的直接联系信息在企业与客户之间搭建沟通桥梁的过程中起到了关键性和决定性作用。即使在互联网应用广泛和发展水平更高的市场，通过电话或手机直接联系关键人也是提高沟通效率、加快合作进程的重要途径。

放眼未来，海关交易数据的"通讯录"仍有很大的价值拓展空间。目前在全球市场可公开海关交易数据的国家和地区中，能够同时公开关键联系信息的不足 40%，该领域还有更多市场有待拓展。另外，海关交易数据中联系信息的详尽度有待提高。不同国家和地区对信息填报要求不同，所以联系信息内容也会有详略程度的差异。部分国家和地区联系信息相对简单，面临进一步突破其他源头、补充更多联系方式以提高信息详尽程度的挑战。

商业数据的"通讯录"。商业数据中的联系信息一般来源于企业在工商机构中的注册信息，该信息内容较为简单，多是固定电话，电话准确率较高，但并不一定是业务相关部门或关键人的固定电话。因此，这些信息可以作为企业与客户初步建立联系的突破口（如图 2-18、图 2-19 所示）。在从其他数据中找不到更优的联系方式解决方案时，商业数据中的固定电话可以成为企业与客户初步建立联系的切入点。企业可通过固定电话的转接或客户公司内部对接来建立有效联系。

图 2-18　环球慧思智能贸易终端系统：环球搜联系信息查询（系统截图）

图 2-19　环球慧思智能贸易终端系统：环球搜领英信息查询（系统截图）

互联网公开数据的"通讯录"。互联网公开数据中的联系信息主要分为两大类。

一大类为邮箱联系信息。邮箱联系信息主要来源于客户公司或个人在互联网上留存的信息，以公司业务活动中使用的邮箱为主，非商业活动中使用的私人邮箱信息目前属于"红线内信息"，存在较高使用风险。随着技术突破，互联网公开数据中的邮箱信息不仅包含实际在互联网上出现过的邮箱信息，而且包含根据内部规则推测出来的邮箱信息，可为用户提供更多可用的联系渠道支持。需要使用互联网公开数据内的邮箱信息联系客户的场景一般发生在尚未直接接触客户的业务开发前期。互联网邮箱信息可以有效支持前期的试探性开发。通过外贸大数据获取互联网邮箱信息远比自行在搜索引擎中检索高效、便捷。

另一大类为领英（LinkedIn）、推特（Twitter）、脸书（Facebook）、WhatsApp 等全球主流社交媒体账号信息。用户在使用这些社交媒体平台记录生活、开展商业活动时会留下个人的职业、任职公司、岗位、产品等信息，这些信息都是外贸企业在互联网上寻找客户联系信息时的重点关注内容。互联网公开数据服务商对这些关键信息进行有效整合和链接，用户可以在一个平台上同时获取客户公司相关人员在多个社交媒体平台中的账号，利用社交媒体平台建立稳定联系并保持沟通。社交媒体平台沟通可以同时满足沟通的即时性和沟通形式多样性的需求，这是传统电话或邮件沟通无法比拟的优势。电话沟通可以满足即时性需求却无法满足沟通形式多样性需求，一般仅限于语言的直接交流，不支持图片、视频等的辅助沟通。邮件沟通可以支持附件传输但无法保持稳定的实时沟通，具有一定的时间滞后性。而社交媒体平台沟通既可以通过文字、图片、视频、音频等多种形式达成实时交流，又能通过分享业务相关的信息，打造企业或个人 IP，实现吸引客户主动建立联系的目标，还能在与客户分享内容的互动中建立更加紧密的客情关系。

使用互联网公开数据"通讯录"是企业和客户建立多渠道、多节点联系最快的途径，企业在互联网公开数据的联系信息中能找到很多可选项，根据需求做出选择时也有更大的选择空间。

然而，在享受这一便利性的同时，我们也不得不正视互联网公开数据当前面对的发展难题：法律红线和信息及时有效性。在复杂的互联网上，商业信息和个人信息杂糅在一起，个人信息数据在多个国家和地区的法律中都有非常明确的公开和保护规定，互联网公开数据服务商在处理信息时甄别筛选难度大。只选择有价值的商业相关信息，避开敏感度较高的个人信息，坚持不越法律红线，是法律对数据服务商提出的要求。面对利益与原则的衡量，并非所有服务商都能够坚守住这条底线，那些曾经或经常越线但还在经营的服务商，有朝一日一定会让用户和行业同时陷入危险境地，这类企业绝不利于行业的稳定健康发展。

互联网是有记忆的，它的记忆力远胜于我们自己的大脑和日志清单，但也由于互联网的记忆力实在太好，而且还没学会自主遗忘和删除，和某一事物相关的所有信息都可以被记录并找到，过时无效的信息也会包含在内，互联网公开数据服务商的数据更新面临困扰，这也敦促着它们不断努力突破提高数据即时有效性的难关。

在这个飞速发展和变化的年代，个人和企业的对应关系变化节奏也加快了，某个人可能周一还在 A 公司任职，周五就已经在 B 公司到岗，联系信息的即时有效性要求服务商在这种对应关系发生变化时能及时更新服务平台里的对应信息，但目前的技术水平还难以实现实时同步，在对应关系变化和对应信息调整之间还存在明显的时间差，这个时间差会影响用户使用。如果旧信息更新不及时，外贸人就会走向错误的沟通方向，影响开发和沟通效率。只有信息同步即时性的难题被解决，互联网公开数据的使用价值才会再上一个新台阶。

综合来看，外贸大数据所发挥的"通讯录"作用，可以让用户按照名字找到目标对象不同的联系方式，助力企业和目标对象快速成功建立联系。不同类型的外贸大数据中又包含不同的联系信息，这些联系信息相互补充，为企业同时开发出多条沟通途径和多个沟通节点，从而帮助企业建立稳固发达的联系网络，进而提升企业业务开发和推进效率。

第3章

先机：大数据主动精准营销及客户开发

- 实现"精准"与"主动"的联手
- 主动精准营销赋能外贸的主要体现
- 解析外贸营销中的SOP
- 客户开发指引
- 客户跟进指引
- 客户管理指引
- 贯穿营销流程的"灵魂"

大数据主动精准营销是一种基于大数据技术，尤其是数据挖掘技术实施的营销策略。通过对海量客户数据的收集、计算与分析，精准定位目标客户并构建详细的客户画像，从而实现更高效的营销效果。与泛泛营销、被动营销相比，其因更具主动性和针对性，故对客户需求的洞察更加精准，触达客户的效率更高，营销的效果也大大提高。当下越来越多的行业和企业开始运用大数据进行精准营销，特别是在电子商务、金融、交通出行、广告、教育等行业的应用已经非常广泛并展现出强大的力量。

淘宝、京东、拼多多等购物平台通过使用者浏览网页的次数，甚至是在网页中停留的时间就可以分析消费者的采购需求及采购偏好，还可以将用户分为不同的群体，并针对不同的群体在合理的时间推送不同的促销商品活动广告。例如，针对购买力较强的群体，这些购物平台会推送相对高端的品牌商品；对于购买力较弱的群体，则会更多地推送价格实惠的促销商品。

再如滴滴出行、航空公司 App，这些平台根据历史出行订单、地理位置等数据，可以对用户偏好进行精准定位，及时推送符合用户需求的出行服务。通过收集乘客的历史预订信息、出行偏好及在其他社交媒体平台上的互动信息，这些平台进行数据整合，构建全面的乘客档案。基于整合后的数据，深入分析每位乘客的旅行习惯、偏好目的地、用户等级、旅行目的、消费水平等信息，建立乘客的详细画像。最后，通过算法建立个性化推荐系统，为乘客推荐优惠的车（机）票、VIP 服务、酒店等。此外，还可以向乘客提供个性化服务，比如推荐特色餐点、提供定制化娱乐节目，以提高整个旅行体验，进而提升销售额和品牌忠诚度。

以上这些都是基于对用户行为数据的分析，通过建立准确的用户画像从而进行一对一个性化营销，这种主动精准营销的方式无疑让营销的整个过程更加高效和准确。

实现"精准"与"主动"的联手

在营销活动中与主动精准营销相对的是泛泛营销。泛泛营销的具体表现是在产品定位、市场开发、广告投放、客户管理与维护等营销各个环节都缺乏针对性，往往企业付出了很多时间和精力，却没有得到实质性的进展和效果。互联网发展前期，随互联网兴起并持续发展的外贸邮件群发营销就是比较典型的泛泛营销方式，只要拥有足够多的邮箱地址，就可以不断地向目标用户大规模发送产品推广邮件。专业的邮件群发软件甚至无须烦琐的操作，只需一键就可以完成每天数百万封无差别开发信的发送，虽然数量上比较可观，但实际收到的有效回复却寥寥无几，营销效率十分低下。

在外贸 B2B 开始盛行的时代，不同类型的平台犹如一条条繁忙的商贸大道，汇聚着全球优质的买家和卖家，卖家在其中展示自己的产品和服务，宣传企业形象和实力，买家可以随时随地在线挑选自己心仪的合作伙伴。这种模式下，握有主动权的是买家，而卖家基本属于被动等待客户的状态。不可否认，被动营销状态下客户的询盘，大概率是来自当下有实际采购需求的客户，只要双方达成一致，成单的周期也会相对较短。但被动营销又像蜘蛛织网等待猎物上门一样，是一个长期持续的过程，这类营销方式必须持续不断地在建设网站、创造内容、保持热度、互动交流、竞价排名等方面进行投入，高昂的运营成本越来越成为企业营销的不能承受之重。现阶段，越来越多的外贸人深刻意识到传统"等客上门"就能有订单的时代早已一去不复返，在日益激烈的市场竞争中，只有多维度、多渠道、主动出击、精准营销，才能抢占商机，赢得更多订单和客户。

解读精准营销

精准营销，可以简单理解为"精准"地进行"营销"。2005年，"现代营销之父"——菲利普·科特勒（Philip Kotler）首次提出"精准营销"的概念，实际上就是通过对用户需求的深度挖掘和分析，明确细分市场、细分目标客户再定向营销的方式。精准营销可以帮助企业把有限的精力和时间放在合适的位置上，最终以低成本、高效率的方式来达到营销目的。现代精准营销模式的核心是数据分析，主动出击，犹如现代战争中GPS导航系统下的精准打击。

精准营销是当下营销活动中流行的发展趋势，具有以下明显特征：

第一，目标对象的可选择性。精准营销依赖于大数据分析，通过对用户数据的收集和分析，排除非目标客户，实现对目标客户的深入了解，从而制定更有针对性的沟通策略。

第二，沟通策略的有效性。精准营销强调的是不同客户群体需要匹配不同的沟通策略，以此实现个性高效的沟通。

第三，沟通行为的积极性。尽可能地使用现代通信设备及技术，如电话、短信以及各类即时在线通信工具等，减少双方的沟通成本。

第四，沟通结果的可衡量性。企业可以借助大数据技术准确统计其投放的产品广告观看次数与互联网广告点击情况，以及电商平台店铺访客和下单人数等。基于这些统计信息，企业一方面可大致分析出客户的消费特征；另一方面，也能视情况管控营销成本，提高营销业绩。

外贸大数据作为实现主动营销和精准营销的重要工具，可以帮助企业快速了解目标市场、目标客户，从而更加有针对性地开发优质客户、跟踪买家动向、分析行业动态，进行合理定价，为企业制定差异化市场竞争策略提供精准参考。而外贸大数据价值的发挥需要依托于优质的数据平台工具，工具提供者的重要性凸显。

环球慧思作为外贸大数据行业的开拓者和领军者，提供的是具有自主知识产权，集海关交易数据、商业数据、互联网公开数据于一体的智能贸易终端系统。其中，海关交易数据可以帮助企业迅速找到海外买家，掌握买家采购规律，提高现有买家忠诚度，监控竞争对手，把握目标市场趋势等，为企业构建主动精准营销策略搭建了底座；商业数据立足于全球活跃经营企业数据库，依托于完善的全球商业信息和创新分析能力，帮助外贸企业在业务中识别潜在商业机会，更高效地与目标客户互动，获取全面的企业信息，有效判断企业支付能力、商业信誉，为企业主动精准营销提供了数据保障；互联网公开数据多维度整合互联网上贸易垂直领域的公开信息，通过产品查询全球企业，实现智能匹配，高效、精准洞察全球商机，可以一键连接领英等国际主流社交媒体，快速锁定联系人，覆盖更全面，为主动精准营销插上了腾飞的翅膀。

数据实战

以 HS 编码 38220010 下的检测试剂产品为参考对象，通过环球慧思智能贸易终端系统来看一组数据。如图 3-1 所示，2019 年中国检测试剂产品出口总额同比增长 8.28%，达到 1.51 亿美元；2020 年同比增长 96.22%，达到 2.97 亿美元；2021 年同比增长 49.93%，达到 4.45 亿美元，可见在新冠疫情的影响下国内检测试剂产品出口量暴增。如图 3-2 所示，对 2021 年中国出口 38220010 编码货物的发货地分析可知，广东占据发货地榜首，其次是北京、天津、江苏、浙江，可见广东地区医疗相关企业在疫情期间大范围实现出口逆势增长。

图 3-1　环球慧思智能贸易终端系统：可视化分析之全球市场概况（系统截图）

图 3-2　环球慧思智能贸易终端系统：可视化分析之发货地分析（系统截图）

主动精准营销赋能外贸的主要体现

第一，全面的市场分析

市场处在不断变化中，面对日益加剧的竞争环境，企业要想在市场上占据一席之地，就需要做好市场分析，并对企业自身发展做出长远的计划、战略和方针部署。外贸大数据帮助企业精准了解全球不同市场、不同时间的贸易总量、贸易总额和贸易增速，有效锁定采购量大、机会多、利润高的市场，全面掌握采购商、供应商交易动态，从而为生产、研发、设计、品牌、营销等环节提供策略支撑。

首先，我们可以确定出口产品的海关编码和关键词，直接利用外贸大数据迅速锁定该产品的前十大采购国、每一个采购国的前十大采购商、同行业目前重点出口市场、哪些市场的价格有更理想的利润空间等相关信息，并建立自己的目标客户数据库，清晰地记录每一个潜在客户的背景、采购信息等。其次，在这些清晰的数据基础上，企业可以顺利地制定明确的策略，迅速进军目标市场，并快速掌握大量的优质客户群体。

可以说，外贸大数据是获得行业即时信息最简单、最高效、最准确的途径，尤其适用于在新市场的开拓前期，提前了解国内外市场行情，掌握全面的采购商、供应商、交易金额、交易数量、合同价格等重要信息。以客观数据作为参考，同时结合企业自身的市场经验，市场分析会更加行之有效。

第二，精准的客户画像

市场的多样性决定了任何一家企业都不可能满足所有的客户需求，也不可能满足客户的所有需求。根据"二八法则"，少数的优质客户往往贡献着大多数的价值，因此，精准识别并攻克 20% 优质客户，是推动公司业务增长的关键。在这个过程中，客户画像的构建就显得尤为重要。通过分析客户的交易行为、采购偏好、需求倾向等多维度信息，企业可以勾勒出每个客户的特征轮廓，从而清晰地识别出高潜力、高价值的优质客户。在后续的客户跟进中，企业还可以借助客户画像揭示出的客户偏好和需求，制定个性化营销策略，提供更契合客户期望的解决方案，推动双方合作的进程。

案例分享

神奇的"笔"

不同于艺术创作意义上刻画人物的笔，在经贸领域能够给客户绘制画像的"笔"就是数据。广东佛山家电行业的一家中小企业在阿里巴巴平台上收到一家印度买家的询盘，通过外贸数据库查询到了这个印度采购商所有的交易数据，发现该印度买家目前除了一家稳定合作的供货商，还和其他国家的供应商有过几次交易。这家企业的业务员在数据中仔细地研究了印度买家和各个供应商之间的采购频率、采购时间、采购数量、采购价格、采购产品型号等信息，完成了对该买家采购方面的精准"画像"，得出了如下结论：第一，在印度市场上，该买家采购量较大，故采购能力属于中上等；第二，该买家目前有一家稳定的供货商，故信用较好，同时通过采购频率来看，判断该采购商可能也在寻求其他新的优质供应商合作；第三，通过采购商的合作价格分析，该客户的价格利润空间属于中等水平，故判断如果合作也是有一定利润空间的。综合来看，这个印度采购商属于质量相对较好的客户，值得进一步跟进和合作谈判。

第三，主动精准营销新客户

不主动跟进市场上的新客户等于把客户送给同行。通过外贸大数据可以快速定位市场上新出现的采购商，大大提升筛选买家的效率，抢占商机。商场如战场，只有及时地把握住市场先机，才能占据更大的竞争优势。谁先联系上采购商谁就可以优先获得谈判主动权，所以我们需要做的就是立马锁定这些新采购商，找到联系方式并建立起基本的联系。

青岛一家轮胎企业的外贸经理，在环球慧思智能贸易终端系统中无意间发现了一家秘鲁客户，通过对该秘鲁客户的深度追踪发现，这家企业之前没有任何交易记录，从最新的数据来看，只是与某同行进行了一次合作，而且采购量不大，重要的是自己公司也做相关型号的轮胎。该外贸经理立马嗅到商机，判断该秘鲁采购商是一个很有潜力的客户，通过数据中的联系电话，直接进行了电话沟通。然而，接电话的是公司行政人员，并不负责具体业务。尽管如此，这位外贸经理并未放弃沟通，而是坚持尝试凭借对产品、行业的专业性成功打动了该公司的行政人员，并且从交流中获取了两个关键信息：一是秘鲁公司对信息极其保密，一般不会对外公开重要部门的联系方式；二是该公司负责采购的总监是老板的妻子，具有最终决策权。通过有针对性的沟通，双方很快就达成了首次合作，合同中也约定每月都会有返单。促成这次合作的原因有很多，但有效利用外贸大数据，积极主动进行精准的开发，无疑发挥着决定性作用。

第四，实时的行业和竞争对手监测

随着新全球化进程的不断加速，企业面临来自全球与日俱增的竞争压力，密切关注竞争对手的贸易动向是企业必须要面对的课题，然而没有足够的信息就难以做到精准地知彼。通过外贸大数据，企业可以全面掌握目标市场所有竞品公司的贸易动态，以此来定位主要竞争对手交易情况；可以深入分析主要竞争对手的所有交易情况，以此制定差异化的市场、品牌、渠道、竞争策略；可以高效追踪主要竞争对手的业务分布、供货能力与价格变化，以此及时调整目标客户的开发策略；可以及时监测现有或新增竞品公司的构成变化，便于随时接手新进入或已退出市场的竞争对手的优质客户；可以灵活掌握竞争对手所在市场的位置变化，以此了解竞争对手的产品价格、交货周期、交货数量、市场占有率；可以灵敏洞察国内外竞争市场的动态变化，帮助全面分析国内外市场产品的价格、出货周期、数量等。

河北一家做滤清器的外贸公司，在使用环球慧思智能贸易终端系统进行客户开发方面完全践行了主动精准营销的策略。公司外贸总监在工作部署中严格要求所有业务人员从系统中整理出同行的客户，并且针对同行与客户间的交易价格、交易数量、交易周期等要素做重点分析记录。然后让业务员结合公司自身实际情况，通过电话或邮件主动与重点客户建立初步联系，推荐企业自身的产品和服务。通过不断积累，不少国外客户在计划采购时都愿意与之进行沟通谈判，后来也顺利接手了好几个本地竞争对手的订单。不难看出，运用数据主动出击，锁定同行的客户，重点分析，科学决策，就会取得意料之外的收获。

第五，精准锚定价格

报价是国际贸易谈判中的核心环节。价格报高了，容易让客户望而却步转身寻求其他合作机会；价格报低了，则可能导致企业直接蒙受经济损失。因此，了解采购商的价格体系和产品价格构成非常关键。企业一般通过采购商以往的成交价格，评估其对于价格的接受程度，从而制定更加精准的报价策略。外贸大数据在这方面可以提供相应的支持。微观层面上，通过数据企业可以获知采供双方详细的交易价格，快速掌握采购商或竞争对手在市场上的最新成交价格，为新客户报价提供精准参考；宏观层面上，通过数据企业可以系统掌握一段时间内相关产品的价格走向，感知未来价格趋势，从而识别出更具有价格优势的市场。

第六，老客户维护和客户关系建设

老客户的维护相较于新客户的开发更为省时省力，而且稳定的关系也更加有利于长期合作。建立和维护良好客户关系的关键在于掌握尽可能多的客户信息。通过外贸大数据，企业可以为老客户建立清晰完善的档案，及时记录他们的所有采购信息。比如，客户是否引入了新的供应商，这些供应商的特点、来源地、交易量、交易价格，以及这些供应商与哪些采购商合作等。企业可通过这些信息及时了解老客户动向，实现更加精准的客户维护。

此外，外贸大数据还可以帮助企业深入了解客户的采购体系及采购量级。通过数据分析，企业可以发现老客户多样的采购需求，打破对客户单一需求的固有认知，并探索与之合作其他产品的可能性，在老客户身上发现新的商机。同时，企业也能通过数据分析实时了解自身产品在客户采购中的占比。若是占比较低，企业可以复盘其中可能出现的问题，并进行针对性营销，牢牢把握客户心智，扩大市场份额。通过对客户需求的全面了解和精准满足，企业能够进一步实现交叉销售和升级销售，建立更为紧密的客户关系。

有一家生产电梯的外贸企业，之前一直合作的客户突然莫名其妙地失联，后来通过外贸大数据发现这个客户和其他公司达成了合作，采购的是另一款型号的电梯。其实这个型号的电梯该企业也一直在生产，但却从来没给客户推荐过。可以想象，如果能够早早地通过数据更加全面地了解到这个采购商的其他需求，进而主动对该采购商推荐新型号，提供全方位的供货解决方案，结果可能就会大不一样。

第七，高效的客户管理

大数据时代，企业对数据的管理水平成为核心竞争力之一。通过外贸大数据，企业可以针对性地建立详细的客户档案库，涵盖正在跟进的潜在客户、已经合作的客户，甚至是之前合作现在不合作的客户；针对不同的客户类型，可按照不同维度分别梳理详细信息，包含但不限于采供双方交易的主要产品、交易周期、交易数量、交易价格等，以方便在下次跟进的过程中直接利用档案库查找相关信息，提高工作效率。

延伸阅读

外贸大数据使用的五个阶段

第一阶段：数据即数据

早期外贸业务员参加展会，可以收集到很多客户的名片，B2B平台上也会有一些客户资源，通过社媒等平台也能收集到客户信息。以上都属于数据使用的初级阶段，且所涉及的都属于公开数据，通过诸多平台很容易获取。后来，外贸大数据平台可提供买卖双方具体的名称、交易数量、交易价格、产品类型、交易条款等交易数据信息。这些基础数据的采集和整理是外贸业务开展的基础，它强调的是数据的客观性，而不是主观解释或分析。

第二阶段：数据即服务

很多企业逐步加大在服务方面的投入，包括调整产品价格和规格、深入了解客户及同行、为客户提供个性化服务、改进售后服务等。这些以数据为驱动的调整动作体现的就是数据即服务，即将数据转化为服务提供给用户，优化营销策略，提升服务品质。

第三阶段：数据即洞察

在这个阶段，大多数企业都面临如何洞察基础数据背后逻辑的挑战。洞察强调的是通过对数据的分析，从而更好地理解数据背后的规律。如：基于产品的价格走向、市场走向预测业务量增长或者下降的趋势并做出更明智的营销决策。举个例子，北京一家化工外贸公司有一个很稳定的合作商，通过外贸大数据平台发现其前三年有5家供应商，后来供应商慢慢地由5家增加到8家。这3家新增供应商的出货率逐年增加，而前5家供应商在逐年降低。为什么会出现这种情况？这就需要通过数据去挖掘和思考现象背后隐含着什么，是采购不同的产品，还是新供应商价格更优惠，或是什么其他原因，要透过数据现象洞察问题本质。

第四阶段：数据即思维

数据能够驱动人们思维更深一步，深度的数据分析可以改变人们认知和探索世界的方式。这种深度思考有助于外贸人更加理性和系统地思考问题，转变不再适用于新市场形势的老思维，进行数据化思维迭代，打造独属自身的差异化优势，去挖掘更多的业务机会。

第五阶段：数据即决策

在制定决策时，数据提供了事实和参考，使决策更有根据。通过对数据的分析，决策者可以更好地评估各种选项的利弊，降低决策的盲目性和主观性。这一理念也强调数据不仅仅是数字，更是一种启示，能够提供深刻的理解和有力的指导。

在全球化的外贸竞争中，数据驱动的思维和决策将成为外贸企业制胜的关键。尤其是业务开展中，外贸大数据作为一种有力指导决策行为的工具，在开发、谈判、维护、续约等各个阶段的作用都不可忽视。通过合理的数据管理、有效的数据分析，结合主动精准营销的理念，企业才能更好地应对市场变化，提升业务效率，拓展市场份额。

案例分享

通过外贸数据转变营销模式

广东某工贸一体企业，主营通信产品已 20 余年，深耕拉美市场。2019 年前，该企业约有 400 名员工，至 2021 年受疫情冲击团队规模缩减至 100 人左右。在此期间，为了扭转业务局面，该企业也尝试过与多家数据供应商合作，但一直没有很好的效果，还因数据质量或服务不佳等原因浪费了许多时间和精力。2022 年，该企业开始与环球慧思合作，合作初期由于还停留在之前的数据使用习惯上，只是利用数据简单地进行客户和同行信息的查询，视数据为资料而不是工具，摸索半年未见成效。

在环球慧思顾问的服务和引导下，企业开始深度思考，转变营销理念，利用环球慧思智能贸易终端系统进行精准调研分析，并进行了一系列业务模式的升级。先是在秘鲁、智利等需求量持续增长的市场建立海外仓，再招聘当地业务人员专门负责当地的市场开发，同时还积极与当地的合作商建立合作关系，共同开拓市场。国内公司则作为供货商，负责订单的跟踪和管理。企业一方面针对合作方开发客户的相关情况进行深入分析，包括订单细节、数量、价格、发货情况等信息，研判当地需求态势；另一方面，督促海外当地业务人员和合作商针对分析结果做更精准、深度的开发。这些举措让其在业务层面掌握了更多主动权，历经几个月时间，该企业迅速打开了当地市场。

通过环球慧思智能贸易终端系统，该企业深度分析每个目标市场国家排名前十、前二十的大体量采购商，判断是中间商还是终端采购商，再让当地合作商与业务员根据所分析的不同客户特征及需求进行主动精准拜访开发，使数据价值真正得以释放。正是这种升维的数据应用思路，让数据发挥出最大效用，助力该企业成功实现逆风翻盘。

解析外贸营销中的 SOP

SOP（Standard Operating Procedure），即标准作业程序，指将某一事件的标准操作步骤和要求以统一的格式描述出来，用于指导和规范日常的工作，也可以称作操作指南。它有三个基本原则：第一，简单化，即简单、可操作性强；第二，专业化，每一步都具有操作细节，犹如说明书一样，手把手传授专业的行动方式；第三，标准化，即内容标准化，可复制性强。

外贸营销中的 SOP 通常分为三大环节：开发客户、跟进客户和维护客户。这一流程包括从最初的定位和筛选优质客户、建立客户画像、进行客户背景调查、查找关键采购人联系电话/邮箱等开发环节到接下来的电话/邮件跟进、报价、谈判、促单等跟进环节，最后到客户关系管理、拓展和深化等维护环节。每个操作步骤要做到细化、量化和优化，形成一套标准化的流程，以确保每个阶段的高效执行。

在外贸营销中，建立起一套完善且规范的 SOP 对外贸业务开展有着极其重要的作用，既减少了工作中的冗余环节和重复劳动，又可以帮助外贸业务员更好地理解和掌握每一阶段最基本的要求，进而提高工作效率，助力成功拿下海外客户订单。尤其是刚毕业的大学生或外贸的行业"小白"，由于缺乏工作经验，对行业的了解及营销技能、外贸工具的使用等各个方面都不太熟悉，一套系统的流程体系作为指导，可以帮助他们迅速进入工作状态。

数据实战

环球慧思作为外贸大数据行业的领先者，一直高度重视对数字化人才的培育和发展，针对人员成长也建立了快速复制和高效执行的 SOP 机制。在新员工培育方面，甄选了在入职初期阶段营销中常见的实践场景，涵盖公司理念、产品知识、营销技巧等方面的内容，形成了新人成长的 SOP，帮助员工在初期阶段迅速掌握工作要领，进入工作状态。在正式进入营销开展过程中，无论是国内市场的开发还是国际市场的开发，都建立了系统的营销 SOP 指引（如图 3-3 所示）。

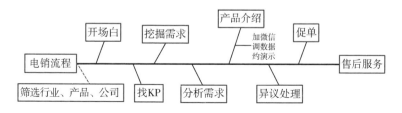

图 3-3　环球慧思国内市场开发电销流程示意

营销的 SOP 覆盖了营销话术准备、关键人查找、客户需求挖掘技巧、演示流程和注意事项、客户异议处理的指导方案、谈判促单的方式、签订合同的流程以及售后服务的要点等整个营销生命周期的内容，每一个环节都经过细化、量化，确保营销工作指标与业务紧密契合，最大化发挥效能，提升营销的效率。在客户服务方面，也提供了相应的售后服务 SOP 指导文件，包含客户培训的频率、客户回访、日常性服务等内容，确保每一位客户能享受高标准、高效率、高品质的售后服务。这一系列程序的执行，很大程度上提升了员工的战斗力和协同能力，让整体营销效果有了更明显的提升。例如，2023年入职环球慧思的新员工中有很大一批人是应届生，他们没有任何工作经验，在国际市场开发上，利用公司提供的营销SOP按部就班地开展业务，对每一步成长量化和细化，最终有很多员工在业绩产出方面取得了很大的成绩，为客户提供了高质量的顾问服务。

客户开发指引

开发优质客户在营销中占有重量级地位，优质客户的积累和持续开发是企业发展的重要支撑，定位优质客户能够更加精准地开展营销活动，提高市场竞争力。

外贸大数据系统筛选优客户

以环球慧思智能贸易终端系统实操为例，以下分享几种常见的筛选优质客户方法。

数据实战

针对公开海关数据库国家筛选优质客户的方法

第一种方法：采购商RFM分析

以印度市场上筛选2023年1—11月采购编码HS code为320611（钛白粉）的优质客户为例，直接使用可视化分析里的采购商RFM分析，设置相关条件，搜索结果如图3-4所示。其中，采购商间隔天数平均为107天，指的是2023年1—11月，所有采

购商的平均采购间隔天数是 107 天，平均采购频率是 21 次，平均
交易总额是 1 702 990 美元。也可以自定义设置相关 RFM 的各项
数值，通过对采购间隔天数、采购频率、交易金额的设置，进行
客户类别划分。如图 3-4 所示，其中近期高频高额的采购商数量
有 63 个，这 63 个采购商可以作为重点挖掘和跟进的优质客户。

图 3-4　环球慧思智能贸易终端系统：可视化分析之采购商 RFM 分析（系统截图）

第二种方法：精准锁定市场最新出现的客户

通过环球慧思智能贸易终端系统的"最新"功能可一键搜
索出对应时间段在市场上新出现的采购商。如图 3-5 所示，这些
采购商在设置的相关时间段之前没有交易记录，最新出现则意
味着有可能是在寻找合适的供应商合作，外贸业务员可借此机
会尝试进行开发，抓住时机，抢占先机。

图 3-5　环球慧思智能贸易终端系统：贸易追踪之"最新"功能（系统截图）

第三种方法：精准锁定样品单客户

样品单指的是国外采购商采购样品的交易数据，如图 3-6、图 3-7 所示。以印度进口数据库为例，时间选择 2023 年 1 月—2023 年 11 月，设置 HS 编码为 320611，产品描述中输出英文关键词"sample"。搜索结果显示印度市场上 2023 年 1—11 月采购 HS 编码 320611 下所有的样品单交易数据，这种情况意味着海外买家有可能会新增或想更换其他供应商。此时外贸业务员介入跟进，可以有更大概率获取营销机会。当然，这对数据的时效性要求很高，数据更新越快就越能帮助我们第一时间了解到数据库中具体有哪些采购商在接样品单。有一个做化工产品的外贸精英，他在利用环球慧思智能贸易终端系统中的印度数据库分析市场时，发现印度市场上的一个大采购商近期向同行采购了一笔样品单，于是判断这个国外采购商可能想寻找新的供货商，此时正是联系客户的好时机，就抱着尝试的心态写了开发信，并很快和该印度客户取得了联系，在后续的跟进中，达成了订单合作。所以说，数据库里的样品单虽然交易金额小，但同样具有关注的价值。

图 3-6　环球慧思智能贸易终端系统：贸易搜索之搜索条件（系统截图）

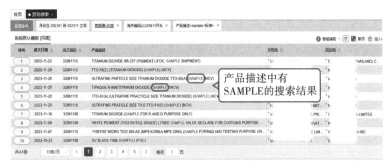

图 3-7　环球慧思智能贸易终端系统：贸易搜索之产品描述（系统截图）

除了以上三种方法，也可以从其他角度进行优质客户筛选。比如，查询竞品公司的客户，通过关注"采购商的供应体系"功能，一键追踪所关注采购商的所有供应商，如果发现采购商在某阶段内频繁地更换供货商，那么就说明这个采购商的供应链是不稳定的，这时候去联系，虽然不一定能够取得长期的合作，但也可以尝试从开发中获得部分利润。反之，若供应链体系相对固定，那可能进入的机会就偏小，但是这也预示着一旦建立合作，将有望获得长期稳定的订单，面对这种情况，供应商所能做的就是等待合适的时机。

数据实战

针对未公开海关交易数据国家筛选优质客户的方法

第一种方法：通过环球慧思智能贸易终端系统出口数据库筛选

目前，环球慧思智能贸易终端系统提供 70 多个国家和地区的出口数据库，可直接利用这些出口数据库，通过设置"目的国"为"非公开海关数据的国家名称"的条件反查相关客户资源。

如图 3-8 所示，在贸易追踪功能中，以 HS 编码 760421 为例，限定时间段，数据源选择相对应的出口数据库国家，目的国输入"FRANCE",按采购金额大小排序,直接获取 2021 年 9 月—2022 年 8 月采购 HS 编码为 760421 下产品的 125118 个法国采购商,可对这些客户进行采购分析,筛选符合自身条件的优质客户。

图 3-8　环球慧思智能贸易终端系统:贸易追踪之出口数据库(系统截图)

第二种方法:通过环球慧思智能贸易终端系统特种数据库筛选

环球慧思贸易终端系统目前包含 8 个特种数据库和 1 个超级数据库,比如,中美洲新版数据、地中海提单数据、欧亚航线数据、环球海运数据等(覆盖约 230 个国家和地区),同样也可以通过限制"目的国"的方式反查相关客户资源。如图 3-9 所示,以 HS 编码 701090 为例,限定时间段,数据源选择特种数据库,目的国输入"POLAND",按采购金额大小排序,即可获取 2021 年 9 月—2022 年 8 月波兰采购 HS 编码 701090 下产品的共计 796 个客户,精准锁定后就可以针对性地分析与筛选优质客户并进行开发。

第三种方法:通过环球慧思智能贸易终端系统中公开数据——环球搜筛选

尤其针对欧洲等未公开海关交易数据的市场,推荐使用环

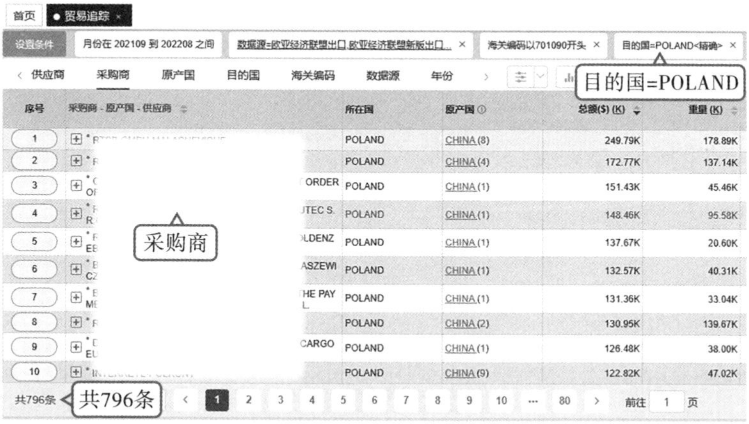

图 3-9　环球慧思智能贸易终端系统：贸易追踪之特种数据库（系统截图）

球搜。

思路一：产品搜全球公司，结合标记筛选功能锁定目标客户。

在环球搜主界面，输入产品关键词可一键获取全球相关客户资源，锁定"进口商筛选"对"可能是进口商"的公司重点关注，同时，集合相关公司官网、电话、邮箱、办公地址等信息，同步链接 LinkedIn、Facebook 等国际主流社交媒体平台，快速与目标客户建立联系。

如图 3-10 所示，以"LED lights"为例，筛选地区选择"丹麦"，进口商筛选选择"只显示有标记的"，结果为"79"，即搜索出 79 家丹麦采购 LED lights 的进口商，可通过官网锁定目标客户并进行后续跟进开发。

思路二：关注关联公司，拓展更多开发机会。

如图 3-11 所示，环球搜"查联系人"功能，在查询当前目标企业联系信息的同时还可呈现与该企业相关的关联公司，关联公司与目标企业一般为母子公司、总分机构的家族关系，且关联公司联系信息亦可通过筛选直接查看，利用企业之间的关联关系更快拓展出更多客户开发机会。

图 3-10　环球慧思智能贸易终端系统：环球搜之产品查询（系统截图）

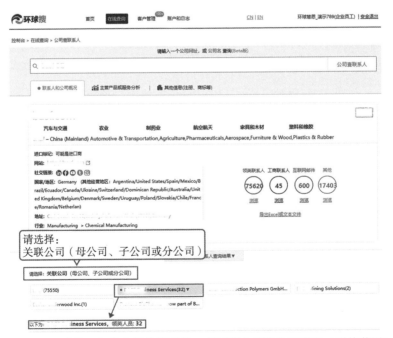

图 3-11　环球慧思智能贸易终端系统：环球搜之关联公司查询（系统截图）

第四种方法：通过商业数据筛选

第一，利用地域关系开发同类客户。

在商业数据中，以已知的公司为线索，查询已知公司信息同时查看"距离最近的同行"或"距离最近的公司"，帮助筛选符合开发标准的客户。

如图 3-12 所示，已知"XYZ Led Lighting, LLC"这家公司，直接获取相关信息，左侧点击"Closest Industry Peers"查找附近同行公司共计 239 个，默认根据公里数由近到远排序，也可按销售金额从大到小排序，即通过企业相关信息筛选开发其他同类客户。

图 3-12　环球慧思智能贸易终端系统：邓白氏商业数据筛选客户（系统截图）

第二，使用行业代码查找潜在客户。

应用商业数据的在线检索功能，以行业代码（如 SIC Code）为检索条件，快速检索查看并开发同行业优质客户资源。以"如何通过 SIC Code 查询德国采购照明灯具的客户资源"为例，使用"搜索和创建列表"功能，目标市场所在地选择"Germany"，通过行业来限制目标客户群体，即找到关于照明产品的 SIC 码。如图 3-13 所示，直接搜寻结果，按销售金额大小排序，共计得到 3222 个结果，即为德国采购照明产品的相关客户群体，包括零售商、批发商、经销商、服务商、制造商。

图3-13　环球慧思智能贸易终端系统：邓白氏商业数据快速检索（系统截图）

关于利用外贸数据系统筛选优质客户，需要重点强调的是，海关交易数据库提供了真实的进出口交易信息，要想进一步挖掘更优质的客户，一定要提高对数据的分析能力。高水平的数据分析能力有利于外贸人对市场进行更细致地界定，识别不同细分市场中的潜在客户。举例来说，通过对历史数据进行趋势分析，企业可以更好地理解市场的发展方向，这也有助于提前预测客户需求的变化，调整业务策略以适应市场动态；通过对现有交易行为数据的分析，有助于预测客户行为和市场趋势，提前采取措施，以更好地应对未来的市场挑战和机会；通过对这些交易事实的信息分析，可在客户开发、市场推广等各个方面获取决策支持。

此外还要结合其他数据，如商业数据、公开数据的市场调研、客户背调、社交媒体平台信息分析等，以获取更全面、深入的客户洞察，从而更有针对性且高效地制定和执行科学营销战略。

案例分享

挖掘数据背后的价值

国内一家铝型材公司想要深度拓展南非市场，因目前南非没有公开海关交易数据，该公司将环球慧思海关交易数据、公开数据、商业数据进行结合, 通过以下 9 个步骤, 掌握了足够多的数据信息, 把市场研究得很透彻。

(1) 使用环球慧思"南非统计数据库"掌握南非实际进口量, 初步解决判断该市场是否值得深度开发的问题。

(2) 利用公开数据"环球搜"搜索南非相关企业, 进行快速翻牌。

(3) 利用环球慧思特种数据库"航线数据"等和第三国的交易数据掌握已知的进口商。

(4) 利用谷歌地图加关键词的方式寻找供应链上下游的制造商。

(5) 利用商业数据获得南非铝材类的行业相关企业。

(6) 通过展会资料, 获得南非相关参展企业的信息。

(7) 通过非洲和中东的其他客户, 了解南非部分企业。

(8) 通过一些中国企业驻南非相关办事机构了解南非市场。

(9) 定期重复以上 (1) ~ (8) 步骤, 不断积累数据, 建表并整理归档。

通过对所有数据的整合和深度分析, 该公司掌握了关于南非铝型材行业独一无二的数据资料, 而且不可被复制。更重要的是, 他们获取了一套比较系统全面使用海关交易数据、公开数据、商业数据的流程与方法, 并不断优化复制到其他市场的开发中。

利用大数据做客户画像

做客户画像需依靠精准的数据, 让外贸业务明晰自己对目标客户的定位, 进一步提高营销跟进的效率。

具体来说, 第一, 做客户画像可以减少客户盲区, 更清晰认知客户, 更全面地了解目标市场客户的特征、偏好和需求。通过外贸大数据, 拓宽对市场和客户的认知边界, 企业可更精准地定位潜在客户, 降低市场及客户开发成本，提高营销活动的效果。第二，升级迭代采购商思维，以客户为中心，以创造客户价值为导向，深入了解客户的偏好和沟通习惯，帮助企业更有效地与客户沟通。不同客户群体可能对信息的接受方式有所不同，因此可以根据客户画像优化沟通策略，提高沟通效果。第三，实现利益最大化。通过外贸大数据的分析，进行交叉销售和升级销售，充分发挥数据的最大价值。总体而言，客户画像可以帮助企业更好地理解和连接客户，提高市场营销的精准性和效果，为企业在外贸中取得更好的业务成绩提供先决条件。

客户画像主要是画什么？这里分享某外贸企业针对自身客户情况制作的"客户画像十三摸"画像法（如图 3-14 所示）。

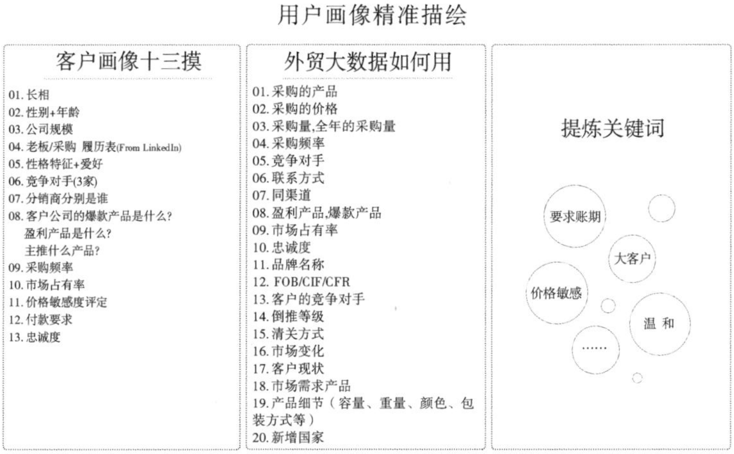

用户画像精准描绘

图 3-14   "客户画像十三摸"画像法

不同企业客户画像的要点会略有差异，整体来看，客户画像大致可以从三个方向进行。

方向一：客户背景

通过大数据，我们可以全面了解客户个人的信息以及客户所在企业、所在市场的信息，从而更好地制定合作策略，降低合作风险。

（1）客户个人信息。了解客户（对接人/关键人）的个人信息，包括客户的长相、性别、年龄、生日、职业履历、性格特征和兴趣爱好等，这有助于我们制定个性化沟通策略，和客户建立更紧密的客户关系。

我们可以巧妙运用社交媒体平台上的数据并将其作为捕捉这些信息内容的窗口，通过客户分享的文案、影像、图片，以及客户在平台上的互动信息，勾画客户的个性化轮廓，从而更好地掌握客户的习惯和偏好，制定更合适的沟通策略。

（2）客户所在企业信息。对于客户所在企业信息进行全面了解，不仅能让我们对于客户情况进行初步判断，而且还能有效降低合作风险。针对这一点，我们可以从以下几个维度进行调查：

一是调查企业基本信息，包括公司名称、注册地址、联系方式（包括电话、邮箱等）、成立时间、注册资本、经营范围等，以评估客户公司的经营历史和规模。

二是调查股权结构和高管信息，如主要股东及其持股比例，管理团队的职责分工，公司的治理结构和决策权力分布，从而识别出关键决策者。

三是判断公司性质与实力，如判断客户是进口代理商、批发商、零售商还是品牌商，通过了解公司规模、发展历程、人员架构和经营模式等信息，评估其整体实力和市场竞争力。

四是调查信誉与风险情况，包括是否有违约记录、法律诉讼、财务状况等，从而有效地进行合作风险的评估。

关于企业的基本信息、股权结构和高管信息以及公司性质和实力，可以通过公开数据获取，如公司网站、公司官方社媒平台账号等，而信誉和风险情况可以通过专业的商业数据平台深入了解。部分国家的政府网站也会提供公司注册、财务报表和其他法律文件的信息，可以作为信息搜集的渠道。

（3）客户所在市场信息。了解客户所在国家和地区的市场环境，包括政策限制、清关或产品的特殊规定、畅销产品种类和价格接受度等信息，避免因为市场差异而导致的合作障碍。

关于政策类信息，一般可以通过官方政府和贸易机构网站、驻外使领馆和贸易代表处等渠道获得。关于畅销产品种类和价格接受度，则需要借助海关交易数据来判断。海关进出口交易数据通常会包含产品的品类、数量、单价和总价值等信息，通过分析客户所在市场特定产品的进出口数量和价格，基本可以了解目标市场中的畅销产品种类和价格接受度。

此外，我们也可以查阅相关行业报告、新闻文章等，以了解客户所在行业的趋势、竞争情况和未来发展态势。行业协会通常会提供有关行业标准和会员公司的信息，我们还可以通过参与专业论坛、在线社区、行业协会等了解行业内的热点问题。

最后需要注意，在进行客户背景调查时，要确保遵守相关的隐私和法规要求，以保护对方信息的私密性。客户资料背景调查表示例如图 3-15 所示，可作为后期客户背调的参考。了解的客户信息越多，就越有助于提高业务开发的成功率。

客户资料背景调查表							
基本信息	公司名称		国家/详细地址		客户来源		询盘时间	
	联系人		邮箱		其他联系方式		客户编号	
深度剖析							
公司实力	成立时间		经营模式		员工人数		官网链接	
	品牌名称		营业旺季		财务状况		主要销售市场	
产品	主营产品		询价产品		销售渠道		价格定位	
联系人	联系人职位		性格特点		回邮件速度		是否具有采购决定权	
付款方式	付款方式		付款速度		资信状况		资信红绿灯风险评定	
发展潜力	年度采购频次		年度采购金额		相关产品		严格程度	
客户定制	包装方式		合同中的特殊要求		检验要求		其他要求	
客户跟进	当前供应商情况，我司占据主体采购份额情况							
	谈判跟进中的难点/问题点							
	产品的使用情况、满意度（稳定性？优势？问题点？需求？）联系人对我司的态度、项目配合及实施情况？优势/劣势？							
	验货要求和客户售后服务要求							
	客户的建议及意见或预防措施							

图 3-15　客户资料背景调查表示例

数据实战

几种常见的客户背景调查工具及其应用

一般情况下，环球慧思智能贸易终端系统海关交易数据库中包含多年的历史数据，以及实时更新的数据，可以直接查看相关客户的进口额、采购频次、付款方式、产品分类，以及供应商是否唯一。如果客户长期不停地更换供应商，且每个供应商都没有持续下单，一般来说，这种客户没有稳定的采购习惯，合作风险相对较高；对于那种有稳定供货商的情况，客户合作风险会较低，但开发难度也会提升。所以说，我们在做客户背调的时候，可以通过精准真实的交易数据从侧面判断相关企业的经营状况、合作风险、是否有开发潜力等。

环球慧思智能贸易终端系统商业数据库囊括了企业基本情况、经营状况、家族关系等重要信息，能够有效帮助外贸企业展开全面调查，以便企业快速完善客户档案，科学管理风险，保障业务顺畅开展，如图 3-16 所示。

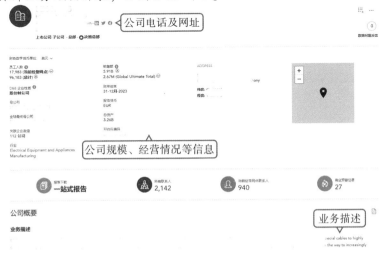

图 3-16 环球慧思智能贸易终端系统：邓白氏商业数据库（系统截图）

环球慧思智能贸易终端系统环球搜可以直接展示公司网站、企业简介、规模及产品图片、常见社媒工具活跃联系人等基本信息，帮助我们直接了解客户的匹配度，并分析客户性质，是批发商、品牌商还是零售商等，从而针对不同类型的客户采取不同的跟进策略，如图 3-17 所示。

图 3-17　环球慧思智能贸易终端系统：环球搜（系统截图）

ZoomInfo 网站可以帮助了解客户公司的实力、公司在职人数、高管人员姓名、客户年销售额、客户的竞争对手等，如图 3-18 所示。

图 3-18　ZoomInfo 网站搜索（截图）

Google map（谷歌地图）通过实景展示的方式，帮助我们侧面了解客户公司的办公环境、附近街景、网站信息及其他概况等信息。

Website. Informer 网站不仅可以判断公司实力情况，也可以查询客户邮箱、相似网站、竞争对手、网站注册时间等信息，如图 3-19 所示。

图 3-19　Website. Informer 网站搜索（截图）

Archive. org 网站可以通过相关公司域名或公司官网，在不同时间点查看相关网站的旧版本，了解过去某一时刻该网页的内容和布局，从而判断相关企业网站最早上线时间、更新频率，了解客户何时从事某个行业、是否一直从事某个行业等过往史。

方向二：客户产品结构

洞悉客户的产品结构是进行客户画像的一个关键环节。通过对公司产品结构的详细分析，企业可以更好地把握客户的需求和采购行为特征。大数据为这一过程提供了强有力的支撑。

（1）客户的主要产品、次要产品及其他产品的占比。通过海关交易数据，对于客户产品结构进行分析，了解客户不同种类产品的占比，同时，通过海关交易数据中的产品描述，了解产品规格型号、包装等信息，判断客户的市场策略和经营重点。

（2）客户采购增长量及频率变化。借助海关交易数据，可以掌握客户过去3~5年采购产品的增长量及频率变化，这有助于企业预测客户的采购行为；也可以对比客户不同时间段的采购数据，判断客户在某些产品上的需求是否呈现上升趋势，从而预估合作潜力；还可以通过分析客户采购频率的变化，指导企业更合理地安排生产计划，优化库存管理。

（3）价格和交易条款。海关交易数据会体现客户采购价格及交易条款，通过对其深入分析，可了解客户价格接受度以及交易条款偏好，企业可以据此进行合作方案的制作，以提供更吸引客户的合作方案。

（4）客户竞品情况。通过海关交易数据，企业可以了解市场中客户同行产品的竞争态势；通过对比客户及其竞品公司销售数据，了解客户在市场整体的竞争力。

（5）供应商稳定性。海关交易数据可以呈现客户采供体系，通过不同时间段客户供应商变化情况，了解客户是倾向于频繁更换供应商还是倾向于稳定合作，以便企业更好地了解客户的合作偏好。

方向三：客户的采购意向

在描绘客户画像时，了解客户采购意向是关键。我们可以通过海关交易数据中的客户采购记录，如市场占有率、客户采购淡旺季、客户的下游客户采购情况等判断客户的采购意向。

使用海关交易数据分析市场占有率，通过统计近期产品出口情况，了解客户产品销售量的波动，进而预测客户对于某些关联产品的采购需求。

使用海关交易数据分析客户的下游企业采购量的变化，也可以判断客户采购意向。若是客户的下游企业采购量有增长的趋势，可以判定客户也有采购量增加的倾向。

我们还可以根据客户提供的采购需求分析客户的采购意向，如客户的产品规格、数量等。通过对比客户当前的采购需求与历史订单，从客户所表述的需求与历史行为的匹配度评估并判断真实意向。环球慧思营销顾问针对客户画像设计的模型表格示例如图 3-20 所示。

客户画像模型							
公司				客户等级			
所属国家				公司规模			
关键人信息	老板	姓名：	性别：	电话：	邮件：	其他偏好：	
	采购	姓名：	性别：	电话：	邮件：	其他偏好：	
价格敏感度				忠诚度			
付款要求				清关方式			
客户采购产品细节							
产品	产品类别	采购频率	采购价格	采购量	供应商	产品细节	市场占有率
产品A							
产品B							
产品C							
产品D							

图 3-20　客户画像模型表格示例

利用外贸大数据进行客户画像需要经过一系列步骤和数据分析方法。以下建议可供参考：

一是数据收集。建立表格，从各个渠道收集客户相关的各类数据，包括但不限于交易记录、产品偏好、地理位置、市场行为等。

二是数据整合。外贸大数据庞大且多样，需要进行整合以确保数据的准确性和一致性，便于后期利用。

三是建立客户标识。通过数据的整合，建立客户唯一标识符，以便后续查找和管理。

四是数据分析。运用数据分析工具和技术，对客户数据进行深度分析，包含购买行为、产品偏好、地理分布等多个方面，深挖客户群体的特征和规律。

五是客户分类。根据分析的结果，将客户进行分类。可以基于采购产品的种类及量价信息、采购频率、地理位置、行业等因素进行分类。不同的分类标准可以为不同的营销策略和服务提供基础。

六是描绘客户画像。基于客户分类和分析结果，构建完整的客户画像，包括客户的基本信息、采购习惯、兴趣爱好等多个维度，以便全面了解客户。

七是客户画像不断更新。随着外贸环境、市场各方面的变化，客户的采购行为、价格偏好等数据也可能随之变化，因此客户画像需要不定期进行更新，外贸业务要及时关注各方面数据的更新，确保客户画像实时准确。

锁定关键人的联系信息

这里首先要明确一个概念：谁是关键人？

关键人通常是企业中有影响力或决策权的人，其做出的决定或建议直接影响到交易的成败。对于中小型企业来说，老板通常就是关键人，具有直接决定权，有时贸易经理或主管在工作中拥有较高自主权，也可能成为关键人。然而，大型集团/上市公司，一般情况下很难直接找到老板，这时关键人有可能是总经理、销售总监/贸易总监，或者是市场部/采购部负责人，他们虽然不一定拥有直接决策权，但有相当分量的建议权，对最终的决策起着关键作用。更复杂的是，有一定规模的企业在进行重要的采购时往往会采用多部门联合决策的模式，比如，外贸部负责推荐供应商，市场部/采购部进行筛选，最终法务部审核合同条款等。在这种多方参与的决策流程中，不同部门的关键人都会参与其中，他们的意见和决策都可能影响交易的最终走向。

还有一种"耳边风型"的关键人，他们既没有决策权，也没有建议权，但是他们说的话对老板的决策可能起到一定的作用，常见的如老板的亲人、业内朋友等。锁定了公司的关键人，接下来就是寻找关键人的联系方式。可以毫不夸张地说，获取关键人联系方式是每个外贸人开启合作之门的"敲门砖"，能否精准找到关键人的联系方式更是外贸业务员综合能力的重要体现之一。目前外贸大数据系统中的数据很多都含有联系电话和邮箱等重要信息，外贸人可以利用外贸大数据系统进行精准定位与深度挖掘。除了外贸大数据系统直接提供的联系方式，外贸人还需要掌握多种高效方法与策略，这将在后文中将详细介绍。

案例分享

精准锁定客户和深挖关键人联系方式

某外贸企业初期规模较小，只有两名外贸业务员，专注于印度市场。尽管该企业规模资源有限，但领导层非常重视外贸业务的发展和数据的应用。随着该企业的发展，外贸团队扩展到十几人，市场也拓展至秘鲁、智利、哥伦比亚、印度尼西亚和中东等国家和地区。

在这一过程中，该企业极其关注外贸大数据工具对于业务发展的积极作用。该企业的业务人员充分利用外贸大数据工具——环球慧思智能贸易终端系统，不仅以企业自身产品信息进行客户检索，还检索相关产品或下游产品的关键词来寻找客户群体，尽可能地把所有相关客户都挖掘出来。这种做法打破了数据使用的固有思维，挖掘出了更广泛的客户群体。在锁定精准客户后，该企业业务人员不仅通过数据库直接获取客户的联系方式，还通过谷歌、官网、社媒平台（如 Facebook、Instagram 等）获取或补充客户联系信息。

该企业业务员查找某采购商关键人联系电话的过程如图 3-21 所示。

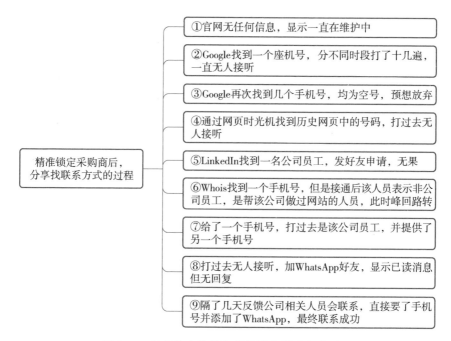

图 3-21　业务员查找采购商关键人联系方式过程

查找联系方式的方法

环球慧思智能贸易终端系统中的官方联系信息来源于当地各种不同的官方渠道,有些是按照当地海关申报要求在每次报关时必须填写的信息,有些是根据当地海关要求在海关系统中阶段性登记留存的信息,有些是类似于中国工商系统中登记的信息……无论哪一种来源渠道的官方联系信息,都具有官方、准确、稀有的特征,而且数据库中一般带有关键联系人及电话/手机或邮箱,能够提供很多在互联网上无法查询或获取到的高价值信息,为客户联系和开发提供了不可替代的价值,是查找联系方式时的优先选择。

以尼日利亚市场开发为例,很多熟悉非洲市场的外贸人都知道,非洲很多公司的官网难找、关键联系人难确认,利用外贸大数据查询并锁定关键联系人便成了外贸人的首要选择。环球慧思尼日利亚数据库包含的官方联系方式具有三点优势:第一,覆盖面广,能够高度覆盖该国市场的进口商。据目前数据统计，包含电话信息的覆概率高达 99%，包含 email 信息的覆概率是 65%，电话和 email 至少包含一个的覆概率是 99%。第二，精准度高，数据中提供的电话是企业核心关键人的联系信息，而非互联网渠道查询的信息，具有稀有性。第三，持续更新。尼日利亚进口商群体具有不稳定性，每个月都可能有大量进口商新增或倒闭，于外贸企业而言这意味着新机会的出现和可疑风险的预警，联系信息动态持续更新可及时帮助外贸人洞察变化并迅速调整营销策略。中国某外贸公司在开发尼日利亚市场时，就是利用尼日利亚数据库自带的电话加了对方的 WhatsApp，直接与公司老板建立了联系，快捷高效地缩短了成单周期。

数据实战

环球慧思智能贸易终端系统中 5 种找联系信息的方法

第一种：环球慧思智能贸易终端系统查询

数据详情页直接查看。部分数据详情页自带邮箱、电话等官方联系信息，可直接查看，如图 3-22 所示。

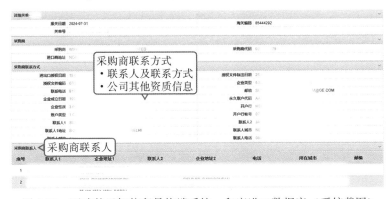

图 3-22　环球慧思智能贸易终端系统：印度进口数据库（系统截图）

搜索列表查看。以美国数据为例，公司名鼠标悬浮小按钮查看。在搜索结果列表（非详情页），鼠标放置公司名处会有悬浮按钮出现，选择联系方式按钮进入查询即可，如图 3-23 所示。

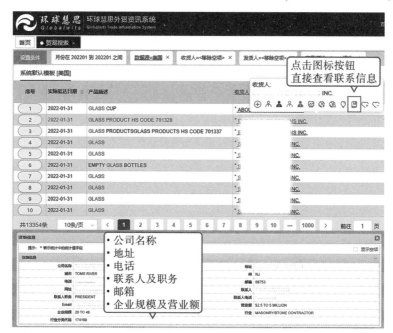

图 3-23　环球慧思智能贸易终端系统：美国进口数据库（系统截图）

系统集成入口查看。通过智能贸易终端系统"商业数据"下的"联系方式"查询邮箱、电话等官方联系信息，如图 3-24 所示。

"贸易追踪—联系方式"查看。在智能贸易终端系统的深度追踪功能中，可直接获取系统的官方联系方式和环球搜信息，如图 3-25 所示。

第二种：通过智能贸易终端系统将查询的客户加入环球搜查找联系信息、链接其主流社交媒体，简单高效

方法一：公司名鼠标悬浮小按钮查看。在智能贸易终端系统中，鼠标悬停至公司名上方，点击 符号即可直接将该公司作为检索条件，进行搜索，获取该采购商的领英联系人、工商联系人、互联网邮箱三类联系信息。点击"访问"，跳转至该联系人领英主页，如图 3-26 所示。

图 3-24　环球慧思智能贸易终端系统：商业数据库（系统截图）

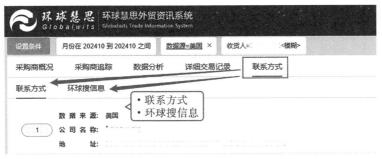

图 3-25　环球慧思智能贸易终端系统：深度追踪功能（系统截图）

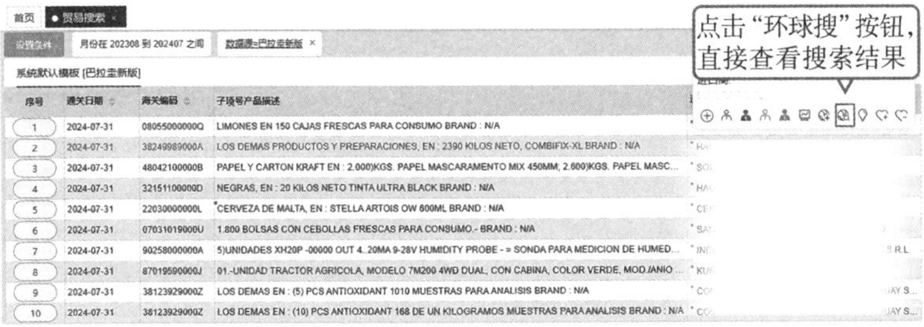

图 3-26　环球慧思智能贸易终端系统：环球搜查找联系信息（系统截图）

方法二：进入智能贸易终端系统，通过导航栏"环球搜"，点击"进入环球搜"，输入公司名称或公司网址，即可进行联系信息查询，如图3-27所示。

图3-27　环球慧思智能贸易终端系统：环球搜联系查询（系统截图）

第三种：商业数据查询

可利用智能贸易终端系统的商业数据功能板块，以公司名为检索条件直接获取公司联系人及联系方式等信息，联系信息包括电话、邮箱和领英等常见社交媒体信息，直接点击查看，如图3-28所示。

图3-28　环球慧思智能贸易终端系统：邓白氏商业数据查询（系统截图）

第四种：搜索引擎插件应用

浏览器插件在获取客户联系信息方面的作用不容小觑。通过插件，企业可以快速抓取客户邮箱和电话号码等联系方式，有效提升工作效率和生产力。部分免费好用的谷歌浏览器插件如图 3-29 所示，可在谷歌应用商店内获取。

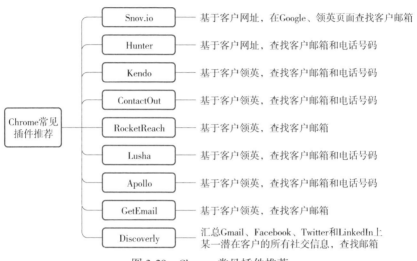

图 3-29　Chrome 常见插件推荐

第五种：推测验证

对于没有邮箱信息的关键职位且通过插件也无法找到的，可以根据客户企业邮箱域名信息及其他人员的邮件格式推测其邮箱地址，一般会有如下 8 种组合形式：

名姓@公司后缀.com

姓名@公司后缀.com

名.姓@公司后缀.com

姓.名@公司后缀.com

名+姓首字母@公司后缀.com

姓+名首字母@公司后缀.com

名@公司后缀.com

姓@公司后缀.com

基于这些推测的邮箱地址，企业可以借助工具进行邮件发送测试。若邮箱不正确，将显示退信提醒；反之，若邮箱无误，则邮件能够成功发送。这种方法虽然耗费一定的时间精力，但对于公司的高意向客户，是值得尝试的。除了发邮件测试，也可以通过验证邮箱真伪确保与目标公司之间的电子邮件通信是否准确，减少因错误或虚假信息导致的沟通问题。在这里推荐几个免费验证邮箱有效性的网站：

https：//verify-email. org/

https：//www. hubspot. com/

https：//www. mailcharts. com/

https：//linshiyouxiang. net/

https：//goodemailcopy. com/

https：//tweakyourbiz. com/title

https：//mailtester. com/en/

需要注意的是，精准查找联系方式一定是建立在精准定位客户的基础之上。做外贸并不是一朝一夕就能成功的，一定要学会坚持和变通，不断在实践中寻找方法技巧，总结经验。

数据实战

营销实战找关键人邮箱

环球慧思的越南数据库中可以查看公司网站和联系电话等关键信息，同时还体现采购商的工商信息及关键人信息。我们可以通过组合邮箱的方式，猜测对方邮箱的写法。

例如，在老板名字全拼中间加"."。如图 3-30 所示，这家公司通过环球慧思的数据发现，客户公司邮箱是 Gmail，老板的名字由"JABC""WDD""HYMM"3 个词组成（为保护客户隐

私，此处使用虚拟名字），猜测组合可以是 JABC. WDDHYMM@
GMAIL. COM，或者是 JW. HYMM@ GMAIL. COM、JABCW. HYMM@
GMAIL. COM。知道了组合邮箱，接下来可利用邮箱验证器，验
证这几种组合的猜测是否正确，如图 3-31 所示。最终验证结果
可以看到，第一种猜测方法正确。

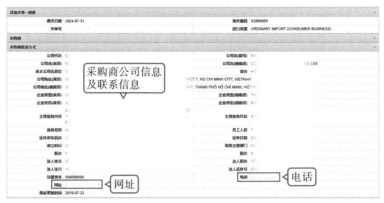

图 3-30　环球慧思智能贸易终端系统：越南数据库联系方式（系统截图）

Email Checker

Check if email address is valid. This full test includes checking DNS and SMTP. Complete
email verification and email validation. We do not store or distribute any information
entered on this page.

Email Address:

settings

Validation result: Address is valid

图 3-31　互联网工具邮箱验证结果展示（系统截图）

找到精准的客户联系方式后，接下来要考虑通过何种方式触达目标
客户，其中第一通电话和第一封开发信尤其重要。

针对性地打第一通外贸电话

外贸中的第一通电话是建立业务关系的关键一步，它对于在竞争激
烈的市场中脱颖而出及与客户建立稳固的合作关系至关重要，几乎决定

了企业能否获得下一次的沟通机会。此时，确定电话接听对象身份也很关键。一般情况下，电话接听对象的身份大致可分为三类：第一类是前台；第二类是关键人（如老板、采购部总监、外贸部总监等具有决策权的管理者）；第三类是行政、财务、后勤等其他非业务部门。针对不同的类别，沟通话术也有所差异。每位外贸业务员都有属于自己的电话沟通话术，但是没有任何一套固定的话术模板能适用于所有的客户，需要根据客户类型、需求和反馈，不断进行微调、迭代和升级。

下面介绍几种开场白话术以供参考：

第一种：开门见山法。适用于对方是关键采购人或老板的情况，简单直接，直奔主题，直接说明自己的来意和目的。

自我介绍："您好，×总，我是×××，来自××公司。负责国际市场拓展业务，很高兴有机会与您通话。"

表达兴趣："我们在市场研究中发现，贵公司在××行业/产品方面有着令人瞩目的表现，因此我想与您进一步交流，看是否有机会合作。"

问题引导："我了解到您公司一直在关注××的发展，我想了解一下，您对于这个领域目前面临的主要挑战是什么？"

价值陈述："我们公司在××领域拥有丰富的经验和独特的优势，能够提供××产品/服务，以解决您可能面临的挑战。"

提供互动机会："在我们继续深入讨论之前，我是否可以了解一下，您对于目前市场上类似产品或服务的期望是什么？"

感谢和预期："非常感谢您抽出时间与我交流，相信我们的合作能带来双方的共赢。我们在深入了解您的需求后，将为您提供更详细的方案。"

开场白应该根据对方的反应和回答进行灵活调整，重要的是保持聆听，并根据对方的需求和反馈不断调整话术，以建立更有效的沟通。

第二种：寻求帮助法。适用于前台或其他非关键人接听电话的情况。

参考话术一：我们是做××产品的，是行业出口前十，需要找你们老板谈合作。

参考话术二：我是你们××客户的合作商，找××（已知关键人的姓名），我是××，他知道我的，我有很重要的合作找他洽谈。

参考话术三：我能找一下××吗？（对方：我们没有××这个人）。哦，不好意思，那现在谁负责采购？我这边有你们需要的产品。

此类开场白需要抱着不卑不亢的心态，甚至从语气、语调中都要让对方有"这个电话我要是不转可能需要承担责任"的感觉。在打电话前，我们可以通过公司官方网站、LinkedIn、Facebook 等平台找到相关老板或采购关键人的基本信息。

第三种：再续前缘法。适用于拨打的电话接听对象是关键人的情况。

参考话术一：你好，×总，我是××，上次咱们在××展会见过面。

参考话术二：你好，×总，我是××，是××公司的××总给我介绍的。

通过"见过面"或"他人引荐"的说法可以快速拉近跟对方的距离，让对方觉得你是可信的。至于是不是真的跟你见过面或有朋友介绍，这些都不重要，重要的是表现出很熟的样子，尽快和关键人建立初步的沟通或给关键人留下深刻印象。

高效地写一封开发信

如何高效撰写一封开发信，让你的每一封邮件都能精准触达客户心弦，成为客户眼中的"必读之选"？

首先需要了解行之有效的开发信发送模式——粗发与精发。在当今数字化时代，传统的邮件群发策略已逐渐式微，外贸人正积极寻求转型，探索更为高效且精细化的邮件开发新路径。其中，粗发与精发邮件策略逐渐成为两大主流方向。

粗发邮件模式：如同渔人广撒网。

这一模式旨在扩大开发信的覆盖面，增加触达潜在关键联系人的机会。该模式适用于开发公司规模庞大且存在多个关键联系人的企业。通过整合展会、海关数据及其他渠道收集到的信息，企业能够同时向多个关键决策者发送开发信，如高层管理者、采购经理、产品负责人等，从而在有限的时间内，最大化地覆盖并吸引不同职能部门的潜在合作伙伴，有效提升邮件回复概率。

精发邮件模式：一对一定制化深度开发。

精发邮件是一种高度个性化、定制化的开发信模式。在这种方式下，邮件营销不再是对一批未知收件人的泛泛而谈，而是精准锁定某一个关键决策人后的精准发送，邮件标题直接以"to+姓名/职务"开头，展现出对收件人的专属尊重与重视。邮件内容则紧密围绕收件人的具体需求、公司背景及潜在合作点展开，明确阐述发件方所能提供的服务或解决方案，力求每一句话直击要害，触动人心。这种高度个性化的沟通方式，不仅能够有效提升邮件的点击率，更能显著增强客户的回复意愿。

在清晰界定了粗发与精发后，便可以着手进行邮件编写前的准备工作。这一阶段至关重要，不仅是邮件精准、高效触达目标客户并激发其兴趣的基石，也是整个邮件策略取得成功的先决条件。

首先，是进行客户背景调查。通过外贸大数据找到客户公司的官网，初步了解和分析客户的产品结构、经营状况、组织架构及进出口数据。此外，需要明确客户当前合作的供应商，了解客户的采购频率、数量和单价，还要掌握客户竞争对手的供应商信息，包括其量价信息和市场分布情况。深入了解客户，识别其需求和痛点，为制定有效的切入策略和优化开发信内容奠定基础。

其次，是查询客户联系方式。可以在环球慧思智能贸易终端系统中，高效获取目标客户的联系方式。此外，还可以通过访问类似 Vessel Finder、Flex port 等海运数据网站，查看目标客户的货运记录和航运数据，以间接获得关键联系人的信息。另外，也可以充分利用社交媒体软件，如 LinkedIn 的高级搜索功能，输入公司名称或职位关键词，查找目标客户信息，特别是采购部门或高管的联系方式，结合应用 Rapportive、Nimble 等 LinkedIn 插件获取当前联系人的详细背景信息，进行筛选和定位。

最后，将搜集到的信息整理成客户档案，包括公司基本信息、采购习惯、供应链详情、关键人联系方式等，形成详细立体的客户画像。这样才能够确保邮件标题和正文内容精准反映客户的采购偏好和市场竞争环境，提升邮件的针对性和吸引力。

前期准备工作的最后一步是制定邮件发送计划。根据收集到的客户类型、邮件目的等已有信息，确定采取粗发还是精发模式。针对不同的开发信模式，进一步确定标题的撰写格式和邮件具体内容，并依据邮件类型和收件人特点，选择适合的邮件模板并进行必要的调整。

在上述工作均已筹划完毕后，就可以正式进行邮件撰写了。众所周知，邮件标题的撰写尤为重要，因为国外买家收到邮件时，在手机或其他设备上弹出的明显信息就是邮件标题和正文的第一句话，有吸引力的标题是开启高回复率的第一步。那么什么样的开发信标题才能吸引客户的注意？

清晰且吸睛的表述：标题应该简短、清晰，并且能够立即吸引目标客户。使用引人注目的词汇，确保在有限的字数内传达出关键信息。

定制化标题：设计个性化标题非常重要，如可以在标题中使用"to ×××"，并直接提及客户的关键痛点或需求，让客户知道这封邮件是专门为其设计的，而非群发。

强调价值：在标题中明确突出产品或服务的价值和优势，让客户知道打开这封邮件将获得什么好处。

解决问题：如果你的产品或服务能解决客户的某个特定问题，需在标题中强调这一点，问题解决方案导向的标题往往能够引起客户的兴趣。

数字或统计：如果有相关的数字或统计数据，可以在标题中使用，这样具体的信息可以增加说服力。

问题引导：在标题中提出引人深思的问题，引导客户思考并进一步阅读邮件。

写邮件标题的关键是在有限的字数内传达出引人注目的信息，突显想要传达的主题和重点，激发客户的好奇心，促使其愿意进一步了解你的产品或服务。

邮件标题是第一步，接下来就是邮件的正文内容。

关于称呼的几点建议:

避免 Dear Sir./Madam 这种古板的称呼。尽量使用对方的名字,并在名字前加上合适的礼貌称谓,如"Mr.""Mrs.""Miss.""Ms."等。这种称呼更能使对方感到被尊重从而重视邮件的内容。

使用具体的职称或做笼统称呼。如果无法确定对方的姓名,可以使用其职位或比较笼统但礼貌的称呼,如"Dear Purchasing Manager""Dear Friend"等。

确保使用真实姓名。发件人的名称应具体而真实,可以是英文或中文姓名,避免使用类似 sales、info、order、01 等没有人情味的代用名字,这些可能会给客户留下不友好或不真实的印象。

选择使用收件人的 first name 或全名。在撰写邮件时,可以选择只使用收件人的 first name,或者使用其全名。这种做法能够让客户感受到这封邮件是专门为其个人发送的,同时也表明发件人确切知晓其身份信息,从而提高客户打开邮件的概率。

关于开发信正文:开发信正文撰写务必精简明了,采用利他思维、差异化营销思维进行构思。重点说明自己所提供的产品如何为客户创造价值,而非仅仅表达合作意愿。换位思考一下,如果对方与你完全不认识,那么当你给对方发邮件的时候,一开始就要讲清楚为什么联系他,你们之间存在的共同连接点是什么,这样对方才能明确你的意图。一封有效的开发信正文应该包含以下关键信息:你能为客户带来什么价值?你提供什么样的服务?与其他供应商相比,你的竞争优势是什么?是否有参考客户或合作案例?你的产品或服务能够具体解决客户的哪些问题?你对客户有多少了解,你的内容就有多少能引起对方兴趣的地方。此外,还可以巧妙运用借力策略,提及与行业内知名客户的合作案例,无形中为产品质量背书,增强客户信心,让客户觉得你的邮件"有料"。这就是前面所说要做客户画像的重要性体现。

关于用词格式:好不容易国外客户打开了你的邮件,如果看到错词连篇,用词不当,语法错误,言语空洞,甚至也没有运用主动性的带有强烈感情色彩的词语……那么可以想见结果肯定是没有下文、不了了之。在书写中最好使用黑色常规字体，过小的字体、奇怪的颜色、拥挤的段落等排版上的缺陷，都会让国外客户失去读下去的兴趣，甚至被系统误认为是广告邮件。所以，在邮件发送前，从标题到结尾，从段落分配到词句搭配，从大小写到标点符号都需要认真检查和修改，确保邮件内容规范工整。

关于署名：署名部分应当尽量全面详尽且专业，确保包含公司名称、官方网址、联系电话及社交媒体平台链接等关键信息。全面的署名设计，可以为客户提供一个快速了解发件人公司的窗口。当客户对开发信产生兴趣，想要进一步验证或深入了解公司背景时，他们便可以轻松地通过这些信息找到我们，从而建立起初步的联系与信任。

称呼、正文、用词格式、署名，这些是写开发信最基础的东西，建议在写完开发信之后，仔细检查几遍。最后，针对如何写一封高质量的开发信提供以下几点建议，可以在实践中参考借鉴。

第一，坚持原创优先原则。撰写客户开发信时，应避免照抄各种渠道固定的范文，也不要过度依赖甚至直接借用 AI 进行辅写，因为这样往往会让开发信的内容古板雷同，引起客户反感。况且产品种类不同，写法也不一样，即使在发送开发信时使用固定模板，也需要定期更新内容，避免在一段时间内重复发送。

第二，坚持内容精准原则。开发信应该根据客户的规模、国籍的不同作精准调整，在邮件中适合的地方自然地点一下客户的公司名字，暗示这封开发信是带着诚意专门写给贵公司的，而不是草率的广告。邮件内容既要言简意赅，又要言之有物。这些小技巧虽然不起眼，但颇能给客户以好感。

第三，坚持人性化原则。从收件人阅读体验出发，适当用一些缩略语或网络常见符号，以轻松行文气氛。另外，从视觉效果来看，邮件要合理排版，杜绝凌乱。

第四，规避高敏感营销内容和词汇。要想降低开发信退信或不回复等情况发生的概率，邮件内容中最好不要有 URL（如果有链接，邮件系统会认为存在潜在威胁，邮件就会被拦截）。同时，开发信中建议不带图片，如果一定要带，千万注意放在正文中，而且大小控制在 100K 以内，不要放在附件里。内容上不要有 free 或 low price 等字样，这类销售 Spam（垃圾邮件）高频词，也是系统拦截的最普遍的字眼，你的邮件就很容易被判定为垃圾邮件。

常见的 Spam 高频词汇如：Opportunity，Win，Winner，Rate，Call now，Price，Dollars，Discount，Money，Cheap，Rate，Free，Please Read，Don't Delete，Special，Cooperate，Check，Credit，Loans，Buy，Order Now，Specializing，Specialized，Offer。

第五，传递商务正规形象。为了展现专业性，使用一个官方正规的公司邮箱是至关重要的。如果尚未具备，可以在邮箱命名上做些巧妙处理，如融入中英文名字及公司名称，使邮箱看起来更为正规。另外，还可以考虑付费的邮箱，最后再考虑国外的免费邮箱 Gmail。一般情况下，使用 Yahoo、Gmail，成为垃圾邮件的概率会较小。

第六，善用邮箱辅助工具。我们可以借助邮箱工具来提升开发信打开率及后续的转化率。下面分享两个实用的邮箱辅助工具：

标题测试工具 sendcheckit。在编写邮件标题时，可以利用此工具测试标题的有效性，避免邮件被误判为垃圾邮件。

邮件追踪工具 ReadNotify。发送邮件后，通过此工具可以轻松检查邮件是否成功送达客户，并了解客户是否点击查收邮件。

在发送邮件时，不妨点击"已读回执"功能，以便及时了解客户是否已查收邮件。这有助于更好地调整后续的客户开发策略。

综上，写好一封开发信，取决于很多因素，绝大部分外贸开发信都是为了保持接触、争取机会，所以不要急功近利地持续催促对方下订单，要突出你的服务态度和专业素养。即使在客户有所松动并进行询价或提出问题的时候，也要以平常心对待。不要着急，不要表现得大喜过望，不要随便迁就，要注意理解对方的需求和心态，有的放矢，做到周到、礼貌、详细、有针对性地回应。

客户跟进指引

一个优秀的外贸业务员首先要具备以下两个特点：第一，对自己的产品一定要有充分清晰的了解，尤其是对于客户的各种疑问能够提出最有效的解决方案，这也是做业务之本；第二，一定要善于抓客户的需求。只有抓住了客户需求，才能真实地了解客户的想法，以此不断地去挖掘客户的隐性需求。从挖掘基础需求到引导需求再到满足客户的需求，最后进行销售升级，做到以客户为中心，以为客户创造价值为导向，才能达到最终的销售目的。

挖掘客户的需求

一般客户的需求分为显性需求和隐性需求。显性需求指的是客户明确知道自己需要什么，已经准备购买并有能力购买某种产品或服务，比如，客户很明确地表示，他们需要采购××型号的××产品。隐性需求指的是客户没有直接提出，甚至没有意识到自己会有某方面的需求。隐性需求往往来源于显性需求，在更多情况下，隐性需求是显性需求的延续，也是在实际工作中需要我们不断去挖掘和发现的。掌握客户的真实需求是客户跟进阶段的关键任务，这要求外贸业务员细致入微地了解客户的业务。那么，如何才能精准挖掘客户需求？

其一，有效提问。对于外贸人来说，通过与客户的前期沟通和交流，可以获取客户最基本的需求信息。在提问上也需要采用开放性的提问技巧，引导客户分享更详细的信息，避免只使用那些仅能以"是"或"否"来回答的问题，而是鼓励客户分享他们的想法和意见。使用开放性问题引导对话，就可以使客户更自由地表达他们的需求。例如，询问"您在目前的业务运作中遇到了哪些挑战？"（目的是探索和了解客户的痛点，以便提供相应的解决方案）；询问"在您的业务中，哪些方面对您来说是最紧迫和重要的?"（目的是了解客户最关注的问题，以帮助自己确定他们的优先级）；询问"您提到的这一点能再详细解释一下吗?"（目的是从一个问题引申出更多的问题，从而深入挖掘客户的需求）；询问"在您看来，我们产品/服务的最大价值是什么?"（目的是引导客户讨论认为最有价值的特性或服务，以更好地了解他们的评估标准）。巧妙运用这些问题，可帮助外贸人更深入地了解客户需求，为其提供更符合期望的解决方案，从而增加销售的机会。

其二，用心倾听。专注聆听客户的发言，尤其是电话沟通中，要做到中途不打断他们的讲话，全面理解客户的语气和表达方式。客户可能会在言语之外传达更多的信息，通过倾听能更好地捕捉到这些信号。在和客户面对面沟通的时候，注意客户的非语言信号，如面部表情、姿势和眼神等，这些都是获取客户真实感受的线索。此外还需要及时确认是否正确理解了客户的需求。通过重述或提出澄清性问题来防止误解，也要对客户的观点和需求给予积极的回应，表达理解和共鸣。通过有效地倾听，以更全面、深入地了解客户的需求，这有助于我们提供更贴切的解决方案和更有针对性的营销策略。

其三，借助数据。挖掘客户的需求更要充分借助外贸大数据对客户进行精准的深度分析，比如，了解客户的购买历史、产品偏好和产品交易价格等信息，这些可以让我们对客户行为有深入的了解，从而更好地挖掘客户需求；观察客户的竞争对手，了解行业内的最新趋势和竞争动态，从中获取有价值的信息，并直接转化为磋商中的判断依据与有力谈资。通过上述方法，可以全面了解客户的真实需求，并为其提供更有价值的产品、服务及解决方案。挖掘客户需求是一个持续的过程，要不断关注市场和客户的变化，及时调整战略规划。

挖掘客户需求的过程其实就是精准营销和顾问式营销的结合，以专业的行业知识为储备，结合海关数据平台精准挖掘分析客户的需求和痛点，主动为客户所想，为客户创造价值和解决问题。

精准有效的报价

报价是外贸营销中的核心环节，其重要性不言而喻。许多外贸人常因对客户的基本情况、具体订购需求、心理价位等信息掌握不足，在这个环节踯躅难行。在此情境下进行报价回复，若报价过低，虽可能促成交易，但利润空间会受到严重挤压；若报价过高，则可能因客户价格敏感而错失商机。

此外，鉴于外贸市场的激烈竞争环境，也不排除有竞争对手冒充客户刺探商业情报的可能，这使得如何在报价时找到微妙的平衡点，成为外贸人普遍面临的一大挑战。因此，一份详尽、专业的报价单便成了赢得订单的关键。

收到客户询盘后究竟应该怎么做才能占据主导地位，掌握谈判过程的主导权？

首先，分析客户，辨别询盘的真实性和意向内在品质。我们可以通过外贸大数据、社媒平台、公司官网等多种渠道搜寻信息，尤其是充分发挥外贸大数据的作用，帮助我们简单快速了解这个客户的基本信息——客户是哪个国家哪个地区的，客户的产品经营范围是哪些，客户的类型是终端客户、代理商还是零售商，客户的购买能力如何，目前有哪些供应商在合作，他们的合作价格在哪个范围之内等等。这些都是影响报价的关键因素，通过外贸数据等工具做客户的背景信息查询，是帮助我们综合评判客户的购买力和采购诚意、高效辨别询盘质量的有效途径。

除了对客户基本信息的掌握，也要确保对客户需求有一定的了解。可以通过向客户委婉提问的方式，挖掘更多采购细节，如客户要求的产品规格、数量、交货时间等方面的信息，以便在具体的报价单中能够满足客户的实际需求。这个沟通过程也分三种情况：第一种情况，询问客户时，客户答非所问，或者一直没有回复，那么这种钓鱼类询盘可以暂时放置一边；第二种情况，客户有相应的回复，且回答很全面，那么就可以根据客户的需求进一步针对性地做报价单准备；第三种情况，客户虽然回应了，但是在表达上内容还是不全面，甚至也没有说明一些具体的细节，如需求的产品数量、印刷类的logo，这种情况就可按起订量和常规性报价做准备，并且要提及"价格会随定量及需求特点有所变动"此类信息。不具体分析市场和客户情况而固守一个价位的报价往往会丧失很多成交机会。

其次，计算成本和利润。在具体制作报价单的过程中，外贸人也需要分析自己产品的成本结构，包括原材料、生产、运输、关税和其他相关费用，确保报价单的价格覆盖了所有成本，并能够保证自己有足够的利润空间。此外，要考虑市场一般价格，通过外贸大数据研究市场价格区间并了解竞争对手的定价策略，以使自己的报价控制在合理的范围内，这样既能够吸引客户，又能够保持一定的竞争力。

环球慧思智能贸易终端系统的海关交易数据中，包含了关单数据、统计数据、提单数据和名录数据这4种常见类型数据。通常关单数据和统计数据都包含产品交易的价格信息，关单数据体现的是具体产品单票货物的交易价格，统计数据体现的则是某一类产品统计价格。无论是关单价格还是统计价格，在产品报价阶段都具有一定的参考作用。但需要特别注意的是，在带有价格信息的数据中，会涉及多种价格列信息，如合同价、发票价、申报金额、FOB/CIF价、商业值、统计值、海关值等，因为不同价格列信息产生的方式不同，在使用数据时要精准参考，以达到事半功倍的效果。

数据实战

精准参考数据中的价格信息

合同价/发票价/申报金额：这三项是最原始的价格信息。合同价指申报的合同价格，发票价指申报的发票金额，申报金额是中国海关对这类价格信息的称呼。在使用数据时建议优先参考此类价格。这些价格可能对应的是各种货币，也可能是各种价格条款，若数据中没有说明价格条款和货币的相关数据列，在理解和使用时建议结合具体产品情况和经验进一步判断分析。

FOB/CIF 等固定条款价格：此类价格是每个国家的海关为满足统计、税收等需求，通过其特有的（固定或浮动）的公式或算法，在海关内部系统中生成的价格列。大部分国家进口统计用 CIF 价格、出口统计用 FOB 价格，也有部分国家如美国，使用实际成交金额作为统计值。统计价格不仅仅在统计数据中才会出现，部分国家关单数据中同样有统计价格列信息。由于此类价格是出于特殊需求而用特殊算法生成的数值，并非一定是实际成交金额，所以可能会出现在关单数据中固定条款价格和相同条款下的实际成交价不同的情况。

商业值：一般是由第一类价格（合同价/发票值/申报金额）转换成固定货币后的价格，不同国家的处理方式不同，也有可能经过其他处理（如增加某些费用）。在没有合同价/发票值仅有商业值和海关值的数据中，一般情况下商业值较之于海关值更接近合同价/发票值。

统计值：目前少量国家数据中包含此价格列，并没有官方文件表明该价格列是固定条款价格还是通过固定货币转换的第一类价格（合同价/发票值/申报金额），对价格分析有一定参考价值。

海关值：此类价格是海关用来计算关税或其他税费的基准值，一般来说，其接近第二类价格中的 CIF 值，"CIF 值+其他费用"的情况也较多。

所以说，在使用外贸数据系统中的价格参数的时候，一定要具体情况具体分析，要基于不同的产品特性，有针对性地使用各个价格参数。

延伸阅读

外贸报价的五大禁忌

第一，盲目报价。对于终端客户而言，他们更注重产品的质量，而非价格；对于贸易商而言，价格或许就是唯一能引起他们兴趣的因素。"知己知彼，百战不殆。"我们要跟客户做生意，必须要事先了解客户，做到心中有数，运筹帷幄。

第二，太早或太晚。报价一定要保证时效性，为追求速度而对询盘粗心大意，往往会造成报价失误；而隔天或过几天才跟客户报价，那机会就有可能已经失去。一定要把握一个度，"病急乱投医"或"拖拉散漫"式的回应都是不应该的。

第三，简单报价。在实际工作中，客户需要的不仅仅是一个简单的价格，他们需要知道得更多，比如报价的有效期、交货期、包装方式，量大量少的情况下价格是否一致等。甚至有些客户更喜欢报价的同时附带一些产品图片、材质报告等。当我们把一个简单的报价单做到让客户挑不出毛病的时候，那离客户下单也就不远了。

第四，不尊重客户的询盘。当客户隔三岔五地来问价，却始终没成单时，我们也要做到尊重并认真对待客户每一个询盘，避免被各种负面的情绪击倒，比如失望、烦躁、愤怒等。如果这些情绪在对待一些客户的询盘时毫无保留地体现出来，会造成客户对我们的反感。

第五，报价之后不跟进。部分外贸业务员，以为报了价客户就肯定会回复，这其实是错误的观点，"石沉大海"就是从这一刻开始的。客户不回复有很多原因：有时候可能是其没收到报价；有时候客户可能觉得价格太高，没必要回；有时候客户收到报价太多，漏看也有可能；甚至有时客户可能会不当心删掉了你的报价信息。针对诸如此类的问题，我们就必须要及时跟踪每个报价，让每个报价价值最大化。

主动促单成交

外贸业务员谈判的过程本质上是一场利益博弈。在这场博弈中，外贸业务员的成败取决于最终的成交结果。尽管通常不主张外贸业务员以低姿态的方式向客户索要订单，但有时也需要主动出击，掌握一些促单技巧，在维持良好合作关系的基础上推动客户做出决策。

直接催单法。这是指直截了当地告诉客户需要他们做什么，比如付款、确定合作细节、签订合同等。这种方式简单明了，不会让客户产生误解。但操作不当也可能会让客户感到压力，甚至反感。需要注意以下几点：

一是选择合适的时机。根据客户的情绪选择合适的时机进行催单，如客户在社交平台发布令人振奋的内容时，或者客户表达出对产品或服务正向反馈时进行催单，可以降低客户产生抵触情绪的可能性。

二是使用礼貌尊重的语气。比如，使用敬语、称呼、问候等，以及一些表示感谢、理解、歉意的词语。这样既可以表达对客户的尊重，也可以缓解客户的不满。

三是使用合理充分的理由。要提供足以支撑催单请求的理由，比如原材料价格浮动、限电限产、节假日工厂休息，以及如果客户不及时付款，将面临何种市场危机等，以此激发客户的购买欲望。

四是给出明确具体的期限。比如，要给出"请在本周五之前付款，否则合同价格将有变化"等类似的明确期限，给客户提供一个清晰且紧迫的界限，避免客户"骑驴找马"。

转化催单话术。这是指引导客户自己做出付款等行动。这种方式比较隐蔽，不会让客户感到被催促，而是让客户感到主动权在自己手里，可以通过以下几点进行沟通：

第一，使用开放式问题。比如，使用"你们什么时候打算付款？""你们有什么困难或担忧吗？"等开放式问题。这可以让客户主动参与到沟通中，引导客户说出他们的真实想法，先了解客户的潜在需求，继而有针对性地催单。

第二，使用暗示。可以使用暗示来影响客户的行为，比如，若及时付款的话，可以提供赠品/折扣/为期两年的售后服务等，让客户意识到确定合作将拥有众多权益，引导客户下单。

第三，使用总结或确认。可以使用总结性的语言来催单，比如，"你们是打算在明天下午三点之前付款对吗？""你们是同意在明天晚上八点之前发货对吗？"等。这可以让客户明确自己的承诺，推动合作的进程。

此外，外贸业务员也可以尝试通过施加压力的方法建议客户尽快下单，比如，因为现在的趋势是即将进入旺季，这可能会导致价格上涨和交货期延长。还可以暗示原材料价格上涨的可能性。因为国外客户对国内市场行情了解有限，如果直接告诉他们，早点下单可以避免涨价的风险，可能会更有说服力。毕竟在商业交易中，双方都希望降低各自的交易成本。

如果以上步骤都尝试了，客户仍未下单，可以考虑借助销售案例促单。在谈判中，通过问一些开放性问题，了解客户的具体情况和需求，随后将销售案例与客户的需求相关联，解释该案例是如何帮助其他客户解决类似问题的，从而引导客户认识到产品及服务的价值。催单并不是一件难为情的事情，掌握一定的技巧和话术，张弛有度，步步为营，便能推动谈判的顺利开展。

在外贸促单环节，利用外贸大数据做数据分析通常会起到事半功倍的效果。通过数据分析，企业可以迅速找到制胜的差异点，建立竞争优势，如利润空间优势、交货周期优势、产品型号优势、服务优势等，进而引导客户快速下单。当然，也有一些公司在使用数据时会详细分析客户的下游产业，了解他们是否有出口业务，帮助客户介绍业务，为客户创造价值，取得客户的信任和认可。总而言之，最终还是要回归到客户的关注点上，利用数据提供的信息，从各个角度切入，与客户建立更好的连接，引起客户的兴趣，帮助加速成交订单。

案例分享

大数据洞察外贸促单时机

　　山东一家生产轮胎的企业，利用外贸数据长期关注国际市场的交易变化。该企业关注到最近几年内，俄罗斯从中国进口轮胎产品的数量呈现持续上升的趋势，从 2022 年 5 月开始每月都高于往年同期，并且每隔 3 个月就会出现一个峰值。结合行业内的原材料价格行情，该企业推断在 2023 年 11 月—2024 年 1 月会出现新的峰值，并且每年年初该产品的价格都会有一个上升节点，如图 3-32 所示。他们从外贸大数据中精准地洞察到产品的最佳合作时机。在掌握市场这一趋势后，外贸区域负责人联合外贸总经理，在季度会上向董事长汇报了战略计划，强烈建议集团紧盯这一时段将出现的市场高峰，集中力量抢占俄罗斯市场的更大份额。随后，重点区域业务团队依托既有客户资源，广泛整合来自数据分析、展会交流、在线平台等多渠道的俄罗斯潜在客户信息，通过数据深度分析这些客户的采购动态趋势，迅速锁定了 3 家已建立合作关系的客户和 10 家潜力巨大的跟进对象。这些企业均被评估为当前阶段极有可能产生大批

图 3-32　环球慧思智能贸易终端系统：中国轮胎产品出口统计趋势分析
（系统截图）

量进口需求的优质合作伙伴。

进入到跟进促单环节，外贸团队同样利用外贸大数据抓住了原材料价格、年底囤货需求、与竞品工艺相同但更具价格优势等关键因素。据此，该企业迅速制定并执行了相关策略，线上沟通与线下拜访同时进行，最终筛选出的 3 家合作客户全部提前追加订单。

客户管理指引

客户管理是指企业通过系统化的方法和工具来获取新客户、维护老客户、提高客户满意度以及增加客户价值的一系列活动。无论是新客户还是老客户，系统化、全面化的客户管理可以更好地把握目标客户的具体情况，帮助企业实施更有针对性的市场开拓策略，增加客户的信任并提升忠诚度，进而提高营销效率。

对于外贸人来说，几乎每天都要接触大量的客户——电话或邮件开发的新客户、正在谈判跟进的高意向客户以及合作很久的老客户。每位客户都有大量的信息需要掌握，而人的记忆力又是有限的，沟通中的细节如果不及时记录下来，很有可能在后期出现各种失误，降低客户的信任感，甚至导致客户的流失。所以说，建立一个详细完整的客户资料库是做好客户管理的基础。

一位做了 10 年外贸的老业务员分享了他的客户管理经验。他把客户分成潜在客户、意向客户、需求客户、成单客户四大类，同时还建立自己的客户管理表格，记下关键联系人的姓名、喜好、联系方式、每次跟进时间、跟进要点、产品偏好、交易金额、历史订单等重要信息。通过对手头上的客户进行分组，他形成了对日常营销及售后服务相对系统的管理方案。

详细的客户管理主要分 4 个阶段：建立完善的客户库、划分客户详细分类、客户透视、做好客户跟进记录。

第一个阶段，建立完善的客户数据库。所联系的每一个客户都需要放入自己建立的客户资料库中，包括客户名称、地址、网址、联系人、联系电话、联系邮箱、喜好、关注产品型号、每次的跟进时间、跟进结果等。当然，这些客户的基本信息也涉及前文所提到的客户背景调查的内容。

第二个阶段，划分客户等级。客户的等级分类可以根据客户类型、业务特点、产品特性等各个维度进行划分。比如，可以通过数据库中收集的客户资料和对客户的了解，按照客户的采购交易金额把客户划分为A、B、C 三类：A 类为大客户，购买金额较大；C 类为小客户，购买金额较少；B 类为一般客户，介于A、C 类客户之间。针对不同的客户类型制定不同的跟进策略，尤其在时间管理分配上要做好划分，重点抓好 A 类客户，照顾好 B 类客户，有精力的情况下跟进 C 类客户。

第三个阶段，客户透视。客户透视是对客户进行深入的了解、分析和洞察，以获取更全面的信息。客户透视无论是针对新客户还是老客户都极为重要，能帮助企业更好地满足客户需求、提高客户满意度，从而促进业务的可持续发展。

外贸大数据的应用，为我们提供了前所未有的客户透视能力。通过外贸大数据，我们能够更加清晰地了解国外客户企业的发展历程、经营模式、产品倾向（材质、设计、外观、功能属性、包装等）、受众群体类型（定位需求倾向）、真实采购力等。我们越了解客户的真实情况，在谈判中就越占优势，才能更加精准地制定策略，做到有的放矢。

从数据库系统中，我们还可以清晰地获取目标客户的采购周期等信息，包括采购频率（按月、按季、按年）、采购数量、价格变动趋势等。这些信息的掌握，可为我们后续更有条理地规划客户跟进策略提供坚实的支撑。

比如，按季度采购的客户，我们需要提前 1~2 个月甚至更早开始做准备，以确保在关键时刻能够迅速响应客户需求。而在供应链结构方面，通过查询其供应商信息，判断其是与国内的竞品公司还是国外的竞品公司合作，以及采购的产品是单一型产品还是多元化的产品种类。如果是多元化产品，我们需要评估自身公司是否有渠道进行供应，进而实现交叉销售和升级销售。同时，关注被列为重点跟进的客户都集中在哪些国家或地区，这些国家的采购商有哪些特点。结合外贸大数据，企业可以有针对性地做客户透视分析，以此实现高效管理客户的目的。

尤其是在老客户的维护管理方面，客户透视分析更是扮演着重要角色。很多时候，我们把做外贸之路比喻成一场修行，因为找客户是个技术活，跟进客户是个耐心活，与客户建立业务关系，真正达成一笔交易，甚至成为长期战略合作伙伴，更是一场马拉松式的长跑。在这场修行中，守住老客户无疑是通往成功的必经之路。除了老客户自身带来的资源价值，其背后也可能是千千万万的新客户。因为他们有自己的行业圈，当我们的产品和服务得到客户的认可和信赖，客户很有可能会把我们推荐给他们圈子里的更多同行，这样会大大提高新客户开发效率。那么，该如何利用大数据做好老客户的有效维护呢？

针对手里的老客户，外贸人一定要深度挖掘数据背后的价值，不定期地在外贸大数据终端系统中查看其采购链情况，判断是否有新的供应商介入。如果有，就一定要提高警惕，详细分析其提供的产品类型、产品数量、产品价格及新供应商的基本信息，如具体来自于哪个国家、近期的交易情况。了解到这些信息之后，就一定要抓住最后的机会，主动和老客户建立有效沟通，挽回不必要的损失。为了更有效地进行客户管理，可以借助环球慧思智能贸易终端系统的"智能服务"功能，针对重点关注的国家和地区的客户，通过短信、微信、邮件、系统消息等多种推送方式，在数据更新后第一时间获取信息提醒，及时掌握所关注的国家或客户动态，从而做出迅速准确的决策。

第四个阶段，做好客户跟进记录。在与客户的每一次跟进中，记录第一封开发信的时间、客户回复的时间、报价的时间、报价情况、客户的反馈、寄样时间、发合同时间、到款时间等全流程的业务跟进情况。每次有效跟进都需要及时做好记录，以便全面详细了解目标客户的进展情况。

另外，还要根据客户的情况，定期更新客户相关信息，这也是客户管理重要的一步。客户也存在着很多的不确定性，如联系人的变化、地址变化、采购产品的变化等，如果不对客户信息做及时的更新和维护，可能会导致信息的不通畅和滞后，最终影响业务的跟进和发展。

永远不变的就是变化。市场在变化、客户在变化、客户的客户也在变化。作为一名优秀的外贸业务人员，我们一定要实时感知市场、实时感知客户、实时感知客户的客户并及时做好客户管理。通过外贸大数据工具对客户进行实时分析，我们才能更精准洞察与分析客户需求，帮助客户解决核心关注点，达成长期稳定的合作关系。

一家高效的企业就是要不断复制成功经验，让员工按照既定清晰的步骤稳步前进。这既可以快速产出结果，也有利于公司员工不断快速成长，实现个人能力的飞跃。这种标准化的流程不仅减少了员工试错成本，还加速了企业整体的学习上升曲线。理论上来说，如果把一个系统且全面的营销 SOP 给到新人，哪怕这个新人没有工作经验，只要踏实执行，按部就班，那么最终至少可以把工作做到 70 分，甚至 80 分。可以说，标准化流程让营销更高效。

贯穿营销流程的"灵魂"

探讨高效营销流程，就不得不提到外贸大数据和主动精准营销。主动精准营销是战术，指导着外贸营销各个环节的运转。外贸大数据是工具，更是贯穿整个营销流程的"灵魂"。没有外贸大数据作为支撑，任何营销战术都难以精准定位，效果会大打折扣。主动精准营销和外贸大数据两者相辅相成，形成了一套外贸大数据主动精准营销体系。

如图 3-33 所示，利用外贸大数据主动精准营销主要分 6 个步骤。

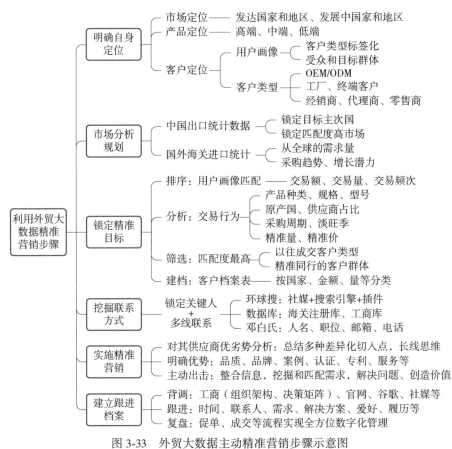

图 3-33　外贸大数据主动精准营销步骤示意图

步骤一，明确自身定位。做市场开发最基本的就是要对自身有清晰的认识，包括市场定位、产品定位、客户定位。具体如，我们的产品适合发达国家和地区还是发展中国家和地区，是畅销于高端市场、中端市场还是低端市场。

步骤二，市场分析规划。首先可以从中国出口统计数据锁定海关数据匹配度较高的市场，其次利用国外进出口海关数据查看相关产品的需求量、采购趋势，判断该市场是否有潜力。

步骤三，锁定精准目标。这就需要用到我们在外贸营销 SOP 中的客户画像，选择适合自己的客户，通过数据分析其交易行为，筛选出符合自身的 A 类客户，并对 A 类客户做好跟进管理。

步骤四，挖掘联系方式。在挖掘联系方式方面也要坚决执行精准和主动策略，锁定关键人，想方设法多线渠道获取相关联系方式，包括合理高效地使用环球慧思智能贸易终端系统中的交易数据库、环球搜和商业数据里提供的联系方式。

步骤五，实施精准营销。实施精准营销需明确自身产品、公司、价格等各方面的优势，挖掘客户需求，匹配需求，解决客户的问题，做好客户跟进档案，有针对性地做好每一步。

步骤六，建立跟进档案。建立准确、翔实的客户档案，并随跟进动作保持有效动态更新，清晰记录跟进过程，实现数字化管理，从过程痕迹中复盘优化，精进提升。

主动精准营销的每一个步骤都是紧密相连的。在客户开发 SOP 中，我们需要认真从分析市场、客户、同行、产品和联系跟进 5 个关键步骤进行。图 3-34~图 3-38 分别梳理了相关步骤的示意。每个步骤可以独立参考，亦可多个步骤组合参考。

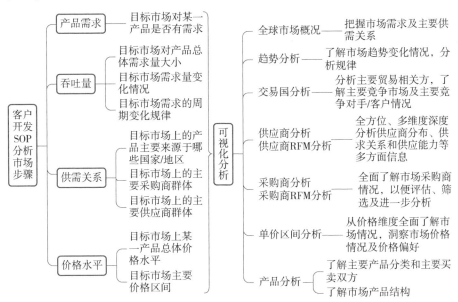

图 3-34　客户开发 SOP：分析市场步骤示意

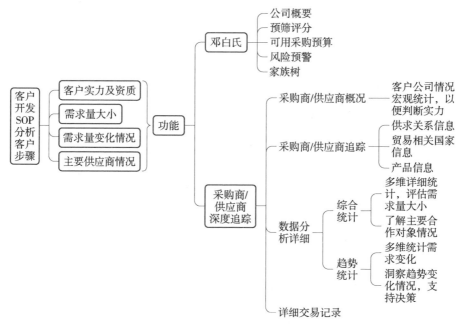

图 3-35　客户开发 SOP：分析客户步骤示意

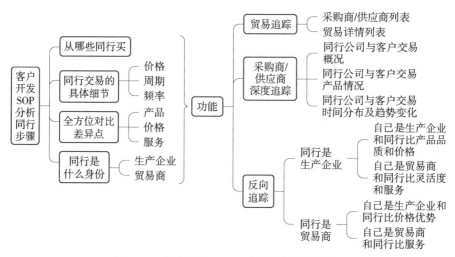

图 3-36　客户开发 SOP：分析同行步骤示意

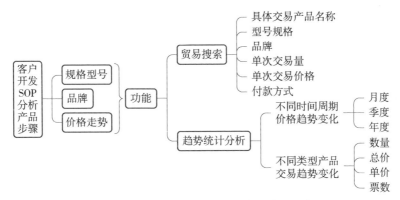

图 3-37　客户开发 SOP：分析产品步骤示意

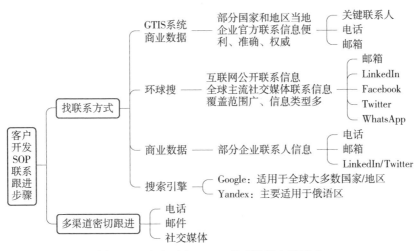

图 3-38　客户开发 SOP：联系跟进步骤示意

第4章

合璧："外贸大数据+"战术组合

- 外贸大数据+展会
- 外贸大数据+国外拜访
- 外贸大数据+电话营销
- 外贸大数据+B2B平台
- 外贸大数据+电子邮件
- 外贸大数据+社交媒体
- 外贸大数据+搜索引擎

外贸大数据作为开发国际市场的新型武器，既可以独立应用，也可以和其他营销武器协同使用，以发挥更强的战斗力。"外贸大数据+"所催生的诸多营销战术，已不再局限于展会、出国拜访、电话邮件等传统外贸营销套路，而是全球化、数字化、智能化时代浪潮下运用数字化工具的一套组合战术，其协同效应显著，使得企业能够更好地整合资源、拓展市场，形成更为高效、灵活的营销模式和全方位的营销体系。

更为重要的是，真正学会打好这套"外贸大数据+"的组合拳将对企业解锁新的营销机会起到至关重要的作用。通过一系列组合战术打法，企业可以发现之前未曾注意到的细分市场、消费者需求或竞争格局的变化，从而开发出新的产品或服务，满足特定市场、特定客户群体的需求，更可以借助数字化的风口生长出新的翅膀。在提升市场洞察、决策支持、风险预测与管理、个性化营销等能力的同时，增强精准营销、优化产品策略、创新商业模式、拓展市场渠道等方面的新本领，成为数字化时代的"全能战士"。

应该说，"外贸大数据+"的创新营销方式将为外贸企业在激烈的国际竞争中脱颖而出提供有力的支持。作为解锁新机遇的关键，这套战术组合拳将在开拓国际市场中打出怎样的战果，还是要结合营销实战来深入理解。

外贸大数据+展会

展会营销应该是外贸人最熟知和热衷的一种传统营销方式，其兴起与全球化贸易的深入发展密不可分。20 世纪初，一些国际性的贸易展览和会议成为外贸营销的重要平台。外贸企业参加行业展会,搭建展台展示产品,并与潜在客户进行面对面的交流和洽谈。展会为企业提供了展示产品、了解市场需求和建立业务联系的机会,为供应商和采购商建立起沟通的纽带,供他们了解彼此需求。这种直接的沟通方式在贸易全球化初期为诸多外贸企业带来了加深合作关系的机会。

由于展会的受众范围通常局限于特定的地理区域或行业,企业在选择时不仅需要考虑目标市场的特点和需求,而且需要考虑展台空间的限制,要在有限的空间内精准传达产品信息,以吸引潜在客户的注意力。

相比于传统的展会营销,"外贸大数据+展会"则是将外贸大数据与传统展会营销方式相结合的一种创新营销方式,它充分融合并发挥大数据精准营销和传统展会营销的优势,以达到更好的营销效果。在这种方式下,外贸企业借助外贸大数据来优化展前筹备、展中执行和展后复盘的工作,更加科学精准地进行展会策略制定、参展准备、客户互动和展后分析,全面提升企业的展会营销效果,获取更高的投入产出比。

延伸阅读

外贸大数据与展会叠加的营销优势

"外贸大数据+展会"的营销方式可形成一种更智能、更精准、更高效的营销策略。有别于传统展会营销,其具有显著的优势:

一是数据驱动展会策略。利用大数据分析,企业可以深入了解目标市场的需求、竞争态势和潜在客户的特征,以便更准确地制定展会目标、确定参展产品,并优化展会策略。

二是提供个性化展会体验。外贸大数据可以提供潜在客户的详细信息,包括其采购历史记录、采购偏好和采购周期等,形成清晰的客户画像。参展企业可以利用这些信息,为每位潜在客户提供个性化的展会体验，例如定制化的产品演示、专属服务等。

三是预测性分析。通过过往交易数据及变化规律，企业可以更精准地分析、预测市场动态和客户需求，这有助于企业提前调整产品组合、定价策略，以更好地满足参展客户的需求。

四是客户关系管理。大数据技术可以帮助企业建立更强大的客户关系管理体系。在展会前，通过有效的客户管理，企业可提前梳理潜在客户的信息，为展会期间的沟通做好充分准备。

五是展会数据分析。利用大数据分析展会数据，企业可以深入洞察展会效果，包括参展客户的互动情况、潜在业务机会的识别，以及展会后的跟踪和转化情况。

六是实时反馈和调整。大数据分析可以实时反馈市场动态和客户动态，企业可及时响应展会期间出现的变化和机会，调整营销策略和战术。

七是网络营销整合。外贸大数据和展会的结合也包括与在线渠道的融合，例如社交媒体营销。通过整合不同的数字渠道，企业可以实现线上线下的一体化营销，提高品牌曝光度和展会参与度。

八是供应链优化。大数据的应用还可以帮助企业优化供应链管理，确保产品及时交付。这对于展会后客户订单的履行非常关键。

展前准备

第一，进行市场调研与目标客户筛选。市场调研与目标客户筛选是展前准备的重中之重。利用外贸大数据，企业可以深入研究目标市场，预测市场趋势，了解潜在客户的需求、竞争对手的情况等信息。这种数据驱动的分析过程，既可以帮助企业选择与品牌定位相匹配的展会，还可以为其制定更有效的参展策略，从而最大限度地吸引潜在客户。

从环球慧思智能贸易终端系统数据应用思维导图（如图 4-1 与图 4-2）可见，虽然需要梳理的客户信息较为烦琐，但应用该系统可高效清晰地完成信息的梳理。针对潜在客户的开发，企业可以进行员工任务分配，有序划分市场及产品类别，针对公司某一主推产品的某一市场，整理排序所有正在进口的采购商信息表格，筛选出高质量的重点客户类型；针对正在合作的老客户，企业可以进行更加详细的采购数据分析，如分析客户的采购周期，采购量的增减，以确定基本的谈判方向。

第二，精心设计展位及准备宣传物料。提前与展览公司或设计公司协商展位搭建和装饰方案，进行专业的展位设计，确保展位布局合理，既方便参观者浏览，又突出企业的产品特色和品牌形象。同时，企业需要准备好充足的产品手册、宣传册、名片等资料，并确保这些资料内容清晰明了，突出产品的特色和亮点，便于被参观者理解。定期与物流公司联系，确保产品和展示物料能够按时到达展会现场。

第三，展会前客户联络与关系拓展。提前联系潜在客户和已有合作伙伴，邀请他们参观展位。如果有特定的客户或合作伙伴希望见面，提前与其预约会谈，确保有足够的时间深入沟通。

第四，强化参展团队培训与协作。结合外贸数据信息，为企业参展人员提供专业的培训，确保参展人员在充分了解企业产品的基础上，全

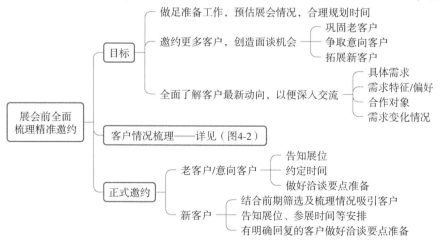

图 4-1　展会前的全面梳理精准邀约思维导图（1）

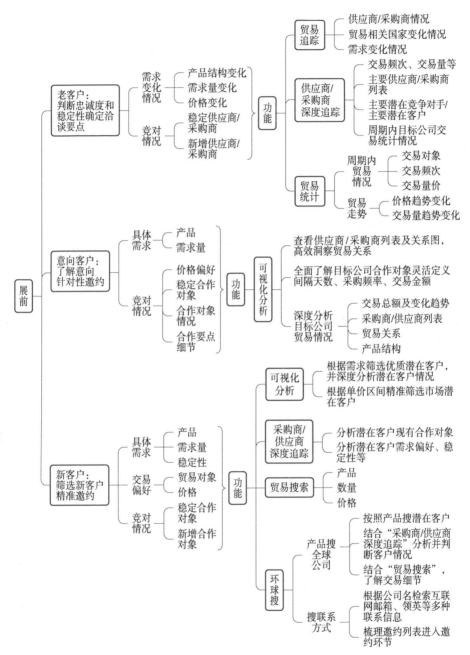

图 4-2　展会前的全面梳理精准邀约思维导图（2）

面掌握行业动态及目标客户基本情况，能够与参观者进行有效沟通。同时，明确分工，清晰界定每个人的职责，确保团队协作顺畅。

第五，多样化的展会推广与互动。企业可以视展会性质，有选择地安排产品演示或行业讲座，吸引更多参展潜在客户，展示企业的专业知识和技术实力；可以考虑在展会期间通过赠品发放、活动抽奖、优惠促销等方式吸引更多参观者；也可以提前在各大社媒平台宣传企业参展信息，吸引更多关注。

展会期间

从环球慧智能贸易终端系统数据应用思维导图（如图 4-3 和图 4-4）可见，展会期间客户的梳理与精准沟通也需要做大量细致的工作。

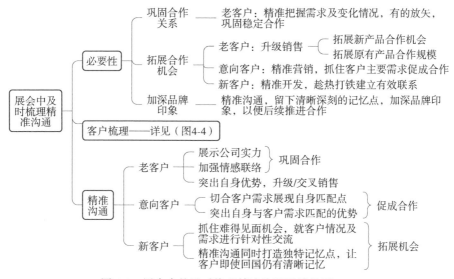

图 4-3　展会中的及时梳理精准沟通思维导图（1）

一是判断客户类型及客户意向，进行个性化推荐。通过与参展者的沟通反馈，判断客户类型，分析客户意向，利用大数据核实客户信息的准确度，进行个性化对接。根据客户提供的名片信息，利用数据查询客户的交易情况，并与展前所做的采购商信息表进行匹配。如果客户从来没有采购过你的产品，那可以通过有效的问题设计来判断客户质量，比如，可以问询其"之前是否从中国采购过？""之前的供应商哪里没有满足你们的需求？""我们怎么可以更好地帮你们解决问题？"等，以此来判

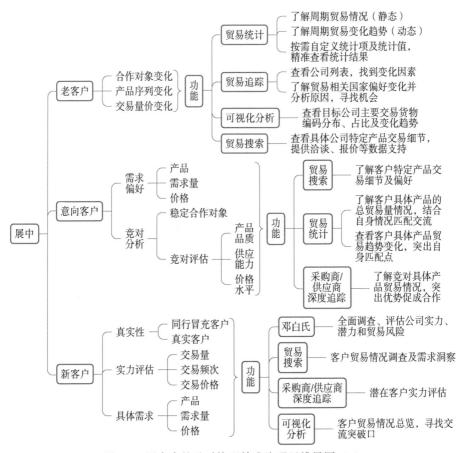

图 4-4　展会中的及时梳理精准沟通思维导图（2）

断客户的意向；如果客户所言通过外贸大数据验证后都是事实，那当下就要整理客户的关注点，评定客户类型是 A 类、B 类还是 C 类，参考数据中客户以往的采购价格，给客户提供报价方案，这样可以确保报价处于客户心理舒适区，提升客户接受度；如果恰好碰到展前整理的高质量重点客户，就需要借此机会和客户进行深入沟通，让客户觉得从你这里采购能获取到其他供应商那里得不到的东西，比如，可以和客户聊一聊客户所在国家的市场情况、同类企业的采供情况等，为客户提供更多资讯，让客户感受到你作为供应商的专业度及差异化服务质量，从而为进一步深度沟通创造可能。

　　二是展位管理。确保展位整洁有序，产品陈列明确；提供足够的展示空间，确保产品及资料能够清晰展示；保持展位的视觉吸引力，定期检查、整理展示物料的摆放。

三是参展人员管理。保持专业形象，着装得体，符合企业形象，主动与参观者互动，积极引导他们参观展位，清晰地传递企业及产品的核心信息，流利回答参观者的问题，及时捕捉潜在客户传递出的合作信号，并主动与潜在客户提出交换联系方式的需求，提供名片，收集其他联系信息，以建立初步沟通纽带。

四是现场调度。严格执行参展活动日程，确保各项活动有序进行，保证与潜在客户和合作伙伴的会面顺利进行；持续关注展位前各位观众的反馈，了解对方需求，提供有针对性的解决方案；注意市场实时动态和竞争对手的行动，根据实际情况灵活调整参展策略；确保展位和展示物料的安全，防止丢失或损坏；考虑购买适当的保险，以应对可能出现的风险和意外。

五是社交媒体同步宣发。如今，社交媒体已成为贸易领域不可或缺的一部分。通过有效整合社交媒体，企业可以极大地提升展会的影响力、参与度和互动性。因此，参展企业可以在社交媒体平台上及时更新展会进展，发布实时动态，积极与观众互动，回应他们的提问和留言，利用展会标签扩大触及范围，加强线上与线下的互动。

展会后

从环球慧思智能贸易终端系统数据应用思维导图（图4-5）可见，展会后的复盘总结和精准营销工作也极为重要。

首先是梳理展会资料。整理、归档和备份在展会期间产生的所有文档、资料和联系方式等信息，及时对展会期间获得的行业信息进行分析，了解行业动态及竞争对手的最新动向。

其次是建立客户数据库，进行客户分类。将在展会期间收集到的客户信息整理成数据库，以便更好地进行客户管理和后续跟踪。分类参考见表4-1。

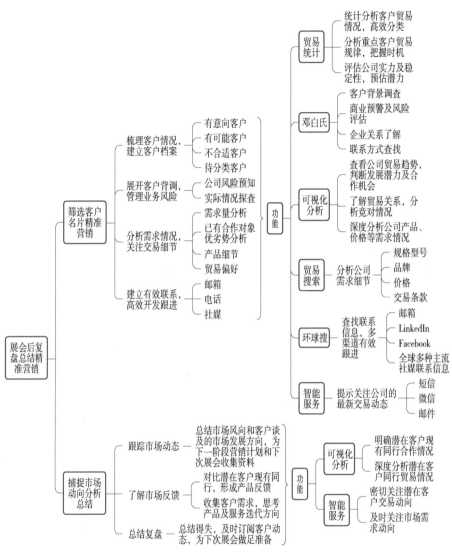

图 4-5　展会后的复盘总结精准营销思维导图

表 4-1　展会期间收集到的客户信息分类表

客户类别	客户参与情况	目标定位建议
A 类	深入了解公司的规模、产能、交期；有具体的切入点，谈及产品及报价，有样品需求，甚至提及付款方式、验厂验货、包装方式、售后服务等	优先跟进、重点跟进

（续）

客户类别	客户参与情况	目标定位建议
B 类	有比较明确的产品切入点，可能谈到过产品的情况、报价，但他有合作稳定的供应商，暂时没有转移的意向	可针对一个话题进行 3~5 个问题的进一步讨论
C 类	没有谈到非常明确的产品需求，没有清晰的采购需求	简单的商务交流，交换名片
D 类	基本没有有效交流	只拿样本、交换名片

再次是及时跟进。建议展会结束当天给筛选锁定的重要客户写一封邮件，既是感谢信，又是会谈纪要，内容包括客户提及的产品品类、采购规模、意向价格、质量标准、付款方式等，还可附上展会合影或客户感兴趣的产品图片，这样成效会更加显著，给其留下深刻的印象，方便后续建立良好的沟通关系。

最后是购买潜力分析。外贸业务员在展后应进行“大客户销售机会管理”，对客户进行购买潜力分析，明确客户的在售产品范畴、采购规模/品类、客户的销售渠道、客户的购买需求等，然后进行匹配度分析，继而调整跟进的先后顺序。

案例分享

展会后的数据应用

案例 1：浙江一家食品添加剂企业反馈每次参加完展会最头疼的就是处理手头的名片资料。在未使用数据之前，该企业往往需要花费一两个月时间，经过多轮筛选确定最终的准意向客户。然而，这些准意向客户往往因为价格、货量等多种因素而夭折。使用数据之后，该企业在展会当天结束之后，便立即运用外贸大数据对名片进行筛选，通过分析对应国进口数据，了解客户的交易价格、主要采购产品、供应商更换频率、交易频率等信息，并以此为参考，进行客户评级。如果有判定为 A 级的客户，展会期间就会积极邀约客户去公司参观，并针对事先关注的问题进行充分的准备和沟通，从而大大节省了时间、人力成本，提升了准客户的价值。

案例2：一家做卫生棉产品的深圳企业，在展会上了解到其印度客户有采购卫生棉产品的需求并留下客户名片。展会后，通过邮件跟进，该企业分享了产品的基本信息及报价，但是几个月过去了，一直没有收到客户回信。

使用环球慧思智能贸易终端系统进行数据查询后，该企业这才发现客人都是散装采购，是按照每片的价格进行的报关，而该企业一直以来都是以每包的价格给客户报价。基于获取的这一关键信息，该企业随之改变了报价策略，以该印度客户在数据中呈现出的采购信息，按照每一片卫生棉产品的报价给客户发送邮件，印度客户很快回复了邮件并接受了样品，后面的谈判合作也得以顺利推进。

案例3：一家做建材行业的企业参加展会时了解到印度尼西亚市场对其产品有较大需求，展会后便利用外贸大数据精准地开发该市场客户。该企业通过数据分析，锁定了一家客户，该客户采购量在印尼市场排名第三，且质量非常高。

锁定客户后，该企业通过各类社媒软件，发现客户酷爱旅游，便以此为契机跟进客户，获取了客户的联系方式，但是由于交流过程中频繁催单，引起了客户反感，营销无任何实质进展。随后，该企业利用环球慧思智能贸易终端系统中的印尼进口海关数据，给客户做了一份盈利方案。该方案不仅包含常规内容，还特别制作了两份折线图，一份是过去一年印尼客户在中国工厂采购产品的价格波动图，另一份是印尼客户过去一年在中国每个月采购量的波动图。通过图表分析，印尼客户发现有机会应用中国市场供应规律，调整采购周期，降低采购成本。图表显示每年5月是客户采购高峰，同时也是中国工厂供应价格高峰，客户在价格最高峰时以高价购入大量产品，会严重压缩利润空间；而每年 6 月是中国工厂供应价格的低谷，客户却在此时减少了采购，若客户具备良好仓储能力，错峰采购，可以有效降低采购成本，增加盈利空间。通过这一盈利方案，该企业成功赢得印尼客户下一年度 40% 采购量的订单。

从上述案例不难看出，通过大数据来抓住正确的方向非常重要，而客户以往的行为数据是最能体现其习惯特点的，只要多用心，抓住客户痛点，能够打动客户，就有极大概率实现最终的合作。

外贸大数据+国外拜访

在外贸营销中，出国拜访考察是一种直接且高效的商务沟通方式，贯穿整个外贸发展过程。面对面交流更容易达成价格、合同条款共识，推动业务取得实质进展。企业派出销售代表或者销售团队前往目标市场所在的国家或地区，与潜在客户、合作伙伴、代理商、供应商等进行面对面的沟通洽谈，提高彼此之间的信任度，可与合作伙伴建立更加深厚、紧密的业务关系，降低交易风险。企业与客户面对面直接交流，有助于企业深入了解客户喜好，深度挖掘客户需求，及时捕捉客户传递出的各类信息及信号，及时调整产品、服务和营销策略，具有极高的灵活性和适应性。外贸企业通过实地考察和拜访，也可以加深对目标市场当地文化、价值观的了解，深化对当地法律法规及市场准入规则的理解，同时还可以及时获取当地市场的发展趋势、竞争状况等实时信息，帮助企业制定灵活的市场战略。

虽然国外拜访考察的营销方式能够有效促进外贸企业与客户达成合作，但是也存在一些局限性。首先是成本较高。国外拜访需要涉及机票、住宿、交通等费用，成本相对较高，对于中小企业而言负担较重。除了上述财务方面的支出，国外拜访还涉及时间的消耗。首先由于出国拜访需要花费较长的时间，可能会占用管理人员及业务人员的大量工作时间，在一定程度上也可能会对业务的正常推进产生干扰。其次是在国外拜访过程中不可控因素较多。天气、交通、疫情、政治局势等多个方面的变动都极可能对出行计划产生一定影响，导致后续的拜访活动延期或取消，甚至影响公司后续的业务开展。再次是，国外拜访的营销方式非常依赖个人关系。在很多区域及行业，如果企业建立的业务关系过度依赖于个别业务人员，一旦相关人员离职或有其他变动，就极有可能对相关业务产生负面影响，给后续的业务开展带来较大的阻力。最后是出国拜访需要考虑语言文化差异及政治和法律风险。不同国家存在着语言、文化、政治、法律环境等多种差异，这些都可能导致沟通不畅，进而影响业务进展。

国外拜访对于外贸企业而言是一项具有长期战略意义的营销方式，在全球化竞争日益激烈的时代，这一方式不仅是企业开展国际业务的手段之一，更是企业取得长期竞争优势的有力途径。虽然伴随着一系列的挑战和弊端，但随着外贸大数据时代的到来，一种结合数据分析和实地拜访的新型营销方式"外贸大数据+国外拜访"将赋予国外拜访新的内涵。

"外贸大数据+国外拜访"旨在通过事先深入了解国际市场的数据信息，精准锁定潜在客户，然后再以实地拜访的方式建立和加强与客户的关系。将外贸大数据与国外拜访相结合，可以帮助外贸企业在拜访前深入探寻客户的真实需求，更加有针对性地做好准备工作，优化拜访策略；在拜访过程中进行更个性化、更具体的沟通，满足客户的个性化需求；拜访后对交流内容进行有效验证，持续跟进，从而提高商务活动成功的概率。

这种营销方式的开展需要以外贸大数据为基础，通过分析市场趋势、客户行为、竞争对手等信息，制定营销策略，更加精准地定位潜在客户群体，进行客户画像，了解其需求和偏好，以便在拜访过程中提供更有针对性的解决方案。与此同时，大数据可以帮助外贸企业挖掘更有价值的目标客户，识别最有潜力的业务机会，将优质资源聚焦在更具潜力的市场和客户上，收获最大业务产出，还可以帮助企业评估市场波动、政治经济环境、目标客户支付能力等信息，从而进行风险评估与规避。

延伸阅读

大数据加持下的国外拜访新维度

在进行国外拜访时，企业需要做好充分的准备，以确保拜访顺利进行并达到预期的效果。传统营销中的国外拜访受限于信息的匮乏和信息不对称，大多对目标客户或合作伙伴的需求和期望缺乏深入的了解，多是从单方面介绍自己的产品和服务，导致在沟通过程中，双方交流的维度不多，结果和效率都不尽如人意。"外贸大数据+国外拜访"出现后，逐步拓展出一些新的维度：

第一，市场数据分析。利用外贸大数据分析目标市场的经济状况、行业趋势、竞争对手等信息，有助于企业在国外拜访前了解目标市场的潜在机会和挑战，制订更有针对性的拜访计划。

第二，客户画像分析。利用大数据技术分析潜在客户的行为、偏好和需求，形成客户画像，可以帮助企业更好地理解目标客户，在拜访时提供个性化的服务和产品推荐。

第三，拜访前期筛选。基于大数据分析结果，优先选择对企业有潜在价值的客户或合作伙伴进行拜访。通过分析历史交易数据和客户反馈，确定哪些客户更有可能成为长期合作伙伴。

第四，定制化拜访。结合外贸大数据的洞察，开展定制化拜访，包括拜访的时间、地点、内容和沟通重点，确保拜访目的明确，与数据分析结果相一致。

第五，个性化沟通。利用大数据分析结果，实现拜访时沟通内容的个性化，了解客户语言偏好、文化差异，以及可能提出的业务诉求，使沟通更为顺畅有深度。

第六，风险评估与预测。可直接利用外贸大数据进行风险评估，帮助企业在拜访前了解潜在的风险因素，预测市场变化，采取相应的应对措施，确保拜访计划顺利执行。

第七，交叉与升级销售机会挖掘。利用大数据分析已有客户的历史采购行为，挖掘潜在的交叉与升级销售机会。在拜访过程中，可为客户提供相关的产品或服务信息，扩大销售范围。

第八，拜访后数据汇总。在拜访结束后，对拜访的数据和反馈进行汇总和分析，并评估拜访的效果，了解客户的反应和需求变化，为未来的拜访积累宝贵经验。

第九，持续跟进与维护。利用大数据技术建立客户关系管理体系，持续跟进拜访后的客户关系。通过数据分析，及时了解客户的交易变化和需求，保持与客户的密切联系，做到实时响应。

第十，人工智能辅助。结合大数据和人工智能技术，提供更具参考价值的拜访建议、推荐和反馈，提高拜访的效率和个性化服务水平。

在此，我们可以提供一个标准化的参考流程，从拜访前、拜访中、拜访后三个阶段梳理出一些拜访思路，协助外贸人进行充分的前期准备和及时的后续动作。

拜访前

一是客户背调。利用外贸大数据对客户进行全方位多维度分析，如客户所在的公司架构、对接人员的职位，以及该客户的主营产品、主要销售渠道、采购周期、成交价、主要竞争对手等信息，做出完整的客户画像，有针对性地制定拜访的策略，做好准备工作，以便更好地满足客户的期望，力求达到最好的拜访效果。

数据实战

利用外贸大数据进行多维度客户背调分析

以环球慧思智能贸易终端系统为例（如图4-6所示），首先可以用环球搜和商业数据对即将拜访的客户进行搜索（如图4-7、图4-8、图4-9所示），了解该客户的公司规模与背景，并判断该企业的财务风险，并利用环球搜中的职位信息，对相关人员的身份做出明晰判断。再将客户所在的公司名称放入系统中进行检索，了解该企业当前的主营产品，以及该企业在整个供应链中所处的位置、成交价、采购周期、主要竞争对手等信息。

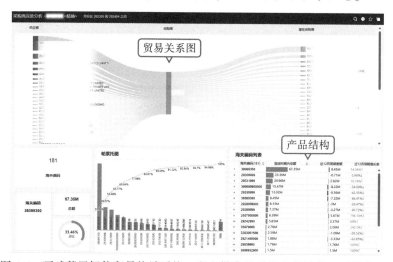

图4-6　环球慧思智能贸易终端系统：客户供求关系及产品结构（系统截图）

根据以上了解到的信息将客户分为 A、B、C 三大类：

A类客户——下单稳定且订单量多的大客户。针对这类已经成交、长期合作且具备较高信任基础的老客户，在拜访时需要探讨的主要内容就是在现有的市场份额基础上如何进行市场

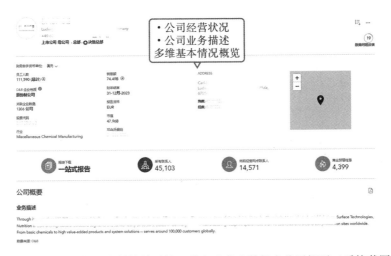

图 4-7　环球慧思智能贸易终端系统：邓白氏商业数据之公司概要（系统截图）

图 4-8　环球慧思智能贸易终端系统：邓白氏商业数据之公司支付能力（系统截图）

扩张，为客户提供相应盈利方案，发现新机遇，进行升级销售，让客户感受到 VIP 的待遇。

B 类客户——订单量比较少的大客户。针对这类已有合作但是合作程度不够深的客户，在拜访时需要深入挖掘客户的潜在需求，找到客户的痛点并提出好的解决方案，以此寻求增加

图 4-9　环球慧思智能贸易终端系统：环球搜之查职位联系人（系统截图）

订单量的可能。通过上述的准备工作，展示自己的专业度及对客户的重视程度。

C 类客户——有兴趣但未合作的客户。这类是对产品表现出兴趣但并未正式合作的客户，需要在拜访前期深入了解这类客户的规模，以此判断是否值得拜访，并准备好需要与客户交流的问题，多方位了解客户的规模、采购量等细节问题，为实现客户升级打下基础。

二是市场调研。对客户所在市场进行从宏观到微观的深入分析。宏观层面可以了解其市场偏好、市场容量、政治文化环境、重点城市等，微观层面可以通过交易数据分析产品在当前市场上的交易细节、主要品牌分布及占有份额，了解行业内主要竞争对手和龙头企业及其市场分布、产品的详细价格等信息。

正所谓"磨刀不误砍柴工"，这些多维度的市场分析报告虽然制作起来需要耗费比较多的时间和精力，但是一份翔实清晰的市场分析报告对于实现客户拜访效果的最大化具有重要意义。且随着外贸大数据技术的日臻成熟，现在系统已经能够实现在线一键生成市场分析报告，大大节省了外贸企业获取市场各类数据信息的时间精力。

环球慧思智能贸易终端系统具备非常完善且成熟的一键生成市场分析报告的功能（如图4-10所示），输入统计条件，系统即可自动生成科学、专业的定制报告，全面直观、智能便捷，可大幅提高业务流程效率。

海关编码以291814或者293890开头

金额单位：美元

月环比：2024年1月-2024年5月与2023年12月-2024年4月相比较

月同比：2024年1月-2024年5月与2023年1月-2023年5月相比较

2. 全球各洲量价统计

2.1. 洲采购累计金额及数量分布

2.1.1. 洲采购累计金额

2024年1月至2024年5月，全球从中国采购金额总计621.18M美元，各洲累计额由高到低分别为亚洲：252.04M,占比40.57%；欧洲：177.59M,占比28.59%；北美洲：94.03M,占比15.14%；南美洲：49.33M,占比7.94%；非洲：41.61M,占比6.70%；大洋洲：6.59M,占比1.06%；（金额单位：美元）

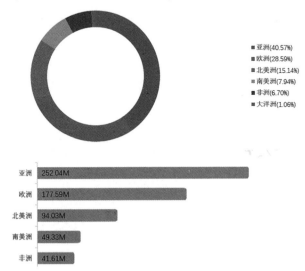

图4-10　环球慧思智能贸易终端系统：一键生成的市场分析报告（系统截图）

三是物料准备。根据拜访客户的类型，准备不同的产品介绍演示文件或推介资料。资料的主要内容包括公司简要介绍、公司的主要实力和产品亮点、合作能够给客户带来的利益点等，避免过度自卖自夸。需要注意的是，展示产品优势固然重要，但是客户更加关心合作带来的利益。就像在服装店买衣服，售货员如果持续性地单一表述那些衣服多么好看、用料多么高端，你并不会很感兴趣，如果售货员提及这件衣服穿上之后很契合你的个人气质，那么肯定会大幅增加你对这件衣服的兴趣，提升购买欲望。如果可以附上一些和其他客户合作的真实案例说明，那就更能增加沟通的说服力。

正所谓"百闻不如一见"，除了基础推介资料及解决方案的准备，样品也是提高客户拜访成交率的"利器"。样品的准备建议从以下几个维度着手：公司的重磅新品、与客户沟通中提及的产品、客户订单中占比大的产品、客户所在市场的其他热销品。多维度的样本可以有效激发客户兴趣，挖掘潜在的合作机会。有一点需要注意，在准备样品时务必将说明书、报价单、产品包装等一并展示，这样会更显专业度。

给即将拜访的客户带一些有中国特色或符合当地文化环境的小礼物也是一个不错的选择。这可以在短时间内拉近和客户之间的心理距离，提升信任感，更好地维系客户关系，为双方合作奠定一定的情感基础。

四是行程确定。提前确定好本次拜访的所有客户清单，提前和客户进行邮件及电话沟通，并通过 Google 地图进行地址确认。最好进行区域性的集中拜访，提升效率。规划好最佳的客户拜访路线，合理利用时间，在清单上注明客户所在地、对接人、职位、联系方式、客户情况简介等信息。在正式出发的前一周，再次和客户进行邮件确认，并将拜访时间、地点、主要内容、参与人员等信息进行一并确认。根据客户的反馈，及时调整客户拜访清单。

五是个人资料准备。除以上提及的对客户的准备工作之外，个人的资料准备也非常重要，如个人身份证、护照签证、机票、酒店订单、信用卡 SIM 卡等，这是我们在国外能够顺利出行、按照既定行程推进工作的重要前提。

拜访中

一是高效沟通谈判。根据此前整理收集的客户信息，针对其兴趣点、痛点、利益点展开沟通，注意整体的谈判氛围。沟通过程中一定注意和客户的眼神交流，把握谈判节奏，及时捕捉客户的关注点，阐述简洁明了，尽量符合对方的风俗文化及习惯。

二是实时更新数据。在拜访客户时，可以再次进行客户数据及市场分析数据的更新，如有变动，及时进行客户跟进策略的调整。

三是做好会议记录。在征得客户同意的前提下，最好通过录音、录影的形式记录会面过程，以便于会面结束后进行回放复盘。可以通过回放捕捉会面过程中遗漏的客户关注点，将会面过程中的重点及时记录，形成会议备忘录，以免遗漏客户的需求点。通过这一动作，客户也可以更加直观地感受到你对他们需求的重视程度。

拜访后

首先是写感谢信。拜访结束后，可以及时给客户写一封感谢信，报个平安，对客户抽出时间进行接待表示感谢，表达洽谈的愉悦，再次拉近彼此的情感距离。

其次是对拜访复盘。针对拜访过程进行总体复盘，包括拜访过程中的产品展示效果、客户反馈、达成的协议等。针对客户的关注点，通过外贸大数据进行对应查询验证，判断是否能与其需求达成较高匹配度，并及时梳理形成要点文件，将事项反馈至相应责任人，设置时间节点，及时进行处理跟进。

最后是及时制订后续计划。根据整体的拜访结果，进行客户资料库的再度更新，并据此确认是否需要进行产品升级优化，制定并调整客户后续的跟进策略。

外贸大数据+电话营销

电话营销作为一种主动的营销方式，对于企业开展海外业务具有重要作用。通过电话，外贸企业可以与潜在客户或合作伙伴进行实时且直接的沟通，即时获取客户的反馈，了解客户的需求及问题以调整销售策略，有助于拉近和客户的关系，增强客户对营销人员及企业的信任感，提高合作的可能性，建立相对牢固的业务关系。电话营销也为与客户进行个性化交流提供了机会。业务人员可以在电话沟通过程中直接向潜在客户推荐产品或服务，详细介绍产品特点和优势，即时解答客户的疑问，促使客户更好地了解产品或服务，并在做出购买决策后提供专业且直接的售前、售中、售后服务。

尽管电话营销能够快速接触到潜在客户，但仍有一些固有的限制性因素。一是电话营销拒绝率高。许多海外客户对于未经前期沟通的电话销售持拒绝态度，这可能会打击市场营销团队的积极性。二是文化及时间差异大。由于一般外贸企业业务涉及多个国家和地区，语言和文化的差异可能会导致电话交流存在一些困难，增加电话营销的难度。此外，不同国家和地区存在时区差异，如果在不恰当的时间进行电话营销，就很可能会影响客户的日常生活和工作，给后续深入沟通建立合作带来阻力。三是客户可能会接到大量的电话推销，导致信息过载，降低他们对营销类电话的关注度，甚至可能会让他们产生负面情绪，阻碍沟通的顺利进行。四是数据安全问题。由于电话营销涉及客户的个人隐私信息，如果处理不当，可能引发客户对隐私的担忧，降低客户对企业的信任度。不同国家和地区有不同的法律规定，对于电话营销的法规要求也各不相同，外贸企业要严格遵循客户所在国家和地区的相关法规，否则有可能面临承担法律责任的风险。

外贸企业在进行电话营销时，需要尤为谨慎地选择目标客户，定期更新客户信息，使用更为妥帖的营销话术及沟通技巧，以确保电话营销的顺利开展。随着数字化时代的来临，外贸企业也需要结合多元化的营销策略及数字化的营销工具，提高业务人员的沟通技巧，提高电话营销效果。"外贸大数据+电话营销"就是一种结合大数据分析和电话销售的新营销方式。

"外贸大数据+电话营销"是通过数字化工具精准定位潜在客户，实现更具个性化和差异化的销售推广，从而增加销售机会，提高转化率，帮助外贸企业实现电话的精准营销。通过外贸大数据，外贸业务人员可以在沟通前深入了解潜在客户的行为、偏好、需求等信息，为电话销售提供有针对性的数据支持，制定与之匹配的电话销售策略，并在电话沟通过程中利用实时数据监测客户反馈，这些是相较于传统电话营销的重要优势。

延伸阅读

借助外贸大数据工具高效沟通

总的来说，"外贸大数据+电话营销"为企业提供了一种全新的、高效的营销方式。在目前的电话营销中，外贸大数据工具将发挥越来越重要的作用。这主要表现在4个方面：

第一，客户分级和筛选。利用环球慧思智能贸易终端系统等外贸大数据工具对客户进行分级，确定潜在客户和优质客户群体。根据大数据分析结果，筛选更有可能成交的潜在客户，提高电话营销的效率。

第二，制定差异化电话营销策略。通过环球慧思智能贸易终端系统等外贸大数据工具了解客户的历史采购记录及购买偏好，进行精准的客户画像，制定个性化的电话营销策略，在与客户沟通时采用更加精准的话术方式。

第三，提高电话销售人员业务能力。培养业务人员分析数据及精准营销的能力，使得电话可以精准触达关键人，并使用更具个性化、针对性的沟通话术技巧，提高电话沟通的成交率。

第四，电话销售效果评估。利用成交率、客户转化率等指标对电话营销的整体效果进行评估，通过分析电话销售的数据，了解哪些策略更为有效，为未来的电话销售提供经验借鉴。

为保证"外贸大数据+电话营销"方式能够发挥最大效果，可从三个维度参考一些注意事项及操作技巧。

电话前

一是进行客户背调。通过环球慧思智能贸易终端系统了解目标客户的行业、产品、采购周期、采购偏好等详细的背景信息，勾勒出客户画像，深入研究该客户在供应链中的角色及其上下游产品，以此制定更为个性化的电话营销策略。与此同时，需要注意该客户所在时区，了解当地作息习惯，以此确定最好的电话沟通时机。

二是确认关键人及其精准的联系方式。需要确认即将联系的对象在企业中的角色，并针对老板、采购、项目经理、产品经理等不同角色准备不同的沟通话术。

三是记录重要事项。在正式沟通之前，可以将想要沟通的重点事项进行简要记录，避免在沟通时因思路不连贯造成疏漏。甚至可以根据此前的客户分析，准备一些客户可能会询问的问题，提前整理回复模板。

电话中

一是开门见山自我介绍。介绍自己的姓名和职位，以及公司所属行业、主营产品及业务，并简要说明此次致电的目的，以便客户明确通话意图，避免客户在不知来电原因的情况下直接挂掉电话。

二是注意文化差异，使用直接明了的语言表述。注意聆听客户在电话沟通过程中的语气及发音特点，为避免沟通误差，尽量避免使用俚语和缩略语。此外，不应过分关注自身的发音和语调，而应尽量适应对方的说话节奏。了解客户所在地区的文化礼仪也是至关重要的。电话沟通之前的细心准备，可以避免发生沟通中无意间触犯当地文化禁忌的情况，从而更好地与客户建立沟通桥梁，促进相互理解和合作。

三是提升兴趣。用简短且有吸引力的话语概述产品及其价值，且最好基于与客户在营产品的对比。这样能迅速吸引客户的兴趣，提高后续的谈判成功率。

四是积极倾听，及时记录。电话沟通过程中要注意积极倾听，而不是一味地单向输出，要确保客户始终关注你所谈论的话题，并引导客户实时互动，积极反馈意见，及时捕捉客户在电话沟通时传递出的信号。通过交谈，深入了解并挖掘客户的真实需求，并随时将客户提及的重点信息进行记录。如有可能，可以直接进行通话录音，便于后续复盘。

电话后

一是罗列客户关注点。再次梳理电话沟通过程中客户提出的问题及关注点，针对沟通中提及的异议出具解决方案。

二是发送确认邮件。在撰写邮件时，应首先罗列已达成一致的事项，并提醒客户进行二次确认，确保双方的理解保持一致，减少后续的沟通误差。对于存在异议的事项，应提供具体的解决方案。针对客户关注的焦点问题进行深入分析，并明确指出产品或服务的优势及其为客户带来的具体价值。通过详细的数据和案例分析，增强说服力，帮助客户更好地理解产品或服务的价值。在邮件的结尾部分，也适当地提出成交建议，明确表达希望合作的愿望，推动合作进程。

外贸大数据+B2B 平台

B2B（Business-to-Business）营销是针对企业与企业间的营销活动，是电子商务中历史较长、发展较完善的商业模式。这种形式的营销通常涉及产品或服务的批发、采购、合作等业务活动，涉及的交易主体主要有用户（购买商）、贸易商（销售商）、供应商（制造商）、运输商（配送中心）、银行及认证机构（CA）和支付网关等。与面向消费者的 B2C（Business-to-Consumer）营销不同，B2B 营销涉及专业的、面向企业客户的市场策略。由于 B2B 营销需要一定的专业性，必须先精准地找到潜在客户，才能提供给客户颗粒度更细的信息。

随着互联网技术的发展，B2B 营销孕育出了一种新的交易方式——B2B 电子商务平台，即企业与企业之间通过互联网进行产品、服务和信息的交换。B2B 平台的交易方式支持买卖双方在网上完成整个业务流程，从建立最初印象到货比三家，再到讨价还价、签单和交货，最后到客户服务。这种方式可使企业之间交易时减少许多事务性的工作流程和管理费用，降低企业经营成本。网络的便利及延伸性可使企业扩大活动范围，更方便地开展跨国跨区经营，成本也更低廉。

B2B 平台模式的核心是将线下已有的市场存量客户搬到线上平台，以互联网高效的信息处理速度提升营销效率。但是单纯利用 B2B 平台开展业务并未解决买卖双方信息不对称的问题，而 B2B 平台与外贸大数据的组合就可以解决这一痛点问题。运用 B2B 平台营销的企业借助外贸大数据工具，一是可以深入了解目标市场和客户、挖掘客户潜在需求，有针对性地制定有吸引力的产品服务；二是可以制定合理的定价策略，实现个性化及差异化营销；三是可以整合社交媒体平台、展会网站、电子邮件等多渠道资源，发挥协同作用，实现整合营销，达到最佳的营销效果。

B2B 平台模式让企业能够更高效地进行国际采购、销售和合作，同时也为企业提供了更广阔的市场和更多商机。外贸大数据则通过技术手段收集、整合和分析了大量涵盖市场趋势、产品需求、供应链情况、竞争对手信息等各个方面的数据，这对利用 B2B 平台实现营销价值最大化具有非常重要的意义。

如今，"外贸大数据+B2B 平台"已成为通过利用大数据技术和方法来优化和改进外贸 B2B 交易和合作的新型营销方式，其目的就是通过收集、分析和利用大规模的商业数据提高企业在 B2B 平台领域的市场竞争力和营销效率。这种结合可以帮助企业更好地理解和满足客户及市场需求、优化供应链管理、打造差异化优势。在外贸大数据的加持之下，B2B 平台营销焕发出新的活力。

外贸大数据分析可以帮助企业深入了解目标市场和潜在客户的特征，包括地理位置、行业、采购历史等，从而实现更加精准的目标定位；基于大数据分析的结果，企业可以制定个性化的营销策略，包括定制产品信息、个性化促销活动及提供符合客户需求的服务，提高客户满意度，及时发现客户的变化和新需求，做出服务调整，从而建立更加紧密和长久的客户关系；利用大数据分析供应链数据，可以优化供应链管理，提高库存效率、降低成本，并确保及时交货，提高整体供应链的效益；外贸大数据还可以分析客户的历史交易数据和行为，预测采购需求，有助于企业及时调整生产计划，确保有足够的库存来满足客户需求；通过大数据分析市场趋势，企业可以更好地把握行业动态，预测发展趋势，为产品开发和市场拓展提供指导；在风险管理方面，企业可以利用大数据分析客户的信用历史和交易记录，评估交易风险，提前发现潜在的风险客户，及时采取相应措施来保护自身权益。外贸大数据为企业提供了海量可靠的数据支持，有助于企业制定更明智的战略决策，从市场趋势到产品优化，数据驱动的决策可以让企业更有底气和能力应对外部环境的变化。

延伸阅读

如何通过分析询盘实现高效率的订单转化

在"外贸大数据＋B2B平台"的营销方式下,询盘量逐渐增多,如何分析询盘、实现高效率的订单转化成为外贸企业的新课题。下面提供一些思路供参考借鉴:

第一步是确认询盘的真实性。如果询盘内容比较有针对性,留有详细联系信息且咨询详细,那么初步判断对方是有真实采购意向的客户。接下来,可以借助环球慧思智能贸易终端系统去查询该企业近期的贸易情况,了解该客户是否有稳定的贸易关系,进一步判断询盘的真实性。

第二步是判断询盘来源。大家一定会在不同的平台上进行营销,但每个渠道都有自己的特点,了解询盘的出处,有助于快速判断询盘的特点,明确询盘客户的大致情况。同时,建议大家根据不同的询盘为客户建档,这有利于高效地管理客户资源。

第三步是剖析客户。首先判断客户的属性。判断客户是中间商还是终端客户,可以通过查找该公司官方网站,了解公司属性。终端客户一般更在乎品质和供货的稳定性,而中间商可能对于价格比较在意。其次看客户所属国家。每个国家都有相应的贸易政策和一些特殊规定,不同国家的客户都有不一样的采购习惯和特点,在回复询盘时可以根据客户所属国家有一些侧重点。比如印度客户比较鲜明的特点是喜欢砍价,在报价时要预留足够的谈判空间。最后看客户的采购特点。可以借助环球慧思智能贸易终端系统了解客户采购规模、采购主要市场、采购产品体系及和其他供应商的交易量价等情况,在此基础上,结合询盘的内容,有针对性地进行回复并适当进行拓展。比如,客户询价A产品,同时你了解到客户对B产品也有采购需求,而你的企业可以同时做 A 和 B 产品，那么在回复询盘时，可以尝试升级销售和交叉销售。

第四步是做出回复。基于以上的分析，可以在 24 小时以内给客户回复。我们可以通过网易邮箱大师之类的软件，随时查看并回复客户的邮件。在节假日无法及时回复的情况下，最好向客户说明情况，或是先添加客户的 WhatsApp 保持及时交流。建议大家在回复询盘过程中，先添加上客户的即时聊天工具，除了回复客户询盘信息，也可以尝试和客户通过视频会议进行沟通。Zoom 会议或是 Google 会议是较常采用的方式，通过视频聊天与客户进行面对面沟通不仅真实，还能增加与客户的亲切感，更能向客户展示公司的办公环境及工作氛围，无形之中拉近与客户的距离。

总之，要将询盘高效转化为订单，一定要做好有效性分析，分析客户的询盘内容、目的、背景信息等，将大部分成功率极低的询盘剔除在外，将有限的精力投入到有效的询盘当中。

延伸阅读

外贸人常用的即时聊天及会议工具

即时聊天工具

WeChat（微信）：作为中国主流的社交媒体平台，微信也被广泛用于商务沟通，提供文字、语音、图片和视频的即时聊天功能。

Skype：提供文字、语音和视频通话功能，是一种跨平台的通信工具，广泛应用于国际贸易领域。

WhatsApp：具有全球用户的即时通信应用，提供文字、语音和视频通话功能，方便国际沟通。

Slack：主要用于团队协作和通信，支持创建不同的频道进行项目讨论和文件分享。

Telegram：提供安全即时通信服务，支持大型文件的传输和群组聊天。

会议工具

Zoom：面向视频会议和在线协作的平台，提供高质量的视频和音频通信，支持大规模的在线会议。

Microsoft Teams：集成在 Microsoft 365 中，提供在线聊天、视频会议和文件共享等功能，适用于企业内部协作。

Google Meet：Google 推出的在线视频会议服务，方便用户在浏览器中进行在线会议，也可以与 Google Calendar 集成。

Cisco Webex：提供视频会议、在线培训和远程支持等功能，适用于不同规模和类型的企业。

Go to Meeting：提供视频会议和在线协作工具，适用于小型和中型企业的远程协作。

BlueJeans：提供高质量视频会议服务，支持多设备接入和屏幕共享。

外贸大数据+电子邮件

电子邮件营销（Email Direct Marketing，EDM）是通过发送电子邮件的方式向目标客户传递价值信息的一种互联网营销手段。作为网络营销手法中最古老的一种，它比绝大部分网站推广和网络营销方式出现得更早。电子邮件营销有三个基本因素：用户许可、电子邮件传递信息、信息对用户有价值。三个因素缺少一个，都不能称之为有效的电子邮件营销。电子邮件营销是利用电子邮件与受众客户进行商业交流的一种直销方式，广泛地应用于互联网营销领域，为外贸企业提供了一种高效、直接、个性化的数字营销方式。

电子邮件将产品信息、促销活动或企业最新动态瞬间传达到全球各地，使外贸企业能够轻松覆盖国际市场，扩大业务范围，提高企业品牌知名度，且营销成本更低，企业可更灵活地控制预算，实现更高的成本效益。通过电子邮件，外贸企业能直接与潜在客户或现有客户进行一对一的沟通，实现对邮件内容的个性化定制，向不同客户群体发送定制信息，提高邮件的相关性和吸引力，也可引导客户参与调查问卷等互动。这些方式都能够进一步拉近与客户的距离，提高客户忠诚度，深挖客户的潜在需求，掌握市场趋势。随着邮件营销的深入发展，电子邮件营销平台开始提供各类监测和分析工具，如通过提供邮件打开率、点击率等数据指标，指导企业不断优化邮件内容，更换邮件模板，以达到电子邮件营销的效果最大化。

延伸阅读

常用的电子邮箱种类

Gmail：由 Google 提供的电子邮箱服务，具有容量大、搜索功能强大、可过滤垃圾邮件等特点，可与 Google 其他服务（如 Google Drive、Google Docs 等）无缝集成。

Outlook.com：由 Microsoft 提供的电子邮件服务，以其与 Office 套件的整合和用户友好的界面而闻名。

Yahoo Mail：雅虎提供的免费电子邮箱服务，具有存储空间大、垃圾邮件过滤和社交媒体整合等特点。

Apple Mail：苹果公司（Apple Inc.）为 macOS 和 iOS 设计的一款电子邮件客户端，便于苹果用户收发电子邮件，并与多种邮件服务提供商集成。

Proton Mail：一种加密电子邮箱服务，提供端到端的加密，注重用户隐私和安全，适合对隐私有较高要求的用户。

Zoho Mail：Zoho 提供的电子邮箱服务，适用于企业和个人用户，提供多种协作工具。

AOL Mail：美国在线提供的电子邮箱服务，提供基本的邮件功能，适合简单需求。

Mail.ru：俄罗斯提供的电子邮箱服务，主要服务于俄罗斯用户，提供多种语言版本。

GMX Mail：德国公司提供的电子邮箱服务，有免费和付费版本，具有广告过滤和垃圾邮件屏蔽功能。

Yandex.Mail：俄罗斯搜索引擎公司 Yandex 提供的电子邮箱服务，集成了云存储等功能。

163 Mail：网易提供的电子邮箱服务，是中国用户常用的邮件服务之一。

QQ 邮箱：腾讯提供的电子邮箱服务，与中国主流的即时通讯工具之一 QQ 集成。

在电子邮件营销的发展过程中，企业越来越注重邮件内容的个性化和精准性。通过收集和分析用户的个人信息和兴趣偏好，企业能够制定更加精准的营销策略，并发送个性化的邮件内容。这不仅可以提高邮件的打开率和点击率，还能够增强用户对品牌的认知，形成品牌效应，俘获忠实客户。

随着数据分析技术的提升，外贸电子邮件营销开始更加注重数据的收集、分析和应用。通过对邮件发送、打开、点击等数据的跟踪和分析，企业能够评估邮件营销的效果，并根据数据反馈调整营销策略，实现更加精准的营销。近年来，随着人工智能和自动化技术的发展，外贸电子邮件营销开始呈现出自动化和智能化的趋势。通过利用自动化工具和智能算法，企业能够实现对邮件发送、内容优化、客户分组等环节的自动化处理，提高营销效率和精准度。

在经历了从泛泛群发到个性化、精准化、自动化和智能化发送等多个阶段的发展后，"外贸大数据+电子邮件"的营销方式渐入佳境，成为外贸企业推广产品和服务的重要手段之一。

"外贸大数据+电子邮件"营销作为一种整合了外贸大数据和电子邮件营销策略的高效数字化营销模式，将外贸大数据与电子邮件这一直接沟通工具结合起来，相比传统的电子邮件营销更为精准。其表现为：第一，可以实现精准目标定位。外贸大数据可以深入挖掘目标市场的潜在客户特征和需求，帮助企业准确定位目标受众。通过数据分析，企业可以了解客户的地理位置、行为习惯、购买历史等信息，从而更好地制定电子邮件营销策略。第二，可以通过个性化内容推送，实现差异化营销。基于大数据分析的个性化推荐和客户行为模型，企业可以为不同的客户群体定制个性化的电子邮件内容，以客户关注点为撰写出发点，大大提高了邮件的相关性，从而引起客户兴趣，提高邮件的回复率。第三，可以优化发送时机。大数据分析可以帮助企业确定不同时段客户开启邮件的概率，选择最佳的发送时机，提高邮件点击率，由此提高客户阅读具体邮件内容的概率。第四，可以利用大数据进行 A/B 测试。企业通过在邮件主题、内容、呈现方式等方面进行实验，找到最有效的营销策略，并及时优化电子邮件的效果。第五，能够实时监测和反馈。通过大数据分析提供实时监测和反馈机制，帮助企业了解电子邮件营销活动的实际效果，使企业能够及时调整策略，应对市场变化。

数据实战

如何撰写一封好的电子开发邮件

一封好的电子开发邮件，是达成合作的"敲门砖"，能有效助力外贸业务的顺利开展。如何撰写一封好邮件是所有外贸人的永恒课题，在此提供一些电子开发邮件的编辑思路：

第一，查找客户资料。利用环球慧思智能贸易终端系统（见图 4-11），根据产品名称或海关编码，一键追踪所有采购商及其贸易记录，锁定客户群体，进行精准营销（见图 4-12）。利用总额从大到小排序，用环球搜，一键搜索采购商联系方式（如图 4-13 所示），如网站、邮箱、社交媒体（LinkedIn、Facebook、Twitter、WhatsApp）等，可直接线上建立联系，并且搜索结果匹配职位和人名，邮箱可导出，可直接发邮件联系客户。搜索出网站或 LinkedIn 的采购商，还可利用谷歌插件（Snovio、Kendo、RocketReach）搜索出该采购商更多的联系人邮箱。

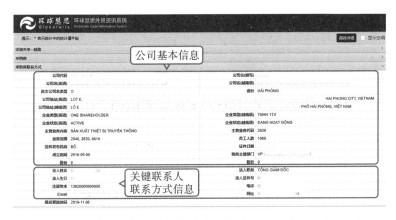

图 4-11　环球慧思智能贸易终端系统：海关交易数据中官方联系信息
（系统截图）

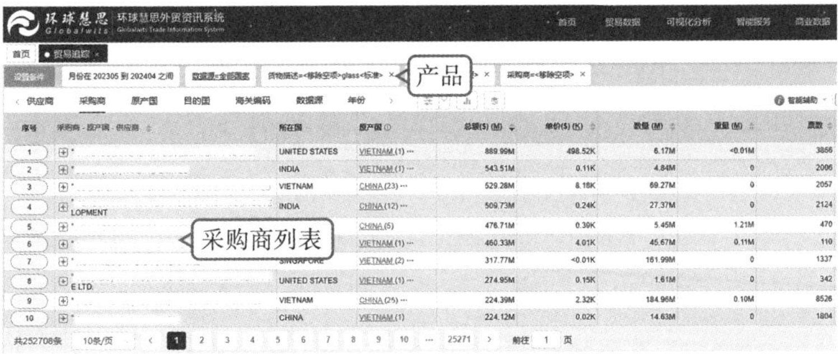

图 4-12　环球慧思智能贸易终端系统：贸易追踪之按产品筛选公司
（系统截图）

图 4-13　环球慧思智能贸易终端系统：环球搜找联系信息（系统截图）

第二，编辑标题。邮件的标题非常重要，客户收到邮件首先看到的就是标题，如果标题有吸引力，客户才会有点开邮件的冲动。这里分享一个超级实用的小技巧，我们可以在邮件的标题前面加"RE:"，这样客户会以为是一封回复的邮件，自然会点开看。另外，标题的内容也要足够吸引客户，可以包含客户采购的一到两个产品名称，然后后面加最新报价，来吸引客户，如标题为"RE: 产品名称1//产品名称2//Latest Offer"。

第三，邮件内容。第一部分，开始要简单问候一下，最好称呼中带人名（环球搜，搜出来的 LinkedIn 邮箱是带人名的，并且一般邮箱名就是人名，后缀是官网），这样会更有针对性，让收件人明白邮件就是写给他的，才会引起对方的重视。（补充说明一下，建议邮件一对一发送，而不是群发，这与我们说的精准营销是契合的。）然后说明我是谁，我是干什么的，我要干什么，每一项表述只要一句话即可，简明扼要，避免开篇就长篇大论，更不要放置大段的公司介绍，对方不会耐心阅读。太过烦琐的内容会导致对方直接关掉你的邮件，这是非常重要的细节。

范本：

Dear Jack,

Good Day!

It's very nice to talk to you here.

This is Jim from China——［公司名称］

A ** supplier company.

Hoping business cooperation.

第二部分，为了进一步引起收件人的兴趣，可以利用同行刺激，列举一到两个目前在合作的同行，最好规模够大、行业中有足够影响力。如某某公司是我们目前在合作的客户，有着稳定的合作关系，并且得到很好的认可。如果没有合作客户，就简明扼要地表述一下自己的产品优势、市场口碑、市场占有率、市场形势等，篇幅不宜太长，点到即止。

范本：

Actually, we have a good reputation in the Indonesian market because our products are of great quality.

Partners like：A，B...

第三部分，产品介绍。第一栏里最好写明交易条款（FOB、CIF），比如 Major products（FOB）。重点字眼建议字体加粗或变色，这样更醒目，比如产品名称、价格等。下面详细写一到两个最有竞争优势的产品，将价格、规格、尺寸、含量等内容表述详细，在字体美观、工整的前提下，最好做一些差异化处理，目的在于醒目。更多产品或其他产品只要提及就行，没必要做详细介绍，让客户明白还有更多产品供应即可。可以有简单的规格介绍。最后说明可接受的付款条件或账期。全部内容应简明清楚，一目了然。

范本：

Here are the best products we are producing：（FOB）

Product A：

Product B：

Other products：

A/B/C/D/E/F/G

Payment term：

Kindly keep us informed about your thoughts. More detailed offer will be updated accordingly.

Best regards

第四部分，邮件的结尾。落款处为自己和公司的信息。有一个细节需要注意：最好写明职位，如销售经理或市场总监，通常的认知是职位高话语权就会高，所以国外客户还是比较关注职位的。下面是公司信息、公司名称、地址、网址、各种社媒联系方式等，最好全部列上。最后收尾部分，可按需插入一两张图片（若是开发邮件，一般不建议插入图片，如有必要插入，建议图片控制在100K以内，且置于正文中，避免在附件中插入），可以是相关产品、资质认证、公司获过的重要荣誉、正规和权威机构的相关证书等。图片尺寸不宜过大，最好清晰简洁。注意：这里说的图片并不一定是证书的原图。

范本：

Jim

Marketing Director

×× Co.，Ltd.

Address：

Website：

WeChat/WhatsApp/Skype：

延伸阅读

常用电子邮箱插件盘点

Boomerang

功能：可安排邮件定时发送、设定邮件提醒、设定邮件追踪等。

用途：帮助外贸人更好地管理邮件发送和跟进，确保及时回复追踪。

Grammarly

功能：拼写检查、语法检查、写作风格建议等。

用途：提高邮件的语法和拼写准确性，确保专业的邮件沟通。

HubSpot Sales

功能：集成了销售工具，可追踪邮件情况、管理客户关系等。

用途：适用销售和客户关系管理，帮助外贸人更好跟进潜在客户。

Mailtrack

功能：提供邮件追踪功能，通知发送者邮件何时被打开。

用途：有助于了解邮件的阅读情况，及时跟进潜在业务。

Clearbit Connect

功能：提供联系人信息，包括社交媒体信息等。

用途：帮助外贸人更全面了解和联系客户，提高沟通个性化水平。

Trello for Gmail

功能：将 Trello 任务板嵌入 Gmail 中，实现任务和邮件的整合。

用途：适用于团队合作，帮助外贸人更好地管理和分配任务。

Zoom for Gmail

功能：直接从 Gmail 调度 Zoom 会议。

用途：方便在邮件中安排和管理视频会议，提高远程沟通协作效率。

Gorgias

功能：自动回复、提供常用回复模板等。

用途：提高回复邮件的效率，适用于频繁回复相似问题的情境。

Streak

功能：将 CRM（客户关系管理）功能整合到 Gmail 中。

用途：适用于外贸人员进行客户关系管理，方便跟踪业务流程。

Cirrus Insight

功能：将 CRM 与电子邮件集成，提供数据同步和分析功能。

用途：支持销售和市场团队更好地了解和跟进客户。

外贸大数据+社交媒体

社交媒体营销（Social Media Marketing，SMM），又称社会化媒体营销（简称"社媒营销"），是利用社交媒体平台进行营销推广的一种数字营销策略。它可通过 Facebook、Twitter、Instagram、LinkedIn、YouTube

等社交媒体平台实施，不同平台适用于不同类型的业务和受众。社会化媒体的崛起是近些年来互联网发展的重要趋势，给外贸营销带来了深刻变革。社媒营销利用社交媒体的强大传播能力，通过发布有吸引力、有趣味性的内容吸引目标受众；通过建立互动社群、回复评论、发布用户生成内容、参与话题讨论等方式与目标受众进行互动，增强用户与品牌之间的链接，建立用户忠诚度；利用社交媒体平台提供的广告服务，有针对性地推送广告，提高产品和品牌曝光度及广告点击率，吸引潜在客户，增加销售机会。通过社交媒体平台，企业可以多维度展示企业形象，传达品牌理念，塑造积极的品牌形象，提升企业品牌在行业中的地位，最终实现销售增长。

社媒营销具有周期长、传播内容量大且形式多样的显著特点，强调内容性与互动技巧，使外贸企业时刻处在营销状态、实时与目标受众进行互动。与此同时，外贸企业需要对营销过程进行实时监测、分析、总结与管理，并根据市场与目标受众的实时反馈调整营销策略。一方面，社媒营销改变了以往过于依赖搜索引擎的网络营销模式，可以更加精准地定位目标客户。外贸企业通过收集并观察潜在用户群体在社媒平台发布的信息，可以有效地进行客户画像，判断客户喜好、消费习惯及购买能力等；通过对社交媒体平台沉淀的大量数据展开分析，可有效挖掘出用户的潜在需求，为产品设计开发、产品营销策略的制定提供数据支撑。另一方面，社交媒体上信息泛滥，用户容易因为信息过载忽略某些内容，企业需要用更吸引眼球的创意来取得更多关注度；且负面评论和舆论可能在社交媒体上迅速扩散，品牌需要及时有效地应对，否则容易陷入负面舆论风险；企业还需要借助数据分析工具综合考量多个指标，以此衡量社媒营销的投入产出比。因此，外贸企业需要加强建立社媒营销的监测和反馈机制，定期报告和总结，实现社媒的精准营销。

据统计，目前国内约 60% 的公司在使用社交媒体推广，而外贸企业运用社媒营销的比例更是高达 90% 以上，所使用的主要社交媒体平台有 Facebook、Twitter、YouTube、LinkedIn 等。这些平台聚焦的用户群体有所区别。

　　"外贸大数据+社交媒体"的外贸营销方式是一种综合性的外贸新营销策略，结合了外贸大数据和社交媒体的优势，旨在帮助外贸企业更好地了解不同社媒平台中客户的关注点，提高营销效果和客户满意度。通过外贸大数据，外贸企业可以了解目标市场的进出口贸易数据、竞争对手的销售额和市场份额等信息，从而确切掌握目标市场的需求和趋势。这些数据还可以帮助企业制定更加精准的营销策略和产品方案，提高市场占有率和竞争优势。"外贸大数据+社交媒体"为外贸企业提供了一个与潜在客户和竞争对手沟通的平台。通过社交媒体，企业可以与目标市场的客户进行直接交流，了解他们的需求和反馈，并结合外贸大数据所获取的分析结果及时调整和优化产品或服务。同时，大数据还可以帮助企业精准锁定更多的潜在客户和合作伙伴，利用社交媒体平台与他们建立联系，以此增加更多的成交机会。以下为外贸大数据结合热门社交媒体平台的营销策略。

外贸大数据+LinkedIn

　　一是优化 LinkedIn 个人和企业资料。确保个人和企业资料完整、专业，并突出企业的核心优势；善用关键词优化，使个人及企业资料更容易被潜在客户搜索到。

　　二是分析目标市场。利用外贸大数据分析目标市场的行业动态、公司规模、地理位置等信息。根据分析结果调整 LinkedIn 的目标受众设置，确保广告投放的针对性。

　　三是建立并优化公司页面。在 LinkedIn 上创建并优化公司页面，包括公司介绍、产品和服务等基础信息；添加专业的企业标志、广告语和海报，提升品牌形象。

　　四是合理利用 LinkedIn 广告服务。使用 LinkedIn 广告服务进行有针对性的广告投放，确保广告内容和目标市场匹配；设定广告目标，如提高品牌知名度、引导流量到网站或获取潜在客户联系信息，以此获得更大的投入产出比。

五是参与 LinkedIn 群组和社区。加入相关的 LinkedIn 群组，积极参与讨论，通过在群组中分享有价值的行业资讯、市场分析等信息，逐渐建立行业领域内的专业声望。

六是发布有针对性的内容。规划制作并输出符合目标受众兴趣的内容，如行业趋势、产品信息等，定期在 LinkedIn 账号发布相关内容，保持账号活跃度。

七是进行私信推广。通过 LinkedIn 与潜在客户建立好友关系，与潜在客户或业务伙伴积极互动，在私信中提供有针对性的信息，进一步介绍产品或服务。

八是监测和分析结果。使用 LinkedIn 平台提供的分析工具和服务，利用数据分析企业及个人在 LinkedIn 上的活动表现，更好地了解其受众群体、内容影响力及营销效果，不断优化 LinkedIn 营销策略。

九是整合其他社交媒体。将 LinkedIn 营销与其他社交媒体平台结合使用，在其他平台上分享 LinkedIn 上的内容，形成统一的品牌形象，提高内容曝光度。

外贸大数据+WhatsApp

WhatsApp 是一种即时通讯应用程序，可用于实时与客户、合作伙伴和团队成员沟通。采用外贸大数据+WhatsApp 的营销方式，可以将外贸大数据中获得的客户信息整合到 WhatsApp Business 中，实现更有针对性的沟通和服务；利用 WhatsApp 的群组功能，建立针对特定市场或产品的业务群，方便实时沟通和信息分享；分析 WhatsApp 的消息数据，了解客户互动，更好地满足客户需求。

一是建立有针对性的联系人列表。利用外贸大数据筛选和分析潜在客户信息，建立有针对性的 WhatsApp 联系人列表。确保联系人信息的准确性，包括语言偏好和所在时区等。

二是发送个性化信息。利用外贸大数据分析客户的需求和偏好，然后通过 WhatsApp 发送个性化的产品信息或促销活动。避免群发通用信息，而是根据客户特征进行精准推送。

三是利用 WhatsApp 广告服务。WhatsApp 提供了一些商业服务，可以考虑使用其广告服务进行有针对性的推广。利用广告服务的目标定位功能，将消息精准投放给特定受众。

四是提供即时客户服务。利用 WhatsApp 实时通讯的特性，提供即时客户服务和支持，包括实时回应客户问题、提供产品信息，不断提升客户满意度和信任感。

五是制作引人注目的媒体素材。结合品牌特点，发布吸引人的媒体宣传素材，如图片、短视频等，使信息更生动直观。注意媒体素材的质量应能提高客户对产品的兴趣。

六是利用 WhatsApp 群组。创建专属的产品或服务群组，邀请潜在客户加入，进行产品介绍和互动。群组内可分享行业资讯、优惠信息等，建立更深层次互动。

七是定期更新状态。利用 WhatsApp 状态功能，定期更新企业动态、新产品信息等。状态更新能够在短时间内吸引用户关注，给用户传递企业的最新消息。

八是尊重用户隐私。在进行 WhatsApp 营销时，要尊重用户隐私权，遵循相关法律法规。在信息发送前确认用户的许可，避免打扰用户的个人生活。

九是跟进和分析。在 WhatsApp 中记录客户反馈和沟通历史，以便更好地进行后续跟进。利用外贸大数据对 WhatsApp 营销效果进行分析，不断优化策略。

外贸大数据+TikTok/YouTube

外贸大数据与 TikTok/YouTube 结合是近年来新兴的富有创意和高度个性化的营销方式。随着互联网的普及和数字技术的飞速进步，社交媒体、视频分享平台等渠道为企业提供了更加广阔的营销空间，企业可以通过视频传播及有效互动的方式实现营销目的。在这种新营销方式下，企业能够更加精准地定位目标受众，并发挥视频生动、直观、易传播、覆盖广的优势展示自身的产品或服务，从而提高品牌曝光度，增加用户黏性，促进产品销售，提升用户体验。开展"外贸大数据+TikTok/YouTube"营销可重点关注以下 10 个方面：

一是了解目标受众。利用外贸大数据分析目标市场，了解受众的特点、兴趣、行为和偏好。根据分析结果调整 TikTok 和 YouTube 的内容策略，发布定制化内容，确保与目标受众契合。

二是创作有趣的视频内容。制作能引起关注和互动的有趣视频，展示产品特色或制作与外贸相关的短视频。利用 TikTok 的创意工具和 YouTube 的视频编辑功能，提升视频质量，增强品牌吸引力，持续扩充潜在客户池。

三是利用短视频特性。在 TikTok 上，充分利用其短视频特性，传达简短而强烈的信息。在 YouTube 上，可以制作更长的视频，深入介绍产品、公司故事或发布行业见解。利用不同平台特性丰富营销内容的层次感，为客户创造更专业贴心的体验。

四是利用趋势和挑战热点。关注 TikTok 和 YouTube 上的热门挑战和热点趋势，制作相关的内容以增加曝光度；参与或发起与外贸有关的挑战，吸引更多潜在客户关注。

五是跨平台整合。将 TikTok 和 YouTube 的营销内容整合到其他社交媒体平台，形成统一的品牌形象；利用其他平台进行宣传时，引导用户前往 TikTok 和 YouTube 观看内容。

六是利用广告服务。利用 TikTok 和 YouTube 的广告服务进行有针对性的广告投放，选择合适的广告形式；设定广告目标，如品牌曝光率、销售转化率等，根据数据调整广告策略。

七是与 KOL 合作。与 TikTok 和 YouTube 上的相关产品 KOL 合作，增加品牌的影响力，提高受众信任度。

八是监测和分析数据。利用平台提供的数据分析工具监测视频表现、用户互动等指标。根据数据结果调整内容和营销策略，不断优化效果。

九是及时洞察响应。应用外贸大数据密切跟踪市场动向，及时洞察市场及客户变化，积极响应、深度分析，灵活调整营销方向和策略。

十是考虑地域和语言因素。针对不同地域的受众，制作符合当地语言和文化的内容，提高相应接受度。在视频中使用多语种字幕或配音，拓展受众范围。

延伸阅读

如何进行社媒营销效果评估

社媒营销的效果评估主要分定量评估与定性评估两个维度。

定量评估

关键指标分析：包括社交媒体平台提供的关键指标，如点击率、转化率、互动率、曝光量等。这些指标能够直观地量化社媒活动的效果。

网站流量：使用网站分析工具，追踪社交媒体带来的网站流量，包括访问量、页面浏览量、停留时间等。网站流量可以衡量社交媒体对网站的影响。

转化率：观察社交媒体带来的用户是否完成了期望的转化行为，如发起沟通、购买产品、填写表单等。转化率是评估社媒活动营销效果的重要指标。

粉丝增长：考察社交媒体账户的粉丝数量增长情况，包括新增粉丝数、流失率等。粉丝的增长量和增长速度可以反映品牌在社交媒体上的受欢迎程度。

用户参与度：评估用户在社交媒体上的参与程度，包括点赞、评论、分享等数据。高参与度通常意味着用户对内容较为感兴趣。

社媒广告效果：如果进行了社交媒体的广告投放，需分析广告的点击率、转化率、费用与效益等指标，以评估广告活动的效果。

定性评估

网络舆论分析：包括分析网络舆论的评论比率、分析社会化媒体传播通路中的跟帖评价比率、分析网民关注点等。

影响力分析：包括名人博客/微博、媒体跟进等分析。

通过综合定量和定性评估，企业可以更全面地了解社媒营销活动的效果，为优化策略和提升用户体验提供有力支持。

案例分享

全新的视角和策略

一家专注于日用化学用品出口的外贸公司，为了提升品牌知名度，扩大在国外的市场份额，决定采用外贸大数据与You-Tube相结合的营销方式进行市场推广。

该公司先利用外贸大数据平台，对东南亚的目标市场进行了深入分析。通过对东南亚日用化学用品市场的进出口数据、消费者购买行为、竞争对手情况等多维度信息的挖掘，最终确定了目标市场的需求和趋势，以及潜在客户的特征和偏好。

基于这些数据分析，公司制定了精准的YouTube视频营销策略。他们聘请了专业的视频制作团队，遴选在东南亚备受喜爱的人物形象出镜，拍摄了一系列高质量的日用化学用品试用展示视频。这些视频不仅展示了产品的外观和功能，还通过场景化的拍摄手法，呈现了产品在实际使用中的方法、步骤以及使用后的效果。同时，该公司还利用大数据平台，对视频内容进行了精准的定位和推广。根据东南亚地区目标市场的文化背景、消费习惯、生活水平等因素，对视频进行了本地化的调整和优化，以迎合当地消费者的偏爱。此外，该公司还通过跨平台整合社交媒体、搜索引擎等渠道，对 YouTube 视频进行了广泛传播和推广，吸引了大量潜在客户的关注和点击。

通过外贸大数据与 YouTube 视频营销的结合，该公司成功地提升了品牌知名度，扩大了市场份额。该公司的视频在 YouTube 等各大平台上获得了极高的播放量和分享量，吸引了大量潜在客户的关注和咨询。同时，通过精准的数据分析和定位，该公司还成功地与一些大型采购商建立了长期合作关系，实现了销售业绩的显著提升。

案例充分展示了外贸大数据与 YouTube 等视频营销相结合的优势和潜力。通过充分利用大数据平台提供的信息资源，企业可以更加精准地把握市场趋势和消费者需求，制定出更加有效的营销策略。同时，通过视频这一生动直观的表现形式，企业可以更好地展示产品的特点和优势，广泛塑造品牌影响力，持续赢得客户的关注及信任。

外贸大数据+搜索引擎

搜索引擎营销（Search Engine Marketing，SEM）是一种通过搜索引擎进行营销活动，以提高网站在搜索结果页面中的可见性和排名，从而吸引更多目标受众的营销方式。SEM 通常包括两个主要的组成部分：搜索引擎优化（Search Engine Optimization，SEO）和点击付费（Pay-Per-Click，PPC）广告。一般认为，搜索引擎优化设计主要目标有被搜索引擎收录与在搜索结果中排名靠前两个层次。简单来说，SEM 所做的就是以最小的投入在搜索引擎中获取最大的访问量并产生商业价值。SEM 可以将品牌、产品或服务直接呈现给潜在客户，以满足他们的搜索需求。这种定向和精准的营销形式使得企业能够更有效地吸引目标受众，提高网站流量，并最终推动客户转化率的提升，进而实现销售增长。

SEM 是互联网营销中的关键策略之一，对于提高线上可见性和业务成果具有重要意义。

搜索引擎优化是一种通过分析搜索引擎的排名规律，了解各种搜索引擎是怎样进行搜索、怎样抓取互联网页面、怎样确定特定关键词的搜索结果排名的技术。搜索引擎采用易于被搜索引用的手段，对网站进行有针对性的优化，提高网站在搜索引擎中的自然排名，吸引更多的用户访问网站，提高网站的访问量，提高网站的销售能力和宣传能力，从而提升网站的品牌效应。其目的主要是认识与了解其他搜索引擎怎样抓取网页、怎样索引、怎样确定搜索关键词等相关技术后，优化本网页内容，确保其能够与用户浏览习惯相符，并且在不影响用户体验前提下使其搜索引擎排名得以提升，进而使该网站访问量也得以提升，最终提高本网站宣传能力和销售能力。基于搜索引擎优化处理，其实就是为让搜索引擎更易接受本网站。搜索引擎往往会比对不同网站的内容，再通过浏览器把内容以最完整、最直接的形式以最快的速度提供给网络用户。SEO优化是一个持续的过程，需要不断调整以适应搜索引擎算法的变化。通过有效的 SEO 策略，外贸企业可以提高在线可见性，吸引更多流量，提高品牌在搜索引擎中的排名。

付费点击广告是根据点击广告或电子邮件信息的用户数量来付费的一种网络广告定价模式。这种广告模式广泛应用于搜索引擎、社交媒体平台和其他在线广告发布渠道。点击付费是一种有别于传统干扰式广告的传播方式。它是指在用户搜索的同时，让潜在客户更容易主动接触到企业提供的产品和服务。广告主只有在用户点击广告时才需要支付费用，而不是广告被展示的次数，这让投放广告的外贸企业更加灵活地衡量支出和效果，准确把握支出与收效预估。

主要的 PPC 广告平台包括搜索引擎广告，指在搜索引擎结果页面（如 Google、Bing 等）上显示的广告，通常位于自然搜索结果之上或之间；社交媒体广告，指在社交媒体平台（如 Facebook、Instagram、Twitter 等）上展示的广告，可以根据广告主的目标受众定位；展示广告，指在网站、应用程序或其他数字平台上以图像或文本形式展示的广告，通常以 PPC 或每千次印象（CPM）计费；视频广告，指在视频平台（如 You-Tube）或其他数字媒体上播放的广告，广告费用可以按照点击或播放次数计算。PPC 广告可以实现精准定位、适时调整及精确的数据分析，外贸企业既可选择在何时、何地以及向何种受众展示他们的广告，也可根据实时数据即时调整广告策略，以优化广告效果。外贸企业通过分析广告点击率、转化率、投资回报比等指标，及时得到广告投放的反馈。

搜索引擎的出现是互联网及互联网营销发展过程中的一个重要里程碑。从门户网站到搜索引擎是互联网发展变革的有力证明，从门户网站广告营销再到搜索引擎营销是互联网用户需求及习惯变化的写照。

搜索引擎的信息明显打破了时间、行业等各种限制，它将由门户网站运营者为主导转变为由用户为主导，这一转变意味着基于互联网的营销方式迎来重大变化。从门户网站到搜索引擎的转变，离不开互联网技术的快速发展和变革，从技术层面支持宽领域、多需求、不同习惯的搜索方式，同样也离不开用户需求不断变化的促进作用。据统计，目前有 95% 以上的网民上网是从使用搜索引擎开始的，这一变化为搜索引擎营销的发展创造了极其有利的条件，搜索引擎可以充分利用其自身特点及优势达到广泛营销、灵活营销的目的。

初期的搜索引擎营销主要聚焦于网站或黄页推广，生动性、多样性不足，内容信息较为单一，无法进行有效互动。如果企业没有强品牌辨识度和优质的公司网站，就难以对潜在客户达到理想的吸引效果。随着互联网技术的进一步发展，图片广告、视频广告的运用更加频繁，搜索引擎营销的内容开始向更加生动、更加多样、更具辨识度的方向迈进，各个公司的网站建设也进入新的发展阶段。于外贸企业而言，搜索引擎营销方式迎来了更多可能。

搜索引擎凭借其更广的市场覆盖面和更大的客户触达面，在国际贸易营销环节占据重要的一席之地，成为国际贸易企业推广公司及产品信息、投放广告、吸引客户的重要渠道。外贸大数据则能够以其客观、真实、准确的数据，支持和指导企业在开展搜索引擎营销的过程中精准分析市场情况、了解客户特征、把握客户需求、洞察市场规律、提高营销结果转化率。因此，"外贸大数据+搜索引擎"能大大优化企业的线上营销动作，增强企业对营销效果评估的科学性，有力提升企业广告投放的精准率，成为降低企业营销成本的法宝。有别于传统的线下营销方式，"外贸大数据+搜索引擎"因其天然具备覆盖面广、效率高、灵活性强的特点，越来越受到企业的青睐。

一是受众广，目标群体来源多。搜索引擎检索是人们使用互联网的高频场景，且随着移动互联网的发展，搜索引擎应用场景被进一步拓展，任何人都可以随时随地使用搜索引擎检索信息。这就奠定了"外贸大数据+搜索引擎"营销庞大的客源基础，提高了营销数据的覆盖面，提升了营销信息与目标群体的接触概率，进而拓展了信息的传播范围、加快了信息传播速度，为营销信息的扩散和与客户建立初步沟通创造了极有利的条件。

二是灵活性强，有效提升营销效率。搜索引擎营销的灵活性主要体现在两个方面：其一，打破时空限制，时间、空间灵活。传统营销方式一般在固定场所和限定时间，有效营销时间短、获取有效客户效率低，外贸领域传统营销方式的空间受限更为明显。外贸领域的传统营销方式常见于实地拜访和展会营销，都面临着客观存在的各个国家之间空间距离远的问题。外贸企业在开展实地拜访或参加展会时，一般会安排固定时间在固定场所与有限的客户建立联系，由于空间、时间、财务等诸多限制，企业营销效率较低。而搜索引擎营销则可以借助互联网这一通道在短时间内迅速将信息传递出去，面向更多潜在客户和目标客户群体，无论何时、何地都有机会展开营销动作，相同单位时间内搜索引擎营销的效率远高于传统线下营销方式。其二，策略调整灵活。传统营销方式市场反应、市场信息的传递较为滞后，无法为企业营销策略的调整提供及时有效的信息，同样，企业策略调整后的市场反应情况也无法在短时间内迅速反馈至企业形成信息闭环，企业进行策略的持续调整和营销动作的及时优化难度较大。搜索引擎营销则可以通过运营过程中沉淀的数据，分析用户行为习惯，定位需求偏好，帮助企业用数字化思维运筹帷幄，迅速科学地调整营销策略，加快企业市场分析、精准营销的步伐。

三是适应大数据时代营销环境和新时代成交习惯。新时代消费环境中，"外贸大数据+搜索引擎"营销的强适应性能够不断焕发新生机。智能手机的普及、移动互联网的发展、大数据分析和使用意识的觉醒，让"外贸大数据+搜索引擎"不断向快捷化、便利化、精准化的方向迭代。随着大数据营销、社媒营销、社群营销等营销方式的崛起，各种营销方式间的界限逐渐模糊，"外贸大数据+搜索引擎"营销开始和其他新营销方式建立新组合，打出一套组合拳，共同帮助企业实现更好的营销效果。

延伸阅读

双管齐下抢占市场先机

一家主营机械产品进出口业务的行业头部企业，其产品在俄罗斯市场需求旺盛。通过环球慧思智能贸易终端系统分析了解到，俄罗斯市场该类产品60%左右的进口货物原产国为中国，30%左右的货物来源于瑞士、德国和美国等欧美国家和地区，俄罗斯企业从欧美等国家和地区采购的货物单价均远高于从中国采购的单价。该企业产品生产及营销均定位于高端路线，在俄罗斯市场经营多年，是俄罗斯市场该类产品排名前20位的供应商之一。通过数据分析，该企业意识到俄罗斯市场仍有很大拓展空间，一直想在俄罗斯市场中被欧美货物占领的30%高端客户里有所突破，终于在2022年迎来机会。

2022年，俄乌冲突爆发，波及国际贸易领域，欧美等国家和地区对俄罗斯进行制裁，该客户预测俄罗斯与欧美国家和地区之间的贸易往来必然会遭受重创，但俄罗斯市场对该产品旺盛的需求客观存在。在大多数企业不看好俄罗斯市场的情况下，

　　该企业于 2022 年初投入重金通过俄罗斯搜索引擎服务商 Yandex 进行推广，并结合环球慧思智能贸易终端系统中的交易细节进行分析，进而应用至营销过程，取得了理想效果。该企业 2022 年在俄罗斯市场的业务同比增长 80% 以上，2023 年继续同比增长 60% 以上，一跃成为俄罗斯市场该类产品前 5 位的供应商。

　　该企业通过数据分析精准定位到其产品至少有 30% 来源于欧美国家和地区的高端市场客户群体，精准投放广告，并明确了中国货物的价格优势，结合时事适时进行搜索引擎营销，在外贸大数据和搜索引擎双管齐下之下，抢占了有利先机，实现了业务突破。

　　如果将搜索引擎营销从建站引流到客户成交视作一个完整的营销流程，可以按照和客户接触的程度将整个营销流程划分为前期、中期和后期三个阶段。正式接触到客户之前划分为前期。在此期间，企业需要重点推进建站、通过搜索引擎优化或点击付费广告等形式吸引客户、与客户建立有效联系等工作。从接触到客户至客户正式成交前的阶段划分为中期。在此期间，企业则聚焦于跟进客户、推进合作等工作。客户正式合作后划分为后期。在此期间，企业可能更关注客户关系维护、服务优化、需求拓展，以期能够发展出长久稳定且不断增长的合作关系。在利用搜索引擎开展营销动作的不同时期，企业有不同的工作重点，外贸大数据也在不同阶段发挥着不同的数据支撑作用。"外贸大数据+搜索引擎"组合，让企业营销再上新台阶。

前期

　　分析市场，锁定优质目标市场，科学评估和控制搜索引擎营销成本。企业可以通过数据分析找到明确的目标市场或广告投放市场，并深度把握目标市场上各类产品需求情况及走势，在不同的市场上采取不同的策略，明确哪些市场需要重点投入广告、哪些市场可以先做基础优化，将营销投入用在刀刃上，在争取更好营销效果的同时避免不必要的成本产生。

分析关键词及建设网站。根据目标市场客户需求及特征，建设内容清晰、专业的网站。外贸大数据将目标客户的需求精细刻画并呈现出来，企业能够更轻松地了解目标客户群的品牌、类别、型号等需求细节和交易习惯偏好、周期规律等，并围绕这些细节创造高品质网站内容，选择精准的关键词，建设更容易吸引客户也更容易被搜索引擎收录的网站。

稳定运营网站，优化关键词。企业除了可以采取及时响应市场需求的策略，还可以采取提前规划布局的策略，利用市场规律，科学部署营销动作。市场需求的变化情况一般都会有规律可循，企业通过数据分析明确市场的需求周期、需求量、主要客户群体等变化规律，利用规律科学部署营销方案，在正确的时间采取正确的运营策略，紧跟市场热度，优化关键词，提高网站排名，吸引更多客户关注。

延伸阅读

Google Trends：搜索引擎营销的便捷工具

Google Trends 是 Google 旗下的一款免费工具，可用于了解或分析特定时间周期内和特定范围内某一关键词搜索热度及变化趋势，并从时间、热度、地理区域等不同维度进行展示，也可呈现多个关键词在不同维度上的趋势变化及比较情况（如图 4-14 所示）。

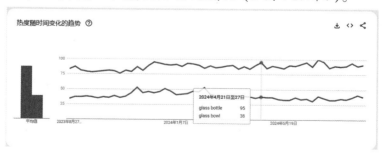

图 4-14　相同时间及区域不同关键词搜索热度趋势（Google Trends 截图）

在搜索引擎营销过程中，Google Trends 可应用于以下几方面：

分析主要需求市场。通过关键词热度的地理区域分布，初步判断产品的主要需求市场。

分析市场变化规律。通过同一关键词随着时间推移的热度趋势变化，洞察市场需求变化的周期性规律或新增长趋势，及时优化关键词或调整营销策略。

比如，2023 年 4 月—2024 年 4 月美国市场 Google 用户对圣诞帽的搜索热度如图 4-15 所示，可以看出，从 10 月底开始圣诞帽搜索热度出现明显上升趋势，在圣诞节前夕达到顶峰，其他时间搜索量明显处于平稳低值状态。据此可以判断美国市场对圣诞用品需求从 10 月前后开始增加，在市场需求扩大之前企业需提前做好相关的广告推广、生产部署等工作，备战营销高峰。

图 4-15　2023 年 4 月—2024 年 4 月圣诞帽搜索热度（Google Trends 截图）

优化关键词。通过比较不同关键词热度情况，判断用户更常用或更感兴趣的关键词，并进行相关优化，提高网站在搜索结果中的排名。

投放广告。通过关键词热度和变化趋势，判断广告投放的合适市场和合适时机，以达到更优效果。

分析竞品。利用 Google Trends 可比较不同关键词热度变化趋势的功能，分析自己产品和竞品之间的市场表现，及时调整营销策略或优化产品结构。

Google Trends 是搜索引擎营销过程中功能较为全面的便利工具，数据和分析依托于 Google 平台，Google 以外用户的行为、习惯、需求等信息无法被感知和分析，且通过搜索热度判断出的需求较为粗略，企业难以把握热度背后究竟是真实需求还是另有原因，无法据此做最精准的分析和决策。外贸大数据将粗略的需求精细化、具象化，以客观真实的数据描绘更为宽广且复杂多变的市场图像，洞察有效的客户需求细节，助力企业精准营销。

如何提升 Google Ads 投放效果

Google Ads 在国际贸易营销活动中，可以支持企业以点击付费广告的形式在 Google 平台投放广告，达到推广产品、吸引客户关注并成交的目的。Google Ads 的投放效果和转化率，与日常运营维护密切相关。对于提升 Google Ads 的运营质量，可从以下几个方面着手：

选择合适的广告投放区域。同样的产品在不同市场的需求情况存在差异，在进行 Google Ads 投放之前，首先要明确产品的主要需求市场和主要潜力市场，选择合适的广告投放区域，避免盲目投入。

找准广告投放的恰当时机。了解市场需求变化规律，包括时间周期、需求量变化等，在恰当的时机投放广告，以达到更好的吸引效果。

选择更具竞争力的优势产品。投放广告的目的是为了取得更好的营销效果，在选品环节建议全面分析目标市场当前竞品和竞争对手情况，找到自己的优势，并选择自己有竞争力的优势产品作为重点推广对象。

确定并优化精准的关键词。精准的关键词有利于广告被目标客户有效接触，通过分析市场重点需求产品等情况持续优化关键词，可提高广告在搜索结果中的排名。

创造优质的广告内容。精准契合目标客户兴趣点的专业广告内容比模板化的内容更易抓住客户眼球，企业可以在精准了解客户需求的基础上创造优质的广告内容。

设置并优化专业、美观的落地页。从广告跳转过来的落地页是否专业、美观、便利、人性化也会影响客户流入情况，需要根据用户习惯对落地页进行专业设置和优化。要注意 PC 端网页的落地页和移动端落地页的展示及操作的差异化，建议全面考量，优化设计。

上述建议重点作用于广告引流环节，通过提升 Google Ads 的投放效果吸引更多客户关注并建立联系，广告投放的最终转化效果还需要结合大数据进行专业分析，展开精准营销。通过搜索引擎广告吸引来的客户，后续需要进行专业背调，建立档案，沟通具体需求细节，报价确定合作意向等，整个营销过程中企业可以科学应用多个工具，以达到降本增效的目标。

中期

开展客户背景调查（如图 4-16 所示），建立客户档案，管理业务风险。通过搜索引擎接触到的客户，客户身份、客户情况、客户实力等多方面都不够清晰明朗，可能会给企业的经营带来诸多不确定性。在交流跟进过程中可以应用外贸大数据辨别客户真伪、评估客户实力、了解客户资质，通过客户的交易记录、商业数据信息等高效建立客户档案，基于客户真实情况有效管理业务风险。

确认客户需求细节，精准沟通，增加成交概率。外贸大数据中记录

图 4-16　环球慧思智能贸易终端系统：客户背景调查（系统截图）

着客户的真实需求和交易偏好，如客户需求量、采购周期和淡旺季、具体需求产品的型号规格等，各类信息细节在外贸大数据中都有迹可循。了解客户实际需求、有针对性地跟进和交流，把话都说到客户心坎里，成交概率就会更高。

分析行业竞争情况，突出优势加快成交。通过外贸大数据了解客户当前合作同行的信息，评估合作情况，并深度分析客户与同行合作的细节，结合同行公司实力、供应能力、产品品质、价格水平等情况在跟进客户过程中突出自身优势，推进客户跟进进程。

科学报价，达成合作。科学报价既关乎客户能否顺利合作，也关乎企业能有多大利润空间，外贸大数据中关于客户过往成交的价格水平、价格条款、价格走势等信息都可以成为企业科学报价的重要参考。

后期

管理和维护客户关系，增强业务稳定性。客户成交并不意味着营销动作结束，企业仍需要维护好稳定且优质的客户，为企业创造更大营销收益。记录客户真实交易行为的外贸大数据帮助企业更快判断客户是否忠诚、是否稳定、会在什么时候再有交易需求、需求量是否发生变化等，为企业提供密切跟踪客户情况、增强业务稳定性的分析依据（如图 4-17 所示）。

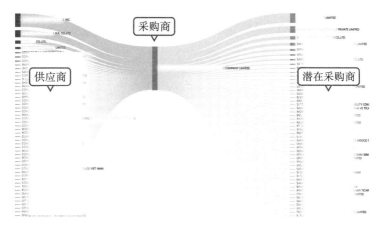

图 4-17　环球慧思智能贸易终端系统：供应商、采购商、潜在采购商关系（系统截图）

开展升级和交叉销售，拓展更多营销机会。相较于搜索引擎，外贸大数据更便于企业了解客户的产品体系和需求结构，并可以根据客户的交易习惯及规律，适时跟进客户，从而寻找升级销售或交叉销售的机会（如图 4-18 所示）。

图 4-18　环球慧思智能贸易终端系统：越南某采购商需求结构展示（系统截图）

第5章

数策：数据驱动的外贸数字化
转型战略

- 外贸行业的新挑战及应对

- 顺应时代新趋势，抓住时代新红利

- 从传统外贸到数字化新外贸

- 外贸差异化营销战略

- 外贸数字化转型新战略

- 数字化转型价值

- 新外贸呼唤新营销

外贸大数据对于外贸企业来说，已经不仅仅是一种开拓国际市场的工具和武器，也不仅仅用于和其他数字化营销工具相结合形成营销新战术，更重要的意义在于通过数据驱动实现数字化转型。在当前复杂多变的外部环境下，企业数字化转型已经不再是一个可选项，而是所有企业面向未来的必选项。数据驱动的数字化转型将重塑企业的战略、组织、文化和业务流程，最终将企业进化成数字时代的新物种。

中国改革开放 40 多年，我们抓住了全球化和数字化的契机，对外贸易实现了跨越式发展。但最近几年，外贸行业面临全球经济衰退、贸易保护主义抬头、地缘政治冲突、要素成本上升、竞争加剧等挑战，外贸企业需要做好充分的准备。

外贸行业的新挑战及应对

挑战一：在欧美经济滞胀甚至衰退的情境下，国际市场需求萎缩，对外贸行业产生多方面的影响

需求萎缩导致出口订单减少，外贸企业的销售额和利润受到直接冲击。由于欧美市场的消费者购买力下降，外贸企业面临订单减少、库存积压问题，进而影响到企业的生产计划和供应链管理。需求萎缩加剧了市场竞争。为了在有限的市场中争夺订单，外贸企业不得不降低价格或提供更具吸引力的优惠条件，致使企业的利润空间进一步被压缩。此外，欧美经济滞胀及衰退还会引发贸易保护主义的抬头。为了保护本国产业和市场，一些国家会采取更加严格的贸易限制措施，如提高关税、设置

非关税壁垒等，这使得外贸企业面临更大的市场不确定性和风险。

　　为应对这一挑战，外贸企业需要密切关注市场动态，加强市场调研和预测，以制定灵活的市场策略。同时，企业还需要加强产品创新和品牌建设，提高产品质量和附加值，以在激烈的市场竞争中站稳脚跟。此外，外贸企业应积极开拓新兴市场，寻求多元化的市场布局，这也是降低风险、缓解需求萎缩压力的重要途径。

挑战二：在欧美鼓吹"脱钩断链"和贸易保护主义抬头背景下，外贸行业形势严峻

　　一是贸易壁垒的增加和贸易关系的紧张导致市场准入难度加大。欧美国家采取愈发严格的贸易限制措施，提高关税或设立非关税壁垒，使得中国等国家的出口产品难以进入这些市场。这不仅限制了外贸企业的销售渠道，还会导致订单减少和市场份额下降。二是供应链的不稳定性和风险增加。美国主导的供应链本土化、近岸化、友岸化、多元化的战略导致全球供应链的重构和调整，使得外贸企业需要寻找新的供应商、合作伙伴和市场。这一过程充满了不确定性，可能面临供应链中断、交货延迟、成本上升等问题，对企业的正常运营产生负面影响。三是技术壁垒和知识产权问题也可能成为外贸发展的障碍。欧美国家在技术领域设置更高的准入门槛，限制外国企业的技术获取和市场参与。同时，知识产权的保护和维权问题也可能引发贸易摩擦和纠纷，给外贸企业带来额外的法律风险和成本。

　　为应对这一挑战，外贸企业最为首要的举措便是加强市场调研和预测，了解欧美市场的需求和变化，及时调整市场策略。其次，要加强自主创新和品牌建设，提高产品质量和附加值，赋予品牌更强劲的竞争优势。此外，积极开拓新兴市场，降低对欧美市场的依赖，实现市场的多元化。同时，加强与政府和相关机构的合作，争取更多的政策支持和市场准入机会。

挑战三：俄乌冲突和地缘政治冲突对外贸的影响较大

一是供应链混乱和中断。俄乌冲突和地缘政治冲突导致相关地区的物流中断，使得原本畅通的贸易通道受阻，从而影响到全球供应链的稳定性，导致一些关键商品和服务的供应出现短缺或延迟。二是大宗商品价格波动。战争和地缘政治冲突往往与能源、金属等资源的争夺有关，这些资源在全球市场上具有重要地位。冲突导致相关资源的供应减少，进而推高市场价格，增加全球通胀的压力。三是出口市场萎缩。如果一国受到战争和地缘政治冲突的波及，其出口市场必然会受到影响，导致该国出口下降，进而影响经济增长和就业。这些因素叠加会破坏国际贸易秩序，阻碍全球经济的复苏和发展，加剧地缘政治风险，使得一些国家在贸易和投资方面更加谨慎，对全球贸易和投资造成负面影响。

应对地缘政治冲突，外贸企业应建立信息收集机制，密切关注国际形势和地缘政治动态，及时了解相关政策、制裁措施、收款方式及市场变化等信息，更加准确地预测和判断地缘政治风险，从而及时调整自身的经营策略和业务布局。外贸企业还需要积极拓展多元化市场和客户，降低单一市场风险，提高业务的综合稳定性和可持续性。

挑战四：在国内大力推进供给侧改革深化的背景下，企业间竞争升级

具体表现在：越来越多的企业在国内市场站稳脚跟的同时，纷纷将目光投向海外市场，国内国际市场的"双循环"的确为企业带来了更多的发展机遇和成长空间，但随之而来的企业间竞争却逐步升级：为了抢占市场份额，许多企业不得不采取降低价格、增加营销投入等手段，把价格战打到国际市场。众所周知，采取低价策略，甚至不惜以低于成本的价格销售产品，就会扰乱市场秩序，使整体的行业利益受到巨大冲击。长期下去，这种竞争升级将严重损害企业的创新能力和国际竞争力，甚至将行业拖入深渊。此外，一味低价策略还将导致一些企业逐步陷入困

境，进而面临破产的风险。为了避免出现利用其他一些不正当手段来损害国家形象和利益的情况，就必须要鼓励企业建立起行业健康发展的良性竞争。

应对国际市场价格的竞争升级，企业还需要不断加大研发创新力度，不断提升产品附加值，从卖产品向卖解决方案转型，为客户提供一站式的服务，加大客户开发力度，不断优化客户结构，不断筛选出更优质客户。同时，行业协会应加强行业自律，维护行业销售秩序。

挑战五：产品和营销模式的同质化导致的出口"内卷"在当前的国际贸易中愈发明显

由于国内众多企业在技术、设计、生产等方面的差异化优势不突出，大量产品具有相似的功能和外观，缺乏独特性和创新性。产品同质化现象严重，使得企业在国际市场上难以形成独特的品牌形象，进而降低了产品的竞争力，差异化营销也就无从谈起，最终踏入同质低价竞争的泥沼。营销模式的同质化也加剧了出口内卷。许多企业在海外市场采用相似的营销策略和手段，如参加展会、广告宣传、线上销售等，缺乏针对性和创新性。这种趋同的营销方式使得企业在争夺市场份额时面临更大的挑战，也难以吸引消费者的关注和信任。为了争夺有限的订单和市场份额，企业不得不降低价格、提高折扣，采取恶性竞争的手段。

为了冲出这一漩涡，企业需要加强产品和营销模式的创新，通过研发新技术、设计新产品、探索新营销渠道和应用数字化营销工具等方式，挣脱同质化枷锁。同时，企业还需要加强市场调研和品牌建设，了解消费者需求和偏好，塑造独特的品牌形象，提升产品的附加值和竞争力。

挑战六：营销投入产出比急剧下降

首先，随着市场竞争的加剧，企业在营销方面的投入不断增加，但回报却未必理想。这是因为企业在制定营销策略时，没有充分考虑到目标市场的特点和需求，导致营销效果不佳。此外，一些企业过于依赖传统的营销手段，忽视了新兴的数字营销方式，导致营销投入产出比不佳。

其次，随着国际贸易环境的变化，一些国家加强了贸易保护主义措施，导致企业在开拓海外市场时面临更多的障碍，即使增加营销投入，产生的营销效果也不乐观。产品同质化也是导致营销投入产出比下降的一个重要原因。由于市场上类似产品众多，消费者在选择时更加谨慎，企业被迫采取更多的营销手段来吸引消费者的注意，陷入重营销轻研发的泥潭。

为应对这一挑战，企业需要加强市场调研，深入了解目标市场的需求和特点，制定更具针对性的营销策略。同时，企业还应积极探索新的数字化营销方式，如外贸大数据营销、社交媒体营销、搜索引擎营销等，以降低成本并提高营销效果。

虽然挑战很多，但同样也有机遇。数字技术的创新发展将会催生越来越多的贸易新模式、新业态、新亮点，推动贸易向数字化、智能化、绿色化转型。数字化新外贸也将伴随新兴产业、新兴市场以及第四次工业革命的发展浪潮而崛起。企业的数字化转型，将推进传统产业不断往产业链、价值链中高端升级，实现中国外贸的高质量发展和经济的腾飞。新的挑战也酝酿着新的机遇，旧的红利正在消失，新的红利正在形成。

美国管理大师彼得·德鲁克曾说："动荡时代最大的危险不是动荡本身，而是仍然用过去的逻辑做事。"在这样一个不断变化的环境里，我们不能用过去的办法解决现在的问题，而是要站在未来看现在，去拥抱变化。拿着"旧地图"找不到"新大陆"。外贸发展的各个阶段都在不断演进，我们要不断顺应时代发展新趋势，努力抓住这个时代的新红利。

顺应时代新趋势，抓住时代新红利

中国外贸发展的每一阶段都赶上了时代的红利。2001年加入WTO后，中国迅速融入全球价值链，出口形势一片繁荣。这个阶段，欧美国家和地区对中国开放市场，大量产业转移到中国，中国利用劳动力成本优势迅速成为世界工厂，从生产制造环节嵌入全球价值链。利用发达国家的研发、设计、营销、品牌，中国的产品很顺利地就进入了全球供应链。在此期间，我们自己开始做研发、设计、营销，向价值链高端转型。产业升级、向价值链高端转型是中国贸易发展的必然之路，也势必会和以美国为首的发达国家产生冲突。2018 年中美贸易摩擦爆发，中国外贸发展迎来重要转折，美国对中国的科技战、贸易战、金融战等接连上演，鼓吹"脱钩断链"的趋势越发明显。上一轮全球化进入尾声，世界格局进入重塑阶段。与此同时，新一轮全球化正在酝酿之中，尤其是以中国为主导的共建"一带一路"倡议的实施，让更多的中国企业出海。而这一轮全球化进程中，中国企业开始主导全球价值链，从生产制造到研发设计，一直到营销销售，在每一个环节上都展现出独特风姿。中国对外贸易产品结构呈现出新的特征，传统的劳动密集型产品出口逐渐减少，以"新三样"（新能源汽车、光伏、锂电池）为代表的战略新兴产业的出口和中间体贸易表现非常强劲。虽然中国同欧美发达国家和地区的贸易份额逐渐减少，但中国同东盟及俄罗斯、中东、非洲、南美洲等新兴市场国家和地区的贸易快速增长，市场呈现多元化发展趋势。这期间，随着互联网、大数据和人工智能技术的快速发展，外贸数字化水平不断提升，外贸新业态、新模式发展迅速，跨境电商和数字服务贸易的发展速度超过传统货物贸易，也说明这一轮全球化很大程度上是由数字化所驱动的。

每一个时代都有每个时代的红利期，当旧红利消失和减弱，也标志着新红利的崛起和发展。随着上一轮全球化红利、房地产基建红利、消费互联网红利开始慢慢衰败，新一轮红利正在逐渐形成。抓住时代红利，顺应时代趋势才能事半功倍。对于外贸企业来说，以下三大红利将持续很长一段时间。

一是数据智能新红利。数字化已经进入了下半场，从互联网时代进入数据智能时代。大数据和人工智能逐渐从导入期向展开期发展，且数据智能的红利还会持续很长的时间。在这一宏大的时代背景下，企业有机会做出更大的体量，成就更大的平台。抓住这个红利机遇至关重要。2022 年 ChatGPT 的横空出世标志着生成式人工智能的开始，未来大数据、人工智能会在外贸行业里大规模投入应用，国际贸易也将从互联网时代进入数据智能时代。如何通过互联网沉淀的海量数据进行精准分析从而指导现有的业务，如何通过外贸大数据实现主动精准营销，如何通过数字化赋能贸易全链条，如何通过数据驱动实施企业数字化转型，这些既是挑战，更多的是机遇和红利，外贸企业唯有不断升级进化，才能抓住这个千载难逢的机会。

二是新全球化红利。全球贸易格局在不断发生变化。上一轮全球化从 20 世纪 90 年代开始，尤其是在中国 2001 年加入 WTO 后，中国外贸企业赶上了这波红利期，实现了快速发展。2018 年中美贸易摩擦的爆发，使上一轮全球化正走向一个新的转折点。随之而来的是"一带一路"等新兴市场国家逐渐占据了贸易的半壁江山，我们正在迎来新一轮全球化，在国际分工中从廉价的劳动力供应角色发展到中间体贸易角色，从生产

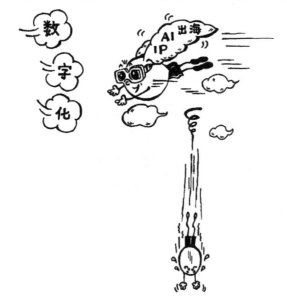

趁着新红利的风口长出翅膀才是硬道理

制造发展到逐步开始做自主研发、设计，走向价值链的中高端。这一轮新全球化红利在未来将会持续很长的时间。目前全球的经贸新格局处于双环流结构，中国则处于双环流的枢纽位置：对发达经济体出口中高端产品，比如高科技产品、机电设备、消费品、服务，进口高附加值的高科技产品、医药、奢侈品、服务等；对发展中经济体出口中间品、基础设施项目，进口能源、大宗商品、低附加值产品，比如原油、天然气、粮食、肉类、消费品等。中国从嵌入全球价值链到主导全球价值链、从 Made in China 到 Managed by China、从传统贸易到数字化贸易、从低附加值产品到高附加值产品和服务，这个进程将不断深化。

三是品牌化红利。过去我们依靠人口红利和低劳动力成本参与国际分工，抓住了上一轮全球产业转移和全球化的机遇。随着我国人口停止增长甚至开始负增长，我们的劳动力成本不断提高，逐渐失去人口红利和劳动力成本优势，但是人才红利正逐渐显现。我国高素质人才总量越来越多，有力支撑我国对外贸易高质量发展。未来的竞争我们不再依靠人口红利，更多的是人才红利，更重要的是人心红利。产品越来越过剩，如何更好占领客户心智从而拥有更多高忠诚度的客户成为未来企业竞争的关键。人心红利需要文化和软实力作为支撑，要充分利用 IP 打造与品牌塑造来强化自身软实力。IP 最能抓住人的情绪价值，比如直播电商，其 IP 自带的流量可以借助情感价值的力量带来更多商业上的实际价值。这启发我们要善用 IP 打造和品牌塑造来服务我们的商业运作。

现在，中国品牌全球化已经形成不可逆转的新格局。如通信设备行业、新能源汽车行业、工业机器人行业等，众多中国企业不断将高质量、新技术、强研发的印象植入国际客户心智，出海模式从原先的产品出海向品牌出海进军。海外市场消费力逐渐恢复，对产品的品质需求越发注重，也给中国品牌营造了绝佳的红利环境。对于外贸企业来说，乘品牌化红利之势而上，无疑是必然的选择。

从传统外贸到数字化新外贸

在全球贸易环境急速变化的时代，在充满机遇和挑战的时代，外贸行业正加速从传统外贸向数字化新外贸转型。互联网、大数据、人工智能等技术的应用使得交易更加便捷、高效，降低了贸易成本，提升了中国企业的国际竞争力。此外，中国政府的政策支持和引导也发挥了重要作用：通过推动产业升级、鼓励技术创新和加强国际合作等措施，促进外贸行业的转型升级和高质量发展。外贸行业正经历着一场革命性的变革，传统的"旧外贸"模式正在与数字化"新外贸"模式进行着激烈的碰撞与交融。

第一，随着数字化技术的快速发展，以美欧日市场为主的传统外贸格局正在受到冲击，而"一带一路"等新兴市场则成为数字化新外贸未来发展的重要区域。数字化技术的广泛应用让外贸交易更加便捷、高效和透明。同时，跨境电商等新型贸易方式加速了国际贸易的数字化转型。这些新兴的技术和商业模式提升了外贸行业的整体效率，也为外贸企业开拓新的国际市场提供了更多发展路径。特别是共建"一带一路"倡议的提出，为新兴市场的发展注入了强大动力。通过加强沿线国家之间的经济合作和基础设施建设，中国与世界各国之间的贸易往来日益紧密。这些新兴市场不仅为中国产品提供了更广阔的市场空间，也为中国的外贸企业提供了新的增长机会。在"一带一路"倡议下，中国与沿线国家的贸易合作呈现出多元化、互利共赢的良好态势。尽管面临政治、经济和文化等方面的差异和不确定性，但随着数字化新外贸对企业的赋能增强，会有越来越多的企业能够保持战略定力，积极应对挑战，实现新突破。

第二，从传统外贸的劳动密集型加工贸易，逐步变革为数字化新外贸的技术和资本密集型贸易。劳动密集型加工贸易曾是中国对外贸易的重要组成部分，这种贸易模式技术含量相对较低，产品附加值不高，且容易受到国际市场波动和贸易壁垒的影响。数字化新外贸的兴起，使技术和资本密集型的一般贸易逐渐成为主流，尤其是技术含量较高的中间体贸易和设备贸易增长迅速，占我国出口产品的比重越来越大。企业在注重技术创新和资本投入的同时，通过提高产品的技术含量和附加值，增强其核心竞争力。依靠数字化技术和工具的支持，企业能够更加精准地把握市场需求，继而优化生产流程，提高生产效率，降低运营成本。跨境电商作为数字化新外贸的重要组成部分，更是为外贸行业注入了新的活力。其通过互联网平台连接全球消费者和供应商，打破了传统贸易的时空限制，让中小企业也有更多机会参与到国际贸易中。跨境电商不仅提供了更加便捷、高效的交易方式，而且加深了全球市场的融合和文化的交流。从劳动密集型加工贸易到技术资本密集型一般贸易和跨境电商的发展，是外贸行业转型升级的必然趋势。这一过程中，数字化技术起到了关键的作用。

第三，从传统外贸到数字化新外贸的发展过程中，中国企业在全球价值链中的位置不断提升。在传统外贸阶段，消费品、OEM（原始设备制造商）和"Made in China"标签是主导。消费品出口主要依赖于低成本生产和大规模制造，而 OEM 模式则使中国企业成为全球供应链中的重要一环，为国际品牌提供生产服务。这些产品往往以价格优势为主，品牌影响力和附加值相对较低。随着全球贸易环境的变化和数字化技术的快速发展，数字化新外贸阶段，以中间品和资本品为主的工业品、服务、ODM（原始设计制造商）、OBM（原始品牌制造商）以及"Managed by China"将成为新的发展趋势。中间品和资本品的出口增长反映了中国在全球价值链中地位的提升。伴随技术进步和产业升级，中国企业开始具备生产高技术含量、高附加值产品的能力，这些产品往往涉及更复杂的制造和研发过程。同时，服务出口的增加也体现了中国外贸结构的多元化，以金融服务、信息技术、商务服务为代表的服务类别国际竞争力不断提升，让服务出口在中国外贸结构中占据了越来越重要的地位。而

ODM 和 OBM 模式的发展则代表了中国企业从简单的制造加工向自主创新、品牌建设转变的努力。这些模式要求企业具备更强的研发设计能力和品牌影响力，以在国际市场上获得更高的认可度和附加值。"Managed by China" 概念的提出则进一步强调了中国在全球贸易中的管理和协调作用。随着中国企业国际化程度的提高，中国外贸企业开始在全球范围内配置资源、管理供应链和开展业务运营，中国在全球贸易治理中的话语权和影响力由此提升。

第四，从传统贸易的跨国公司到数字化新外贸的平台和中小企业、专精特新、隐形冠军的涌现，深刻地反映了全球贸易结构的演变和创新力量的崛起。传统贸易主要由跨国公司主导。跨国公司凭借其庞大的产业链和全球化的供应链，通过在不同国家进行生产、销售和投资等活动，成为全球经济的重要推动力量。然而，随着数字化技术的快速发展和全球贸易环境的不断变化，跨境电商、数字贸易等平台通过降低贸易门槛、简化交易流程、提高交易效率，使得中小企业能够更加灵活地开展国际贸易。在这样的背景下，专精特新中小企业和隐形冠军企业逐步展现出强大的竞争力。它们专注于某一特定领域或细分市场，依靠独特的技术或产品优势，在特定市场占据领先地位。它们通过持续创新、提高产品质量和服务水平，成为全球贸易的新生力量。创新力量的崛起意味着全球贸易的参与者更加丰富，全球贸易格局正在朝着更加多元与包容的方向发展，同时还促进了全球供应链的优化和重构，提高了全球贸易的效率和灵活性。

第五，从传统外贸的海运、大单为主，到数字化新外贸的海陆空运、碎片化订单以及境外本土化生产和服务的发展变革，深刻地反映了全球贸易的演进趋势。传统外贸的海运方式长期占据主导地位，大单模式是其显著特点。这种模式虽订单量大，但周期长，涉及复杂的物流和供应链管理流程，存在效率低下、成本高昂等问题。跨境电商平台的崛起，使得中小企业和个人能够更方便地参与到国际贸易中，实现全球买、全球卖。跨境贸易的碎片化特点日益凸显，小批量、多频次的订单成为主流，碎片化订单成为数字化新外贸的重要特征，企业需要根据市场需求灵活调整生产计划和供应链布局。此外，海陆空运的协同发展为数字化新外贸提供了有力的物流支持。境外本土化生产和服务的发展迅速，通过在当地设立生产基地或服务中心，企业能够更好地满足当地市场需求，提高响应速度和服务质量。在这样的形势之下，贸易成本普遍降低，企业得以通过更多元化的方式实现国际竞争力的增强。

第六，从传统外贸的价格竞争，逐步变革为数字化新外贸下企业在质量、服务、品牌、技术和标准方面的竞争。以往许多外贸企业主要依赖价格竞争来抢占市场份额，导致利润空间压缩和行业内的恶性竞争，削弱了企业的创新能力和品牌形象，使得中国商品在国际市场被贴上了"廉价"的标签。数字化新外贸则为企业提供了更加广阔的市场空间和更加丰富的竞争手段。数字化技术使企业能够更加精准地把握市场需求，通过提供高质量的产品、优质的服务、独特的品牌形象及先进的技术和标准来赢得客户的青睐。例如，通过数据分析和智能化生产等手段，提升质量竞争力，提高产品的稳定性和可靠性；通过数字化平台便捷、高效的服务，提升服务竞争力，包括在线咨询、快速响应、个性化定制等，满足客户的多样化需求；通过数字化营销和品牌建设，提升品牌竞争力，塑造深入人心的品牌形象；通过引入新技术、新工艺和新材料，提升产品的技术含量和附加值，增强核心竞争力；通过参与国际标准制定和推广，提升自身在国际市场中的话语权和影响力，即提升标准竞争力。

第七，从传统外贸的商品跨境流动、服务外包，逐步向数字化新外贸的数据跨境流动、数字贸易等领域转变。在传统外贸中，商品跨境流动和服务外包是主要的业务形态。商品跨境流动主要关注的是实体货物的运输和交易，而服务外包则涉及将某些业务流程或任务委托给外部服务提供商，这些模式在一定程度上推动了国际贸易的发展。如今，数据跨境流动成为数字化新外贸的重要特征之一，其在支撑国际贸易活动、促进跨国科技合作、推动数据资源共享方面的作用日渐凸显，已成为打造我国全球数字经济发展格局中优势的关键。数字贸易作为数字化新外贸的重要组成部分，是以数字服务为核心，以数字订购与数字交付为主要方式的贸易形态，高度依赖数据跨境流动，受数字技术创新驱动，与传统货物贸易和服务贸易有紧密联系。数字贸易的发展不仅让外贸企业节省了交易成本、提高了贸易效率，还催生了新的商业模式和产业生态。

第八，中国从嵌入全球价值链的传统外贸，逐步发展成为主导全球价值链的数字化新外贸，体现了中国外贸的强劲实力和巨大潜力，也反映了全球贸易格局的深刻变化。在过去，中国主要以加工制造和低端生产环节的方式嵌入全球价值链，通过大规模生产和出口实现经济增长。然而，随着中国外贸企业开始积极探索数字化转型，并逐步向全球价值链的高端环节攀升，中国外贸迎来了向主导全球价值链转变的新机遇。通过运用大数据、云计算、人工智能等先进技术，中国外贸实现了贸易流程的数字化、智能化和自动化，同时，中国还积极构建数字化贸易平台，推动跨境电商、数字服务贸易等新模式的发展，进一步拓展了全球贸易空间。凭借强大的制造业基础、完善的供应链体系和不断创新的科技实力，中国逐渐在全球价值链中占据了更为重要的地位，不仅仅在生产制造环节持续保持领先，还在研发设计、品牌营销等高端环节取得了重要突破。此外，中国还积极参与全球贸易规则制定和改革，推动贸易自由化和便利化进程，为全球贸易发展贡献了中国智慧和力量。

综上所述，从传统外贸到数字化新外贸的发展变化反映了中国外贸行业的不断进步和创新，这些变化让中国在全球贸易中的地位和影响力得以提升，同时，也让着全球贸易向更加繁荣演化。

外贸差异化营销战略

中国的很多外贸企业都被同质低价所困扰，如何在同质低价竞争中实现差异化营销，如何穿越价格带，建立品牌壁垒是每一个外贸人都将面对的挑战，竞争似乎是身处这个商业世界永远无法回避的生存法则。

从传统的被动营销时代跨越到如今的主动营销时代，外贸企业始终承受着来自全球各地强大竞争对手的压力，想要在竞争中脱颖而出以赢得客户的青睐，企业就必须提高自身核心竞争力，而核心竞争力的根本来源，就是打造差异化（如图5-1所示）。

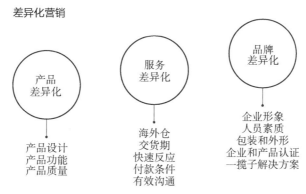

图 5-1 差异化营销示意图

打造差异化并不是目的，而是一种多维度手段，它能够帮助企业在产品、营销、服务等各个方面区别于竞争对手，从而在市场上获得独特的定价优势。当企业能够向客户提供一些独特的、其他竞争对手无法替代的产品价值或服务时，其独特的竞争优势就会展现得淋漓尽致。摆脱同质低价，塑造差异化的核心是了解客户，利用数字化平台和工具的数据洞察他们的需求和偏好。这需要从产品研发、设计、营销、服务、品牌推广等多个方面入手，进行高价值匹配，提升产品的附加值和市场竞争力，从而穿越价格带，打造差异化营销、口碑营销和品牌营销。

产品差异化

产品是企业之根，是营销之本。从企业与市场的交互层面来看，任何企业的差异化战略都需要通过特定的产品来体现。如果没有具体、可感知的差异化产品，差异化战略就无法真正落地，外贸企业的竞争会受到阻碍。

产品的差异化可以从不同维度创造。产品的概念是广义的，可以细分为核心产品、实体产品和延伸产品。核心产品是指能够直接为客户提供主要价值的产品；实体产品是指产品的外在呈现，包含产品的包装、外观及使用特质等；延伸产品是指产品核心价值和实体形态之外的附加价值。不论这种差异化是什么，是新技术、新概念还是新算法，对于一款产品来说，其本质还是要归于客户需求。要以客户需求为根本出发点，识别竞品已覆盖的需求之外还有哪些客户需求没有被更好地满足，这些需求是否可以支撑企业打造差异化优势，抢占客户心智。

对于核心产品而言，尤其要践行以市场需求和客户需求为先，提供具有独特性能和优势的产品。为实现这一目标，外贸企业需要建立一套健全的市场调研和分析体系，以便及时掌握市场动态，感知客户需求的变化。通过对市场数据、客户反馈等信息的收集，企业可以更准确地确定市场目标和客户群体，以此来创造可持续的产品差异化。只有做到了真正的以客户为中心，不断深挖客户需求和痛点，才能生产出真正符合客户需求的产品，进而赢得更多的客户和市场。同时，要注重创意储备和研发，营造特有的产品风格，使产品在市场上更具吸引力，但要兼顾市场落地的可行性。作为企业而言，其不仅要培养创新研发的文化，还需关注实际生活的应用场景，一旦理念与现实状态融合得好，或许就会孵化出一个令客户叫好的产品。

案例分享

产品差异化再造企业生机

国内一家生产阀门的出口企业，在走产品差异化道路前以出口球阀为主，质地为黄铜，价格较低，主要通过走量获取利润。然而随着原材料价格上涨，黄铜采购成本增加，出口利润变得极低。企业迫切求变，否则出口业务将随时面临暂停的局面。为了应对这一困境，该企业开始通过大数据了解当前市场上的热门产品型号，并分析市场上的盈利产品和爆款产品，在此基础上对产品结构进行了优化，从生产单一的球阀转向生产蝶阀、截止阀、调节阀等多元化产品。与此同时，该企业加强产品研发力度，开发出 PVC、ABS、PP 等不同材质的具有节能效果的低阻力阀门和节能型控制阀，由此打造出产品差异化矩阵，满足了客户对节能减排的需求，让客户企业实现了进一步降本增效。

此外，该企业还根据大数据对热门产品的价格展开分析，考虑不同工艺和成本等因素，将产品划分为高中低端不同的价格区间。如此一来，企业也可以根据不同的市场和客户群体进行差异化销售，提升整体盈利能力。通过打造产品差异化的定位，该企业成功破局，并实现从单一产品到多元化产品的转型，化解了风险。

现在许多产业的市场日趋饱和，客户对于产品的外观、颜色、功能、性能等特点有了更高的要求，他们渴望更多个性化和多样化的选择，而不仅仅是千篇一律的产品。同时，随着社会科技和文化水平的提升，人们对于产品的设计、工艺、环保、人性化等方面有了更加理性和深入的关注，因此打造实体产品的差异化也是必行之举。实体产品的差异化打造由产品设计实现，好的产品设计能将产品的美观性、实用性和用户体验等方面完美结合，使产品在市场中独具特色。企业可以围绕目标客户的定位及偏好，通过引入新的设计理念和元素，创造独特的产品形象和风格，以此与竞争产品进行区分；还可以根据客户的个性化需求，提供定制化的产品来满足客户的更高期望；另外，也要更加注重产品的用户体验和人性化设计，将产品与人的需求紧密结合，使其能够更加匹配人们日常的使用及操作习惯。

市场差异化

这里我们所说的市场差异化特指市场布局差异化，市场布局差异化主要通过市场多元化发展，以及在不同市场采取差异化营销策略来实现。

近些年，全球政治和经济局势不断变化，国际争端频繁爆发，从贸易纷争到地缘政治冲突，对全球经济形势造成深远的影响，导致国际贸易态势变得越来越难以预测。在这种大环境下，外贸企业面临着越来越多的不确定性和风险，为了从容应对这些风险与挑战，企业必须认识到市场差异化和贸易多元化的必要性，将出海贸易触手延伸到更多区域。

过去，中国主要依赖于欧美等传统市场。现在，随着"一带一路"建设的实施，越来越多的国家和地区开始与中国缔结贸易关系，这意味着从政策上为中国出海企业提供了更多与世界各地市场进行合作的机遇，为企业层面的市场差异化、多元化策略提供了丰厚的土壤，降低了外贸企业开发相关市场的贸易成本。

市场差异化可以降低企业对特定市场的依赖度，减少风险并增加业务的稳定性。通过开拓多个市场和合作伙伴，企业得以分散风险，避免因为单一市场或合作伙伴的变化而遭受过大的冲击。多元化的市场策略也可以帮助企业增加业务渠道，获得更多的商机和资源，促进企业长期发展。同时，在市场多元化发展的前提下，针对不同市场采取差异化营销策略更有利于企业优化资源配置，实施精准营销，为企业创造更大价值。

在市场差异化的落地实施中，企业无疑仍要从对市场的调研和分析入手。首先是新市场的选择，在我国外贸承压前行的背景下，要把目光投向更有成长空间的国家和地区，选择政治形势和经济环境更加稳定、相对可预见的市场，并考虑市场需求与自身产品的匹配度。再通过大数据的支持，对目标市场的客户需求、客户采购习惯、文化差异和市场趋势等信息进行全面分析，了解当地的市场规则和法律法规，从而为更好地把握新市场机会提供有力支持。

接下来，需要为新市场制定精细化的策略。以目标市场的特点和企业的优势为基础，制定有针对性的市场策略，涵盖产品定位、定价策略、渠道策略和销售策略等多个方面。通过对新市场和客户采购行为的把握，可以更好地调整产品的特性和定价策略，以符合该市场的普遍需求；根据新市场的特点选择合适的销售渠道和销售方式，提高销售效果和转化率。

在真正涉足新的市场后，企业需要根据不同市场的实时变化情况，不断调整业务开发比重，并尝试为进军下一个新市场做好准备。市场的差异化可以为外贸企业的经营加上一道重要的"保险"，即使所涉及市场有个别发生意外情况导致短时间内难以进行业务往来，企业仍可以保证自身业务的正常运转，经营的灵活性和抗风险能力可得到保证。

渠道差异化

在传统外贸模式下，企业依靠被动的方式获客，获客渠道单一（如展会、广告、搜索引擎、黄页等）且缺乏灵活性，等待客户上门询盘。这些方式的覆盖面和效率在新贸易时代已经难以满足外贸企业拓展业务的需求。单一固化的渠道总是会导致与很多合作机会失之交臂。而大数据时代颠覆了外贸企业的一贯业务方式，促使企业必须以主动出击的方式挖掘客户。这就对渠道的多元化、差异化提出了全新的要求。面对新的机遇，外贸企业应化被动为主动，构建多元化、差异化的市场开发渠道，开启全渠道获客的新纪元。

渠道的差异化战略要从渠道策略、渠道设计、渠道建立、渠道管理、渠道维护和渠道创新等方面入手，首先要量体裁衣，让渠道以最佳的效率接触目标市场。这一步骤同样要依靠外贸大数据的支持，通过对不同目标市场的需求、特性等深入了解，以匹配不同的渠道手段。例如，发达国家和发展中国家在渠道适应性上就有着很大的差异，不同地区因其发达程度不同，就必须针对性地选择渠道。在目标市场定位后，企业也要有一个基本的渠道定位，使渠道能够与目标客户的采购行为、采购习惯等特征完美合拍。

身处"互联网+"时代，外贸销售渠道主体是从"线下模式"向"线下+线上"逐渐转变的，企业要做的并非是摒弃传统的营销渠道，而是要充分把握自身产品的特性，利用数字化力量让传统方式迸发新的生命力。例如，企业可以通过邮件、参加展会开发和吸引潜在客户，而后通过社交媒体和电商平台进行后续的销售和客户维护，实现多元渠道有机结合的模式。另外，企业也可以根据目标市场和产品特点选择不同的分销渠道，与渠道合作伙伴建立良好的关系，从而找到渠道本土化的着力点。

在渠道的选择上，企业也要充分考虑价值链中上下游各相关方利益，应促成双赢。在这个方面，企业同样可以借助大数据分析各种渠道的交易流量、转化率和客户行为，以及不同渠道的成本、收益及风险。根据这些信息，企业可进行有效的渠道策略调整，将资源投入到更具潜力的渠道，实现营销效率和收益的提升。

在打造差异化的渠道信息管理中，企业也可以充分利用大数据技术进行信息共享和国际营销渠道的整合。信息共享机制的建立可以保证渠道成员之间及时的信息传递，有助于外贸企业有效控制渠道成员及质量，让企业的渠道关系实现"一体化"协调发展，为渠道战略的实施提供坚实的保障。

营销工具差异化

营销工具差异化也是企业实施差异化营销战略的重要组成部分。当绝大多数外贸企业都依赖 B2B 平台或展会营销时，很容易产生营销方式的同质化。大家都用相同的营销工具，客户群体都一样，很容易产生一个采购商找到无数的供应商从而形成货比多家的情形，这对企业后续谈判和成交非常不利。目前数字化营销工具越来越多，从企业建立独立站利用搜索引擎推广，到利用各种社交媒体进行推广，还有非常关键的利用外贸大数据进行主动精准营销。这些营销工具之于外贸企业而言犹如捕鱼工具，是选择钓竿还是渔网，面对不同的市场和客户，它们也会产生不同的效果。

未来利用数字化工具进行全渠道、全场景、全链条的整合营销已经成为外贸企业拓展国际市场的必然趋势。外贸企业应根据自身产品特点选择适合自己的营销工具组合，同时配备数字化营销人才，掌握各种营销工具的使用方法，建立每种营销工具的标准化作业流程，打出新的营销战术，让"大鱼"收获的速度越来越快。

服务差异化

随着国际市场竞争越来越激烈，对于所有外贸企业而言，出海营销面临着深层次的理念转变：销售仅仅是客户服务的起点。企业需秉持"以客户为中心，以客户价值为导向"的核心价值观，坚持长期主义，让客户在贸易合作全周期中持续获得与众不同的最佳服务，才能使客户与自己建立持久的心智认同和忠诚度，成为长久合作的伙伴。

外贸企业除了打造产品差异化，服务的差异化也是非常重要的一环。企业可以通过提供优质的售后服务、定制化服务、体验式营销等方式，增加产品的附加值和市场竞争力。优质的售后服务是客户体验的重要组成部分，这需要企业建立完善的客户服务体系，提供及时、专业的售后服务和技术支持，帮助客户解决交易完成后遇到的问题。定制化服务与定制化产品的底层逻辑一致，都要深刻挖掘目标客户的特殊需求，以提供配套的特殊服务模式。体验式营销则是一种让客户通过亲身体验了解产品的方式，比如通过参加展会或邀约客户参观工厂等面对面的方式，让客户能够亲身感受到产品的质量和功能，从而增强客户对产品的信任感和成交意愿。这几点的差异化打造都需要企业从客户和市场双向入手，去寻找已存在和待满足之间的差值。填补了这个差值，也就实现了差异化。

服务差异化还体现在对客户反馈的及时性和专业性上。在业务流程中做到服务差异化，应注意以下三点：

一是拼速度。客户询盘时自然希望尽快得到一个合理的报价。如果竞争对手用两天时间报价，而你能够利用外贸大数据分析得出报价方案并在当天发送给客户，那么在速度上就占据了优势。同样，无论是样品还是交期，快速响应和满足客户需求都会让客户更加倾向于你。

二是拼细心。无论在哪个环节，都要比客户多想一步，提前一步。对细节问题的周到考虑，对客户需求进行超前响应和超预期反馈，以及对交易进展的及时汇报等，都是在细微之处把握客户心智的重要方法。比如，对于客户提出的询问，不仅要理解其显性需求，还要通过沟通和交流挖掘其潜在需求。又比如，在反馈客户业务进度的时候，对客户相应的计划和策略提出建设性建议等。这些看似微不足道的细节，实则决定了服务的成败，也是实现服务差异化的更深层次体现。

三是拼专业。专业在外贸业务中不仅是一种服务态度的体现，更是一种核心竞争力的体现。一个专业的供应商要对自身的产品信息了如指掌，对市场趋势有深入的理解，并能够清晰地解释其报价差异和竞争优势。专业的供应商能够准确评估客户需求，并根据其独特的要求提供最匹配的合作方案，从而赢得客户的信任。

当然，服务差异化不仅要从以上细节层面创造，还要从宏观的层面构建。对于外贸企业来说，巧妙利用数字化工具搭建专门的服务体系与平台是实现服务差异化的重要手段。一个完善的服务体系不仅可以提高企业服务的质量和效率，还能从多维度更好地满足客户的期望。通过搭建集成的服务平台，外贸企业可以将各个业务环节无缝衔接，实现与客户的信息共享和资源优化配置，加速对客户问题和需求的响应，从而不断加深客户对高价值服务的认知，更好地"黏"住客户。

品牌差异化

外贸企业发展到一定阶段，就必须要考虑如何通过更多维度提高效益。树立良好的形象，打造优质品牌对提高企业经济效益、增加客户信任和忠诚度至关重要，同时也有利于稳固市场地位并扩大市场占有率。如果品牌不具备差异化价值，那么客户就难以形成品牌忠诚度，企业的市场份额也很容易被其他竞品抢占。

外贸企业如何塑造差异化品牌是一个需要深入探讨的问题。差异化品牌除了要向目标客户传递理性价值，还要打动客户情感，让客户产生更大的共鸣。

企业要学会精准提炼并巧妙放大自己的优势，以形成品牌在客户心中的独特认知。一般企业提及品牌差异化，第一反应是着手改正缺点。这样的方式往往只会让众多品牌的竞争更加趋同。企业与其弥补不足，不如先锁定自身最具特色和辨识度的优势，进一步将其放大并加以渲染，增加品牌与顾客的核心价值触点，达到提升品牌吸引力的目的。

企业应尝试让自身的产品绑定某个场景并激发光环效应。差异化的场景能够帮助强化客户的品牌记忆。如果某种场景对于客户而言有积极、难忘的体验，那么其对客户的记忆会更加深刻。品牌可以通过展会、邀请客户参观工厂等场景进行展现和传达，以强化客户在特定场景中对产品的印象。

外贸企业也可以通过设计独特的品牌视觉识别系统来打造差异化，包括品牌 LOGO、字体、色彩等，从而强调品牌形象的辨识度，摆脱视觉同质化的困境。品牌视觉识别系统应具有一致性和易于传播的特点，在企业独立站、社交媒体平台和开发邮件的落款上都可以进行展示。

企业应当建立与品牌定位相符合的品牌文化，这种文化包含价值观、行为规范、组织氛围等多个方面。积极向上的品牌文化能够感染客户，让他们对品牌产生发自内心的认同感，从而拉近与客户之间的距离。为了塑造差异化的品牌形象，品牌文化需要具有独特性、内在性和可传承性，跳出品牌趋同的泥潭。

品牌差异化的建立是持续的过程。即使成功塑造了独树一帜的品牌形象，也需要持续监测客户对品牌的认知、情感和行为反应。通过用大数据进行市场调查分析、舆情分析和客户忠诚度评估，企业可以实时了解自己的品牌形象在目标市场的表现，并做出相应的策略调整。

企业文化差异化

企业文化是企业的灵魂，在差异化营销战略中占有非常重要的位置。

企业应持续打造具有鲜明特质、给客户留下深刻印象的企业文化。

企业文化本质上是企业创始人的精神气质，既要有内涵，又要具备故事性，便于传播。企业文化还必须有利于促进企业的核心竞争力。例如，贯穿在海尔管理模式和经营理念的"海尔文化"，就是在弘扬中国传统优秀文化的基础上，既吸收了日本成功企业文化中的吃苦精神和团队意识，又融合了美国成功企业文化中的突出个性和创新意识的优点而形成的独特的企业文化，让海尔能够在业务层面紧随市场需求，并转化为超强的执行力，拉开与竞争对手的差距，增强其核心竞争力。企业要确保其核心价值观与员工个人价值追求高度一致，这样才能有效引导全体员工将个人目标与企业目标对齐，使员工自发形成认同感和归属感，从而让企业文化在内部得到深入贯彻与实践。

企业文化是一种集体意识的展现，有效的企业文化一定要触及员工意识。这种意识触及需要通过建立制度落地实行。另外，环境塑造同样在企业文化的打造中起到重要作用。这种环境不仅表现在物质层面的办公环境、工作氛围，更包括精神层面的价值观、信念和行为准则。一个与企业文化相契合的环境，能够激发员工的工作热情，增强团队的凝聚力。在这样的环境下，员工能够深度理解企业的愿景、使命和价值观，并自发认同，最终积极参与到企业的发展中来。

外贸企业接触合作的都是国外客户，其企业文化必然要包含开放、创新的特性，应允许员工提出创新意见，与员工进行充分的沟通和交流，让员工也能够参与企业文化建设，调动其荣誉感、责任心和创新热情。这样的企业文化会大大减少企业内耗，促进建立和谐、利他的人际关系，培养团队精神，保证企业健康、稳定地向前发展。

企业文化的差异化打造也许无法从业务层面得到直接的成效反馈，但会在整个组织的构建上给足"马力"，促进员工更好地理解配合企业其他维度的差异化战略。通过软硬结合的方式，企业差异化形象将更立体，竞争力也会随之增强。

"人"的差异化

出海营销，始终表现为人与人打交道，而并非产品与产品打交道，也不是人直接与产品打交道，客户所能直接接触到的是外贸业务员。因此人的差异化就成为外贸企业综合竞争力的核心，人成为客户能够快速识别企业优势的标签。人的差异化在外贸领域中并不仅仅指的是个人能力差异，它更是一种综合的体现，包括独特的思维方式、扎实的专业知识、敏锐的市场洞察力、卓越的运用工具能力，以及优秀的跨文化沟通能力等。这些能力的结合共同支撑起企业中"人"这个关键要素的竞争力。

首先，一个能够与竞争对手形成差异的优秀外贸人必须具备强大的逻辑思维和创新思维。在复杂多变的外贸环境中，清晰的逻辑思维对于厘清变化莫测的市场情况至关重要，这要求外贸人能够有能力处理大量复杂的信息，进行市场情况的分析和预测，从而制定科学合理的市场策略。同时，外贸人还需要具备独立思考和灵活应对各类复杂问题的能力，在面对业务挑战的时候，勇于创新，能提出新的想法并尝试，以适应不断更迭的市场需求，为客户提供更合理高效的解决方案。

其次，专业的外贸知识储备同样是必备要素。外贸人只有向客户呈现专业的业务形象，在客户心中打上"专业"的标签，才能实现高效的合作往来，在竞争中突出重围。一个专业的外贸人必须对国际贸易规则、政策、法规有深入的了解，要具备丰富的实践经验，在实际操作中注重积累，充分了解各种贸易方式和交易细节，并通过不断的学习和实战，提高自己的专业素养和业务能力。

再次，敏锐的市场洞察力无疑也是决定成败的关键。这种能力不仅要求外贸人对市场趋势保持敏感度，能够及时捕捉到市场行情的变化，还要能够深入理解宏观经济形势，对全球经济发展趋势有准确的预见。具体来说，即需要对国际市场的需求、竞争对手的动态及行业趋势等各方面信息保持持续关注，准确把握市场脉搏，从而在业务推进中可给出更加科学的策略建议。因此，在大数据时代，能够熟练运用外贸大数据工具进行市场分析，主动精准开发海外市场对于外贸人而言也是必备技能。

最后，出色的跨文化沟通能力也是外贸人体现差异化的重要一环。对于一个优秀的外贸人而言，跨文化沟通能力包括几个维度：一是纯粹的语言沟通能力。今天，语言能力已是外贸人成功开展业务的最基本要求，包括掌握英语和其他语种语言的能力，以便流畅地与国际客户进行沟通。二是具备对不同文化的理解和适应能力。外贸人应充分了解客户所在地区的礼仪和习俗，学习不同文化背景下的商业习惯和思维方式，避免因文化差异而导致冲突和误解。三是具备全球视野和多元文化意识，能够更好地理解不同文化背景下的客户需求和市场趋势。只有具备更优秀的跨文化沟通能力，外贸人才能与来自不同文化背景下的客户拉近距离。

上述这些能力实际体现于与客户的直接沟通上，最终归结为个人 IP 的差异化打造。如何使自身的本领更加生动地被客户感知，如何让业务员在客户心中留下与众不同的印象，进而提升对企业的好感度，这是一门实践的艺术。

其实，在贸易合作中打造"人"的差异化，通俗一点说，就是将专业的产品和服务与业务人员个人风格进行全方位多渠道结合，形成带有情感偏向的综合体，以洞察目标客户的需求，塑造业务员在客户心中的形象，把业务员个体打造成客户心中的最佳人选和第一选择。

人的差异化不需要刻意打造，找准价值和人设这两个定位，就可以打造出极具吸引力且独一无二的个人形象。很多业务员在客户开发过程中，缺乏打造个人差异化形象的意识，邮件或平台沟通话术都与同行完全趋同，别人怎么说，自己也怎么说，这种方式确实会提高一些效率，但却失去了自己独特的标签。在同质化现象异常严重的当下，反其道而行之，把放弃的自我找回来才是破圈的最好方法。因为每一个外贸企业所处的行业不同，所以外贸人所专注的业务领域也不同，个人风格也就不一样。外贸人应找到自身产品和服务能给目标客户所提供的价值，然后根据核心价值定位去细分，同时结合自身的性格、喜好、兴趣和身份特征，将价值定位和人设定位进行融合，这样，一个具有差异化的个人 IP 就诞生了。客户通过差异化的个人 IP 会看到企业品牌特征，这样就会对市场开发和业务合作起到正向推动作用。

总的来说，在外贸中打造卓尔不凡的差异化策略，摆脱同质低价的沼泽，离不开精准营销这个基石。外贸人要始终需要围绕市场和客户的需求，深度挖掘竞争对手尚未很好满足需求的领域，在客户需求方面多问几个为什么，在每个需求层次上探寻差异点。学会合理巧妙地利用外贸大数据进行行为分析，衡量在当下竞争格局中还有哪些需求分类，在这些分类中还存在哪些空白，同时考虑企业自身需要补齐哪些核心资源，打造什么样的组织来支持差异化竞争。只有做到了真正的差异化，与竞争对手形成显著差别，企业才能够保持持久的活力，实现可持续发展。

外贸数字化转型新战略

随着技术的不断进步和贸易环境的持续变化，外贸企业面临越来越复杂的挑战。为了在激烈的市场竞争中占据一席之地，外贸企业亟须提升运营效率，精准洞察市场动态、快速响应客户需求。在这一背景下，数字化转型成为至关重要的战略选择，它不仅是提高企业运营效率的关键，更是提升企业竞争力的必要手段。外贸数字化转型已成为所有外贸企业的必答题。

需求驱动和数据驱动

数字化转型要求企业建立以"客户为中心"的思维和数据思维，并与时俱进。

　　"以客户为中心"强调企业需要更关注客户需求，以提供定制化产品及服务，提高客户满意度，从客户的满意中获得更大的商业价值。客户满意的前提是企业懂客户需求、懂客户痛点，并且能够提供针对性解决方案。外贸企业面临着如何才能高效、准确、全面地洞悉客户需求和痛点的难题。

　　企业选择什么样的思维模式不仅受企业主观决定的影响，而且和外部环境和生产力水平密切相关。当外部环境和生产力水平都无法支持新思维的实施时，企业即使有超前的想法也可能有心无力。在企业没有数据之前，多数企业也关注客户满意情况，但常规的客户满意度调查、客户访谈、客户投诉建议等方法难以了解客户的真实想法和需求，也难以了解普遍的客观情况。"以客户为中心"的思维模式虽然可以为营销增加一些亮眼的"配菜"，但是其所创造的价值和影响力还不足以让它成为指导营销的主导思想。大多企业在实际经营过程中仍"以产品为中心"，注重生产环节的投入和品质提升。在这一模式下，企业的产品和服务都较为标准化，甚至显得僵化。这种僵化的状态可能导致产品和服务与客户需求存在差距，引发客户不满，会影响后续的稳定合作。外贸大数据让国际贸易企业有了全面了解客户的窗口，让客户的痛点和需求可视化。即使客户无法准确表达或不愿意表达其真实需求，但通过外贸大数据我们可以知道深埋于客户心底的答案。外贸大数据让企业有条件、有意识认真分析每一个客户。"以客户为中心"的思维模式指导产品生产、提供定制化服务，将客户没有宣之于口的需求得到满足。企业向客户提供量身定做的产品和服务，能让客户提升工作效率、降低沟通成本，也能为企业赢得更多客户满意度和稳定的合作关系。

　　"以客户为中心"的思维模式是以终为始，它回溯整个生产和服务流程，从"我生产什么，就卖给客户什么"转变为"客户需要什么，我就提供什么"，以客户需求为指导，调整生产、优化服务。外贸大数据将市场上的需求信息源源不断地传输给企业，引导企业在数据中找客户真正的需求方向，找客户真正想要的产品信息，找客户真正关注的服务要点。

客户不愿意合作可能并不是因为他对产品品质不满意，而是因为这个产品并不是客户的主要需求产品，即使品质再好满足客户的需求也很有限。企业可以从数据里了解客户的主要需求，也可以应用数据开发其他对当前产品需求更旺盛的优质客户，而不是盲目降低筛选客户的标准。客户没有持续下单的原因可能并不是其需求发生了变化，而可能是和其他同行保持着密切的合作关系，或者企业提供的价格和付款方式没能满足客户预期。企业可以在数据中验证情况、推测原因，并主动和客户沟通，而不是被动等待。如果连续降价仍没能拿下客户，可能是因为客户没有新增的产品需求，或者同行已经能够以对客户有利的交易条件维持稳定的合作关系，客户并没有开发其他合作商的迫切需求。通过外贸大数据企业可以提前了解情况并制定相应的策略，为后续的合作埋下伏笔。外贸大数据为企业提供了客户"梦中情商"（合作商）的画像，企业需要做的就是努力使自己真正成为客户的"梦中情商"（供应商）。

延伸阅读

《纸牌屋》和大数据

《纸牌屋》是由美国网飞公司（Netflix）出品的影视作品，其成为热播经典的背后有应用大数据"以客户为中心"这一思维模式的推波助澜。

《纸牌屋》可以说是一部由观众需求主导的系列作品。根据 GigaOm 的数据，Netflix 每天要查看 3000 万次关于《纸牌屋》的播放信息，从观众暂停、回播和快进动作中分析判断观众对什么样的情节更感兴趣、观众更喜欢看什么类型的画面。Netflix 每天要查看 400 万次用户关于《纸牌屋》的评分和 300 万次关于《纸牌屋》的搜索信息，从观众评分中获取观众对于最新内容的反馈，从搜索信息中了解观众的兴趣点和对剧情发展的预期。同时，Netflix 也从观众的播放终端相关数据中了解观众普遍倾向于在一天中的什么时间段观看视频，以及喜欢使用什么设备终端观看视频等。Netflix通过数据获取了足够的观众喜好和习惯偏好的信息，并将这些数据作为后续制作及播放的指导。

Netflix从观众的偏好和需求出发，利用数据指导制作和播放安排的策略让Netflix收获巨大成功：《纸牌屋》第二季上线首日相较第一季上线首日，剧集的观看量和订户数都发生了明显变化，第一季上线首日只有2%的订户观看完第一集，第二季上线首日就有3.6%的订户观看了前五集。收视率和订户数的变化直接反馈出观众对这种内容的偏好。观众的认可让Netflix和演员都同时获得了巨大收益，也成就了《纸牌屋》的斐然成绩。

Netflix以观众为中心的思维模式，让《纸牌屋》的制作从以制作方为主导，转变为以观众客观普遍的需求为主导。观众观看剧集不仅收获了极致的观看体验，而且收获了超过作品内容本身的参与感和与成就感相关的情绪价值。这种思维模式实现了Netflix和观众双赢的局面。

数字化转型路径

数字化转型的路径主要包含四个方面：战略规划、流程再造、技术架构和组织重塑。

制定数字化战略是外贸企业进行数字化转型的关键。企业要从自身实际情况出发，分析企业经营现状，明确发展预期，确定数字化转型的方向和目标，制订相关的计划和时间表。同时，企业还需要考虑数字化转型对企业战略的影响，寻找利用数字化提高企业竞争力的途径。

数字化转型需要对企业现有业务进行流程优化和流程再造。传统企业的组织架构大多按照职能进行搭建，例如采购、技术、生产、销售、财务、人力等，流程以部门化、功能化为中心，这种组织架构从部门内部看流程是顺畅的，但如果放眼至整个组织，就会发现很多断点，各个职能部门之间的流程是割裂的，易导致信息流转不畅，协调受阻。数字化通过对业务流程的重构，打破信息孤岛，增强协同效应，让流程效率和质量得以提高，减少了人力成本，提高了业务流程准确率。同时，流程再造的目的是适应数字化转型带来的组织变革，通过数字化思维、组织、运营、人才、文化等方面的升级提高企业的适应能力。

数字化转型需要企业建立一套全新的技术架构，以支撑转型过程中的各个方面。企业根据自身现状及需求，可以选择一些成熟的数字化解决方案和技术平台。当然，也要考虑数据安全和信息共享等问题，考察可信赖的合作商，确保企业数字化转型的可靠性和可持续性。

数字化转型的过程中，外贸企业也需要对其组织架构进行相应调整，以适应数字化环境下的新需求。首先，企业需要拥有开阔的视野，部署更广泛的组织网络，以更好地满足客户的需求；其次，外贸企业间也应建立更紧密的合作关系，增强供应链合作伙伴之间的相互协同；最后，数字化转型对外贸企业业务团队提出了更高的要求，企业要为数字化转型确定新的工作职业规划和岗位设置，培养和引进数字化人才。同时，进行数字化领导和组织架构的全面调整，确保数字化转型在"人"的层面能够顺利进行。

找准核心路径后，想要实现数字化转型的愿景，还要依靠正确的策略。需要充分考虑外贸企业自身的具体情况，包括行业、规模、业务模式等，同时也要考虑人力资源、资金、政策等方面的支持和配合，合理的策略制定可以让转型之路事半功倍。

综上所述，企业的数字化转型是一个系统工程，在企业的价值链如研发设计、生产制造、营销销售、物流交付等全链条数字化转型的同时（如图 5-2 所示），企业内部的思维、组织、运营、人才和文化必须同步转型（如表 5-1 所示），这样数字化转型才能成功，才能真正建立按需定制、随需而动、供需精准匹配的商业模式、业务模式和管理模式，企业才能真正进化成数字时代的新物种。

贸易数字化转型战略：企业全价值链数字化覆盖

数据驱动、精准洞察、智能决策、快速反应、柔性生产、个性服务、敏捷组织

图 5-2　贸易数字化转型覆盖企业全价值链

表 5-1　数字化转型战略中组织运营数字化升级主要内容

升级项目	升级内容
数字化思维	节点思维，去中心化；利他思维，升级迭代；视人为人，激发激活；平等透明，开放共享；链接赋能，共生共赢
数字化组织	有愿景、使命感的组织；平台型组织；大中台，小前端；扁平化组织、敏捷组织；积木化组织、柔性组织；赋能性组织、学习型组织
数字化运营	数字化管理；阳光化治理；微粒化绩效；科学化决策；模块化能力单元
数字化人才	复合型和精英型人才；培训体系；知识共享体系；荣誉和激励体系；工作氛围建设
数字化文化	愿景、使命和价值观驱动的文化；共享、共创、共学、共赢的文化；平等、透明、开放的文化

数字化转型虽然对于所有企业来说是一道必答题，但因为数字化转型牵涉的面非常广，必须是企业的"一把手"亲自推动，同时需要循序渐进、久久为功，最终将企业进化成数字时代的新物种。在企业数字化转型的过程中以下 10 个方面非常重要：

一是思维先行。树立新时代的数字化思维，废除工业时代的机械思维模式，代之以网络节点思维、开放共享思维、赋能利他思维、平等协作思维、共生共赢思维，为转型升级奠定基础。

二是需求驱动。从 B2C（供给到需求）到 C2B（需求到供给），以需求驱动，供需精准匹配，更好地应对市场变化，提升竞争力，实现数字化需求和可持续发展。

三是数据驱动。进行全链路数据整合和穿透，通过数据实现实时感知、精准洞察、快速反应和及时行动。

四是价值创造和业绩增长。利用数字化的方式系统整合各类资源，聚焦于为客户解决问题，创造提升客户价值，实现业绩的增长，以高度责任心和强烈使命感激活员工的潜能。

五是数字化转型是"一把手"工程。只有"一把手"从更高视角做出符合企业整体与长远利益的决策，企业才能在战略上引领，价值观上驱动，激发员工的动力与使命，自上而下与自下而上相结合保证成功转型升级。

六是数字化转型要因企制宜，小步快跑、升级迭代，久久为功。不能照搬照抄，需要因势利导、因时而动和把握时机，坚持循序渐进。

七是数字化转型的本质是建立对市场和客户的快速反应和反向传导机制，要建立敏捷性组织，从而适应数字化时代新的市场环境要求。

八是数字化转型需要聚焦主业，以专业化能力为基础。转型升级要专注于企业核心竞争力的打造，以"工匠精神"把产品做到极致，以强大的专业能力保持技术的先进性及行业的领导地位。

九是数字化转型需要加强一体化和协同化，实现共生共赢。数字化时代的竞争已不再局限于某个行业和地区，而是来自世界的各个角落。社会化分工也愈发细密，对产品专业度的要求越来越高，协同共生与一体化展现出更为强大的力量，因此链接比拥有更重要。

十是数字化转型要聚焦数字化能力建设。数字化能力建设本身是一个系统工程，需要企业从多方面入手，其中技术是基础，人才是关键，组织与管理等是重要方面，流程优化更是重点环节。

数字化转型价值

数据驱动和需求驱动的数字化转型，能够给企业降本增效，帮助企业实现业绩增长和价值创造，帮助企业从低维度向高维度进化，使企业实现业务模式、商业模式和管理模式的创新（如图 5-3 所示）。企业通过在物理世界之外构建一个数字世界，能够全方位指导和驱动企业的转型升级。数字化将不断解构制造、研发、营销、采购和服务环节，同时通过数字化网络将消费者、贸易商、服务商、制造商重新链接。战略、组织、文化和人才的升维，让客户行为、员工行为、产品流动、服务提供和业务流程更微粒化，有利于实施精细化管理和精准化营销。

贸易数字化转型价值

- 实现企业从低维度到高维度的转型和进化

- 实现业绩增长和价值创造

- 降本增效

- 降本：
  降低决策成本；降低营销成本；降低研发成本；降低采购成本；降低生产成本；降低物流成本；降低售后成本；降低管理成本；降低贸易成本；缩短贸易流程。

  增效：
  提高准入门槛；快速市场反应；实施精准营销；提升品牌价值；提高制造效率；缩短研发周期；提高运营效率；激发组织活力；链接调用资源；提高企业效益。

图 5-3　贸易数字化转型的价值

通过数字化转型，外贸企业可以广泛应用数字化工具参与生产运营管理，优化供应链、提高生产效率、降低成本，更加精准地进行生产计划、库存管理，减少资源浪费，提高整体运营效率；通过数字化营销渠道，企业能够直接面向全球买家并进行即时的交流互动，有效拓展业务渠道；通过数字化社交媒体、数字广告等渠道，企业可以增加品牌推广机会，更广泛地传播品牌形象，提升在全球市场的知名度和认可度。数字化转型为企业提供了更先进的客户关系管理工具。通过数据分析，企业可以更好地了解客户需求，提供个性化服务，让客户更加满意，促进客户忠诚度的提升；通过实时数据分析，管理层能够基于数据进行更准确的市场决策，及时调整经营策略，更快速地响应市场变化，灵活应对市场波动，把握市场机遇。

通过贸易数字化转型前后的对比（如表 5-2 所示），我们不难看出变化是巨大的。贸易数字化转型势在必行。只有通过贸易数字化转型，企业才能更好地掌握先进的数字化技术和策略，更好地应对市场竞争，提高运营效率，拓展新的市场机会，实现长久经营。数字化转型不仅是一种技术升级，还是一种商业模式的创新和变革，于广大外贸企业而言，更是未来发展的必由之路。

表 5-2　贸易数字化转型前后对比

贸易数字化转型前	贸易数字化转型后
·B2C（从供给到需求）生产驱动	·C2B（从需求到供给）需求驱动、供需精准匹配
·高脱销和高库存	·小单快反、极速供应链
·标准化生产无法满足客户个性化、多样化需求	·实现大规模个性化定制、柔性生产
·产品为中心的产品制造商	·客户为中心的客户运营商
·卖产品	·卖解决方案
·普通销售	·顾问式营销
·以竞争对手为中心的价格营销	·价值营销、差异化营销、口碑营销、品牌营销
·业绩上下波动很难突破瓶颈	·连续跳跃、成倍增长
·传统展会、熟人介绍，营销渠道单一	·数字化营销，线上线下相结合、海陆空立体营销
·被动等待、泛泛营销	·主动出击、精准营销
·依靠经验和直觉，低频决策机制无法满足高频决策需求	·直觉、经验加上数据，智能决策，快速反应
·管控型组织和机械型组织导致效率低下、活力不足	·赋能型组织、生态型组织敏捷灵动、充分激发潜能
·人才数量和质量都满足不了企业发展需求	·特种部队、全能战士，复合型、精英型人才
·封闭孤立、信息孤岛、线性控制单中心	·开放共享、赋能链接、网络协同多中心
·价格营销、以产品、和竞争对手为中心的销售导向	·以价值、差异化、口碑和品牌为中心的营销导向

通过数据驱动的数字化转型确实能给企业带来脱胎换骨的变化，很

多企业也成为直接受益者。数字化转型不会一蹴而就，需要循序渐进拐大弯，不断升级迭代，但转型的目标和决心不能轻易改变。环球慧思从2016年开始进行经历三次转型升级，每次转型升级后企业都上了很大的一个台阶。以下介绍环球慧思转型升级的详细经历和做法。

新外贸呼唤新营销

早在2016年，环球慧思基于对时代环境的敏锐洞察，前瞻性地启动了以"四精四化"为标志的第一次数字化转型升级——"一三计划"（2016—2018年），从同质低价升级到精益生产，从泛泛营销升级到精准营销，从粗放管理升级到精细管理，从人海战术升级到精英团队；坚持产品精品化、客户高端化、价格标准化、服务专业化。第一次转型升级的顺利实施，确立了环球慧思在行业内的高端市场地位。

2019年，环球慧思基于对数字化背景下组织运营模式的深度思考，进行了第二次数字化转型升级——"二三计划"（2019—2021年），提出打造学习型、赋能型组织，去中心化、节点思维、利他思维、共享思维等数字化思维深入人心，发挥"大中台、小前端"的运营优势和协同效率，实施更灵活高效的扁平化、模块化、积木化管理模式，实施KPI改革，使得激励更加高效，同时打造新"阿米巴"经营模式，使组织更加敏捷、更加灵活、更具战斗力。

两次转型升级的圆满收官，环球慧思不仅系统性地强化了员工的专业能力和综合素养，更在产品和服务领域建立了显著的领先优势，从而奠定了公司在整个外贸大数据行业的领先地位，同时也为开启第三次转型升级——"三三计划"（2022—2024年）创造了非常有利的条件。

2022年环球慧思开启了第三次转型升级，全面贯彻以客户为中心，以为客户创造价值为导向的新营销理念，通过深度洞察客户需求，不断创新，为客户提供更全面的解决方案。

从销售导向到营销导向

在传统的商业模式中，企业的策略主要以销售导向为核心，通过追求产品的快速销售来实现业务目标。然而，随着市场的发展和消费者需求的升级，传统销售导向模式显露出了一系列局限性。在这一背景下，环球慧思充分洞察市场动向，敏锐感知消费需求的变化，将战略发展焦点从传统的销售导向转向更具综合性和策略性的营销导向。这一转变不仅仅是一种经营理念的革新，更是对产品服务、客户关系、战略制定进行的一次全方位重构，意味着将客户置于核心地位，致力于为客户创造价值。

首先，销售导向模式主要关注产品的特性，将产品的价格、性能等方面作为卖点，强调产品的独特之处。而在如今同质化竞争激烈的市场环境中，客户的关注点已不再仅限于产品本身，他们更注重的是整体的服务体验。以营销为导向意味着不仅要关注产品的单一销售，而且要以客户为中心，真正理解并满足客户的需求，为客户创造价值。要将数据变成服务、变成应用、变成解决方案，全面浸润到客户的业务链条和业务场景中去，帮助客户解决问题，为客户创造价值，实现数据即服务、数据即应用、数据即洞察、数据即决策。通过这样的转变，环球慧思逐渐从提供产品的销售商，发展为能够提供全方位解决方案的服务商，可为客户提供全方位、全流程的业务支持，助力客户提升在国际市场的竞争力。

其次，销售导向模式注重短期销售目标，采用价格竞争和促销等手段促进销售增长。这种方式容易导致客户基于价格做出决策，而非对品牌的认可，长此以往，企业难以和客户建立稳定的合作关系。以营销为导向则更加注重构建长期稳定的客户关系。环球慧思通过深入了解客户需求、提供专业化的外贸解决方案，赢得客户的信任和忠诚，与客户建立更为紧密的连接。环球慧思着眼于为客户创造更多更广泛的价值，构建互惠共赢的长期战略伙伴关系，重视企业与客户之间的共同成长。客户不再是简单的买家，而是与企业共同创造价值的合作伙伴。

再者，销售导向模式强调产品的销售。以营销为导向更注重建立强大而独特的品牌形象，通过传递品牌的核心理念、价值观和文化，与客户建立更加深入的情感交互。一方面，环球慧思深度了解目标客户，持续在产品和服务上创新，通过提供卓越的客户体验，建立强大的客户口碑，打造独特的品牌形象。另一方面，环球慧思是一家注重社会责任感的企业，关注整个行业的共同成长。环球慧思积极参与各类社会活动，与广大的外贸企业分享大数据营销理念和数字化转型经验，助力外贸企业成长为适应数字时代的新物种。通过这种模式，环球慧思不仅在行业中树立了声望，提高了自身品牌认可度和曝光度，更为品牌赋予了责任感和社会使命感元素。

最后，从销售导向到营销导向转变，不仅要求企业关注更综合的营销理念，更是要关注企业人才队伍建设。在新的营销导向模式下，企业需要更多具备全局观念和创新思维的人才，精准把握客户需求，为客户提供专业的解决方案。为此，环球慧思持续培育并打造顾问式营销团队，丰富和升级内部知识库和知识分享体系，确保团队能获取最新的市场动态和专业知识，为客户提供先进、高效、可靠的解决方案。同时，环球慧思建立了与之相匹配的人才激励模式，鼓励人才不断追求卓越，进行自我提升和自我成长。在这个过程中，环球慧思也注重文化的建设，倡导共享共创、协同利他的价值取向，鼓励团队成员相互协作、共同进步，建立积极向上、协作共赢的企业文化。

从数据生产商到客户运营商

20多年来，环球慧思一直致力于打造专业的外贸大数据终端系统，将追求产品迭代升级、不断为客户提供更好的使用体验作为目标。在新的时代背景下，环球慧思认识到，只做好产品已不够，需要站在客户的视角，审视如何为其解决实际业务问题，为客户创造更多价值。环球慧思开始对自身定位进行重新思考，决定以客户为中心，置身于客户的实际应用场景，以大数据行业经验为客户提供可供参考的贸易解决方案，向真正的客户运营商角色迈进。

从数据生产商到客户运营商的转变，标志着环球慧思将更加深入地参与到客户的业务生态中，通过深度链接和精准洞察，理解并满足客户的真实需求和潜在痛点。围绕战略、运营、管理、业务四大核心，环球慧思为化工、纺织服装、机械设备、医疗、食品等多个行业企业提供定制化的解决方案。通过专业的市场诊断，环球慧思协助企业进行发展战略规划、运营体系优化、营销策略制定、业务流程赋能和管理效能提升，积极推动企业的业务创新和数字化转型，帮助客户在激烈的市场竞争中占据有利地位，实现可持续发展。这一转变重新定义了环球慧思与客户之间的关系，环球慧思不再是简单的产品提供者，而是客户的合作伙伴，将与客户共同成长。

从数据生产商到客户运营商的转变，意味着环球慧思不再局限于在产品销售阶段为客户提供价值，而是更关注并满足客户在整个生命周期的各类需求。环球慧思作为外贸数据领域引领者，与众多不同行业、不同区域的外贸企业建立了长期合作关系。为了给客户创造更高的价值，环球慧思建立了客户之间的采购信息交互平台，促成国内外产业链上下游客户之间的紧密合作。通过采购信息交互平台，环球慧思牵线搭桥，精准匹配，为客户链接更广泛的生态资源，提供更全面、多元的服务，与合作伙伴共同发展，实现共赢。

持续深化政产学研交流平台建设是从数据生产商转变为客户运营商的关键一步。环球慧思通过举办和参与极具影响力的贸易数字化沙龙、高端外贸峰会等活动，分享数字化转型升级和贸易数字化的理论和实践，与客户深度链接交流，构建共享共创的生态体系，打造全新的客户协同发展模式，为外贸企业注入数字化动能，助力高质量发展。

对于品牌建设的重视也是环球慧思从数据生产商转为客户运营商过程中的重要一环。环球慧思以客户为中心，进一步将品牌建设融入客户运营的全过程，品牌不仅是外在形象的展现，更是公司内部文化和价值观的体现。环球慧思致力于在整个合作周期中为客户创造无可替代的价值，和客户构建长期稳定的伙伴关系，不断提升客户对环球慧思品牌的认知度和忠诚度，打造了一个深受客户信赖、在行业内有崇高声誉的品牌形象。

从卖产品到卖解决方案

环球慧思以全局观重新审视产品和服务在助力企业精准营销、赋能企业转型升级、推动行业发展突破、促进中国贸易数字化发展进程等多方面的关键作用，开创性地提出外贸大数据解决方案的产品和服务理念，充分发挥环球慧思海关交易数据、商业数据和互联网公开数据"三位一体"的产品体系优势，纵向深挖产品核心价值，横向拓展产品协同作用，从"提供产品服务和支持"转变为"提供解决方案服务和支持"，凝聚产品、营销、服务、支持等多方面力量，从营销和转型不同方面发力，为客户提供精准营销和科学转型的全流程、系统性外贸大数据支持，赋能客户及国际贸易领域数字化发展。

环球慧思引领整个行业向深挖和创造外贸大数据价值方向转变，从"提供产品服务和支持"到"提供解决方案服务和支持"，是"以产品为中心"向"以客户为中心"这一核心认知转变的直接体现。环球慧思着眼于客户的需求和痛点，不断锤炼产品和服务品质，创新服务内容，以更精准、更智能、更便捷、更高效的产品和服务，赋予国际贸易企业平稳转型、快速突破的能力，与更多客户携手共进。

专业产品和极致服务是环球慧思外贸大数据解决方案的两个重要支撑，也是打造科学有效解决方案的两个关键抓手。环球慧思秉持精益求精的匠人之心，稳扎稳打巩固现有产品和服务根基，从提升产品价值、优化内部流程、夯实人才基础、激活平台力量4个方面着手，筑牢外贸大数据解决方案的硬支撑。"欲致其高，必丰其基。"只有筑牢产品和服务的根基，才能支撑住环球慧思外贸大数据解决方案持续迭代升级，实现价值突破。

在产品价值方面，环球慧思一方面稳步推进外贸大数据覆盖范围的延展及数据品质的提升，不仅持续拓展和优化客户普遍关注的热点市场和重点区域的交易数据，还提供多个区域性特殊数据支持，为客户开拓国际市场提供大数据支持；另一方面，持续提升智能贸易终端系统——GTIS 系统的实用性和便利性，充分挖掘数据价值，为客户提供简单、实用、方便的外贸分析工具。同时，环球慧思斥资千万元组建先进的服务器集群，给客户创造瞬时响应、流畅稳定的系统使用体验。

在内部流程方面，环球慧思设置了能有效和客户沟通的渠道，随时感知客户需求，并在公司内部建立客户需求驱动的快速反应和传导机制，将客户需求快速传导至公司的中台系统，通过中台系统的研发、生产、营销、服务等各个能力单元的快速响应，给出相应的优化方案，并推动方案落地和实施，实现企业和客户之间的双向沟通，完成客户需求驱动的营销闭环。环球慧思还持续优化产品处理及上线流程，严把产品质量关，加强产品性能测试强度，新数据及新功能上线前均经过多次专业测试评估，符合上线标准后方可发布，用极致产品构筑极致服务的保障。

同时，环球慧思深刻认识到人才对技术革新和产品创新突破的重要意义，技术研发团队加大人才引进力度、加强人才队伍建设，扩大产品测试、数据处理、产品设计、产品开发等多个模块的精英人才规模，细化分工、协作配合，推动各模块工作纵深发展；优化人才布局，科学应用传、帮、带人才培养模式，加快专业知识、先进经验和先进技术的交流学习，形成老、中、青密切结合的人才梯队，夯实环球慧思产品及服务持续迭代升级的人才基础，积蓄加速前进的能量。

此外，环球慧思坚持实施"运用好线上平台，打造好线下平台"的开拓策略，为外贸大数据解决方案注入新的生命力。

短视频热潮改变了人们认知世界的方式，也引发了环球慧思对服务形式的新思考。环球慧思与时俱进，以更具时代特征、更符合客户需求的方式创造服务价值，开辟出适应当下外部环境的新发展思路，推出外贸精品短视频课程《慧思微课》。短小的视频承载着环球慧思海量的专业知识，沿着微信视频号和抖音渠道触达客户。

数字化时代和新全球化时代，企业都在积极探寻快速转型、稳定增长的新方向，环球慧思应多数客户高层管理人员强烈需求，统筹应用自身的高端客户资源、专业大咖资源等优势，打造外贸人专属的新外贸盛会，开辟"外贸私享会"平台，与客户共同呈现了一场场孕育着新启发、迸发出新火花的思想碰撞盛宴。环球慧思重新定义了服务的内涵——公司不仅是专业的外贸大数据解决方案提供商，更是连接众多高端外贸客户共享共学、共进共赢的坚实纽带。

环球慧思始终保持与时代同频的节奏，用心感知市场和客户的变化及真实需求，从实际需求出发，提供客户真实需要、能够切实解决客户痛难点的优质解决方案。

从普通销售到顾问式销售

在错综复杂的时代背景下，市场竞争日趋激烈，传统的销售模式已不能适应市场的发展态势。环球慧思主动识变、应变、求变，紧盯营销导向转型，以为客户创造价值为核心目标，通过共享知识平台，内外部联动，在多个层面同步发力，持续突破。

环球慧思的第三次转型升级是以客户为中心，以创造客户价值为核心战略。普通销售是以销售人员推销为主，采取说服或劝导的方式促使客户进行采购，唯一的目的就是完成交易任务。从普通销售转变为顾问式销售，则是以客户为中心，真正去洞察和挖掘客户的需求，以业务顾问身份，帮助客户解决最实际、最迫切的具体问题，提供定制化的解决方案，最终实现为客户创造更大价值。这种新型的顾问式营销方式是以专业知识为基点，通过深度沟通和交流，站在客户的角度为客户着想，最大限度地保障客户的根本利益。

环球慧思积极打造顾问式营销团队，在学习与培训机制、荣誉与激励机制、文化建设等各个方面不断升级和优化，保障公司运营积极、正向循环的同时，也为客户提供更加全面的涵盖管理、战略、营销、运营的综合性解决方案。

营销导向转型的措施

第一，价值营销。在外贸数据行业还在围绕价格竞争的时候，环球慧思已经将营销的中心放在了为客户创造价值上。"价格有底线，价值无上限"。环球慧思在锚定价格的基础上，无限提升价值。为客户创造价值就是利用公司的资源和能力，聚焦于客户的痛点、难点、堵点和弱点，帮助客户抓住痛点、克服难点、疏通堵点和提升弱点，通过"四大赋能"实现"六大价值"——对客户进行数据赋能、知识赋能、理念赋能和生态赋能，让客户的洞察更深刻、决策更智能、营销更精准、销售更高效、客户服务更满意、人员更精干，协助企业打造一支精英团队，帮助客户实施大数据精准营销和数字化转型，助力客户进化成适应数字时代的新物种。

第二，差异化营销。奋楫者先，创新者强。产品同质化是很多中国企业面临的难题，环球慧思以创新驱动发展，凭借自身的人才优势、技术优势和治理优势，通过差异化营销构筑营销新势力。差异化主要体现在精品数据、极致体验、专业服务、高端品牌 4 个维度。

一是精品数据。持续扩大数据投入，从源头把控数据质量，以技术为依托进行数据处理，确保数据准确、及时、详尽，打造真正的精品数据。

二是极致体验。极致体验建立在强大的算力算法基础上，依托过硬的硬件实力，公司不断加大对算力算法的资源投入，持续革新大数据应用核心技术，让智能贸易终端系统更加智能便捷，提高硬件和软件实力，使客户随时随地轻松获取所需贸易资讯。

三是专业服务。始终坚持做顾问式营销，通过专业技术团队为客户提供专业数据解读及系统操作指引，通过资深专家为客户提供一对一的售前、售中、售后全流程服务，为客户提供及时、灵活、全面的解决方案，同时打造一站式知识集成服务平台，形成链接共享的服务生态，用数据库、知识库、人才库、思想库全方位赋能客户。

四是高端品牌。构筑集政、产、学、研于一体的贸易数字化平台，联合行业媒体和品牌合作商，链接企业上下游及周边配套客户资源，同时全力提升客户体验，做好客户口碑，全方位打造"环球慧思"高端品牌。

第三，口碑营销。立足于精品数据、极致体验、专业服务，将口碑营销发挥到极致，是环球慧思一直以来的追求。环球慧思非常注重客户的体验感，持续完善客户需求反馈机制，听取、理解并重点推进有利于提升客户价值和用户体验的意见与建议，快速反应，确保需求得到深度跟踪、回馈和执行。坚持从不对客户做过度承诺，追求品质、诚信经营、用心服务是环球慧思深入骨髓的价值观。通过提供高价值的产品和服务，与客户建立深度合作，让客户更加了解和认同公司，持续积累忠实用户，赢得良好的口碑。

第四，品牌营销。环球慧思高端品牌的打造首先是明确两大品牌定位——成为外贸大数据解决方案提供商和贸易数字化基础设施提供商。其次认识到品牌打造的过程中，客户认知大于事实。不断向客户传递公司价值主张，就要求人人能够清晰传递品牌价值，通过公司的直营模式及清晰的品牌定位等，持续输出稳定可靠的价值主张，塑造企业的品牌价值感，阐述品牌价值为客户带来利润增长的实质性意义。通过不断重复提高品牌浓度，环球慧思巩固了行业地位，同时锁定了更多优质客户。通过培养客户使用习惯，把客户服务、客户口碑做好，使客户从根本上认同环球慧思的理念和品牌价值。

环球慧思第三次转型意味着商业模式的变革、思维方式的转换、组织架构的调整、能力结构的升级、行为习惯的改变等，这些不会一蹴而就，注定会充满波折与反复。为确保转型顺利进行，环球慧思精准抓住了以下3个关键点，并有方向、有规划、有目标、有节奏、有策略地推进：

　　关键点一：虚实融合。将文化价值与理念贯穿于公司的方方面面，通过文化的具象化切实提高员工成就感、存在感、认同感和获得感。

　　关键点二：软硬一体。提高公司软实力和硬实力，提升品牌影响力与产品数据质量和体验，使公司品牌与产品齐头并进，数据和服务融合发展。

　　关键点三：穿越价格带。经过转型升级的锤炼，环球慧思解决方案日益丰富，为客户创造的价值更是层层递进。这不仅巩固了公司在市场上的领先地位，更让公司成功跨越了价格带。环球慧思不再局限于价格竞争，而是以卓越的解决方案、深刻的行业洞察和持续的创新精神，引领客户迈向更高价值的合作领域，与客户共同开创双赢乃至多赢的市场新格局。

第6章

铸砺：外贸大数据人才体系打造

- 面向未来，人才花开
- 数字化时代外贸人才新思维
- 在校园栽下一片人才绿荫
- 政府支持下的外贸人才培养
- "第四代外贸人"培养策略
- "特种部队"和"全能战士"的培育实践

随着大数据、人工智能技术的飞速发展，我国的数据产业以每年20%以上的速度在增长，同时数据要素赋能传统产业也如火如荼地进行，促使对数据人才的需求越来越多，需要更多既懂数据又有行业经验的复合型人才。外贸行业也是如此，培养更多懂数据、懂外贸的复合型人才是外贸大数据行业发展的关键，也是当前外贸企业的迫切需求。

面向未来，人才花开

随着经济全球化和贸易自由化的深入发展，国际贸易领域面临市场饱和、产品同质化、价格竞争激烈、营销模式趋同等挑战。在这样的竞争环境下，企业想要破局突围、脱颖而出，必须转变思维、调整战略，提供更高附加值的产品和服务，从产品制造商向客户服务商转变，并通过差异化策略创造独特的竞争优势。

在这个过程中，人才作为企业创造差异化价值的关键变量，发挥着关键性的作用。

第一，外贸人才是个性化服务的关键驱动者。在外贸领域，人才不仅是企业业务的执行者，更是个性化服务的关键驱动者。他们作为企业和客户之间的桥梁，发挥着极其重要的作用。

首先，外贸人才通过对市场的深刻洞察，能够敏锐捕捉到客户的需求变化和市场趋势。他们不仅通过直接沟通了解客户的期望和痛点，还可以利用数字化工具对市场数据、客户数据进行深入分析，从而更准确地把握市场动态。外贸人才将这些资讯传导至企业端，能够帮助企业更好地洞察客户需求，及时调整营销策略，确保产品和服务始终紧跟市场潮流。其次，外贸人才在深度理解客户需求的基础上，能够为客户提供个性化、差异化的解决方案。他们凭借深厚的行业知识和出色的沟通能力，根据客户的不同需求和特点，为客户量身定制服务方案，让客户更加满意并建立信任，从而进一步巩固与客户的深层次合作关系。

第二，外贸人才是创新思维的推动者。随着科技和市场的不断发展，创新将成为外贸企业生存和发展的关键。企业要想在这个快速变化的市场环境中把握先机，必须不断地创新，努力提升产品和服务的附加值。而人才，在推动企业创新方面也发挥着重要的作用。具有创新思维的人才，能够不断提出新的理念和新的解决方案，源源不断地为企业注入新的活力。他们拥有与时俱进的先进思维，善于从不同角度审视问题，善于使用新兴工具，打破传统路径的束缚，为解决问题提供新思路新方案，创造新的可能性。当下，市场和客户需求日新月异，企业需要具备创新思维的人才，不断拓展新的解决方案，才能保持竞争力，稳固市场领先地位。

第三，外贸人才是客户关系的缔造者。在当今高度竞争的市场环境中，稳固的客户关系是企业长期价值实现的关键所在。人作为建立客户关系的主要驱动者，其重要性不言而喻。外贸人才通过与客户的紧密联系和互动，及时了解客户行为变化，不断调整服务策略，以确保客户始终享受高水准的服务体验，从而赢得客户的持续信赖。

未来，企业必须重视并充分发挥人的潜力，重视人才的培养和引进，为他们提供良好的工作环境和发展机会，激发他们的创造力和创新精神。同时，企业还要建立完善的激励机制和培训体系，以激发员工的积极性和创造力。通过培养、激励和引进，使人才成为创新、服务和客情关系的关键推动者。通过人才驱动的差异化策略，打造企业独特的竞争优势。只有这样，企业才能在春暖时节迎来人才的花开，在日益激烈的市场竞争中长久伫立，实现长期可持续发展。

数字化时代外贸人才新思维

数字化时代，市场经历了巨大变革，彻底颠覆了传统的贸易模式和市场规则。为了适应快速变化的贸易环境、提升竞争力，外贸人必须具备拥抱变化的能力，从传统思维方式转向更具前瞻性和创新性的数字化思维，从过去依赖经验和直觉进行决策的方式，逐渐转向以客户为中心、以数据为驱动的决策模式，将数据作为基本的生产要素，用数据来指导决策、优化产品和服务。

数字化时代外贸新思维

第一是从产品思维转为用户思维。传统业务模式往往过度关注产品本身的功能和特点，而忽视客户的实际需求。这种"以我为主"的思维方式使得产品开发和服务提供环节缺乏对于客户需求的深入理解，难以满足客户的真实需求。

而用户思维则要求以客户为中心，为客户创造价值。这种转变，要求外贸人从客户的角度出发，关注客户的需求和体验，满足客户对产品功能性和便利性的多重追求。尤其在数字化时代，用户更注重个性化的服务和产品体验，外贸人需要学会收集、分析和使用数据，深度洞察客户需求，提供个性化的解决方案，以建立更紧密的客户关系。

为了更好地满足客户需求，外贸人可以建立一套有效的客户反馈机制。例如，定期对客户展开标准化回访，通过收集客户的反馈意见和建议，及时了解客户对产品的评价和需求，以便对产品和服务进行持续优化和改进，不断向客户心中的"理想产品"靠拢。

第二是创新差异化思维。数字化时代，外贸人面临着市场动态变化、客户需求多元化、行业竞争加剧等众多挑战。为了有效应对这些挑战、推动业务发展并创造新的价值，外贸人必须拥抱创新思维。这种思维方式要求外贸人重新审视传统的外贸模式，敏锐地洞察市场动态，积极应对变化，并不断寻找新的解决方案。

以营销方式为例，过去营销方式主要聚焦于推广，强调信息的传递，让信息尽可能触达更广泛的受众。然而，随着数字时代的迅速发展，传统的营销方式面临获客难、线索转化周期长、营销效果难以衡量等问题。为了解决这些难点，外贸人需要转变传统思维模式，以创新性思维来思考和解决问题，从被动转为主动，从粗放转为精准，主动挖掘客户，快速找准市场，精准锁定客户，提升营销的效率和效果。

通过创新思维，外贸人能够有效地应对数字化时代的快速变化，抓住机遇，解决复杂问题，实现业务的可持续发展，为客户带来更多更有价值的体验。

第三是协同思维。协同思维强调团队及合作伙伴之间要紧密合作，以高效地应对市场的快速变化，实现共同的目标。在数字化时代，外贸人的协同思维尤为重要。

首先，协同思维强调信息的共享和透明度。外贸人应该倡导并建立工作数据共享文化，确保所有团队成员能够及时获取关键信息，从而实现更高效的协同工作。建立共享的数字工作平台，不仅能提升工作流程的透明度，而且能增强团队成员对于整体工作进展的了解，促使决策更明智和迅速。

其次，协同思维注重共创和共学精神。外贸人可以共同参与问题解决，相互分享工作经验，实现个人能力和团队能力的双重提升。这种共创和共学文化不仅促进了团队之间的交流，还为创新培植了肥沃的土壤，让团队得以在这个思维模式下全面提升环境适应性，形成更强的创造意识。

最后，在日常工作中，外贸人需要与不同部门协同工作。协同思维要求他们打破部门间的壁垒，确保信息能够在公司层面高效流动。通过促进跨部门团队的合作，让各个部门的专业知识和资源利用率达到最大化，实现协同增效。

总体而言，协同思维是数字化时代团队成功的关键因素。外贸人需要将其视为一种战略，通过信息共享、资源互补、高效协作，更好地应对快速变化的市场挑战和客户需求。

第四是主动终身学习思维。数字化时代，变化贯彻始终。为了时刻保持自身的竞争力，外贸人需要培养主动学习、终身学习的思维，可采用敏捷的方式和迭代开发的方法，以小步快跑的姿态应对变化，不断更新知识与技能，及时满足客户需求，让自己在激烈的市场竞争中具备更多的核心优势。

其一，行业趋势和市场需求日新月异，外贸人必须时刻保持敏锐的洞察力，及时掌握市场新动态。通过持续关注行业趋势、市场变化，外贸人才能及时调整策略，在激烈的市场竞争中抢占先机。

其二，数字化时代的复杂性也要求外贸人具备跨学科知识，比如了解外贸相关的市场营销、法律等多方面知识，从而更加从容地理解和解决问题。通过主动拓宽知识领域，不断学习新技术、新知识，提升自我职业竞争力。

其三，数字化时代对外贸人的要求不仅仅是理论知识的获取，还包括在实践中学习，将所学应用到工作中，不断实践和积累经验，提升解决问题的能力。

总而言之，数字化思维不仅能让外贸人更好地适应时代变革，更能使他们在复杂多变的商业活动中取得卓越成绩。在数字化新思维的指引下，外贸人通过利用先进的数字技术和工具，深入了解市场趋势和客户需求，并以创新的眼光审视业务模式；通过协同工作，更迅速、更精准地响应市场需求和客户需求；通过持续学习和适应，实现自我升级，在激烈的竞争中保持领先地位。

数字化时代外贸新技能

随着数字化的演进，消费者行为和市场环境正在发生深刻变革。信息的获取和消费已经不再受限于过去的渠道和方式，传统的营销逐渐呈现出疲态，无法充分适应快节奏的数字环境。为了更好地适应这一变化，外贸人需要不断学习并掌握新的数字技术和数字工具应用技能，以强化自身在数字营销、数据分析等方面的能力，成长为数字化时代的特种兵。

第一，使用数字化工具指导全球化市场战略推进。最初受限于地域和时间，外贸企业主要通过传统的外贸黄页和线下展会来拓展业务，依赖熟人关系和有限的市场触及，无法实现全球范围的高效、普遍触达。

这种方式存在信息不对称和交易成本高的问题。如今，外贸人可以充分利用数据分析和数字化工具获取全球范围的贸易信息，包括市场需求、行业态势、客户行为、竞争对手情况等。这些工具平衡了信息的不对称性，使外贸人能够更准确地了解市场和客户需求，从而制定更为科学、有效的全球化市场营销策略。通过数字化工具，外贸人可以进行深入的全球市场调研，准确了解各个市场的特点、趋势和潜在机会，为企业更有针对性地制定全球市场战略提供支持，有序推进全球化市场战略。

第二，使用数字化工具提升营销效率和效果。数字化时代，贸易行为经历了巨大的变化。采购商可以通过多种渠道获取信息，也经常被来自专业网站、社交媒体、电子邮件等平台的大量采购信息所包围，这些信息数量庞大，更新迅速，导致外贸人发布的产品信息极其容易被湮没。因此，外贸人需要化被动为主动，借助数字工具和数据分析能力，精准地锁定目标市场和目标客户群体，制定个性化的营销策略，吸引客户兴趣和关注，提升营销效率和效果。

借助外贸大数据，从传统"大海捞针"式的客户寻找方式转变为借助数字化工具进行目标市场和客户群体的精准锁定方式，是外贸人在数字化时代需要完成的基础且重要的工作。

基于对目标群体的分析，外贸人可以针对不同地区、不同文化背景的客户进行个性化的产品推荐，定制不同的促销活动，提升营销效果。例如，针对不同客户的需求和偏好，可以制定个性化邮件营销策略，定期向客户发送产品情况、促销活动等信息，从而提高客户的忠诚度和复购率。此外，还可以借助社交媒体、在线广告等数字渠道，精准推送个性化的营销信息，以更灵活、创新的方式开展营销活动，实现更精准的触达。

数字化时代带来了大量的信息和数据，如市场趋势、客户行为、竞争情报等，外贸人要善于使用数字化工具，并使自己具备处理、分析和利用这些数据的能力，将数字化工具融入营销流程，以更好地了解市场需求，优化产品和服务，进而更好地进行营销。

第三，使用数字化工具指导产品和服务优化。数字化时代，外贸人要更加注重个性化的体验和定制化的服务，以满足消费者日益提高的需求。传统的营销方式往往采用大规模、标准化的生产和服务，难以满足消费者的个性化需求。当代外贸人需要充分利用数字化工具指导产品和服务优化，从而实现差异化发展。

一方面，通过数字化工具对客户行为和客户反馈进行数据分析，外贸人能够更全面地了解客户的采购习惯、偏好和期望，建立客户画像，实现从客户的角度出发，精细化运营产品和服务，以更好地满足客户的个性化需求。外贸人还可以借助数字化工具与客户建立良好的互动和沟通，构建更为紧密的客户关系，促使客户更愿意分享他们的期望和体验，为产品和服务的优化提供宝贵的信息。

另一方面，外贸人可以利用数字化工具进行小规模的营销实验。这种方式可以更迅速地测试新想法和策略的具体实施效果，并利用数字化工具进行市场模拟，快速获取市场反馈，及时发现问题并调整策略，降低项目失败的风险，推动产品和服务的快速迭代，确保它们能够更贴合客户的实际需求。

数字化时代外贸跨领域知识整合能力

随着数字化技术的不断发展和广泛应用，各行各业都在向学科交叉、知识融合的方向发展，外贸领域也是如此。

传统外贸一直侧重于对人才语言能力、外贸知识和操作技能维度的培养。过去，懂外语、懂外贸就足以胜任外贸工作，甚至熟练掌握一门外语就已经是优势技能。然而，随着数字技术在外贸领域的应用，贸易方式正在发生根本性的变化，业务的来源、订单的撮合平台及订单的交付方式都在经历前所未有的改变。如今，外贸人要应对复杂多变的贸易环境，不仅需要具备传统的外语能力和外贸知识，还需要掌握数字化思维和技能，同时需要具备国际贸易流程、法律法规、市场营销、技术等多个方面的知识。

通过掌握多领域知识，外贸人可以更加全面地理解国际贸易中各种问题，并运用数字化工具解决这些问题。例如，使用数字化工具进行市场研究，结合市场营销知识，更好地了解市场趋势、竞争格局、客户需求等信息，进而更好地制定市场营销策略，提升产品在国际市场的竞争力。在数字化时代，贸易已经不再是简单的产品流通，而是涉及法律、市场、技术等多个领域的复杂活动。因此，外贸人才需要具备更为全面的专业知识，跨越多个领域和行业，成为"全能战士"，更好地理解和应对贸易中的各种挑战。只有培养这种全面职业素养，外贸人才能在数字时代的激烈竞争中打造专属优势。

数字化人才的"新四驱"

在校园栽下一片人才绿荫

随着数字技术的发展，传统贸易正在向数字化贸易转变。这一转变不仅改变了传统贸易的方式，也对外贸人才提出了新的要求。对外贸人才的要求从具备传统、单一的国际贸易领域知识，发展为需要具备数据化思维、掌握数字化工具、了解多领域知识。

高校作为外贸人才培养和输出的主要阵地，必须要紧跟时代发展步伐，密切关注行业发展动态，以需求为导向，优化和创新人才培养体系，担起向社会不断输送适应新时代贸易环境人才的责任。

学科和课程设置的优化

数字化贸易的发展催生了新的贸易理念、贸易方式和贸易工具。这些新兴的理念、方式和工具给外贸领域带来巨大变化，但高校外贸领域的学科建设还没完全跟上这一变化，外贸人才的培养与行业发展需求存在脱节问题。

为了培育适应新贸易环境发展需求的外贸人才，高校需要根据外贸行业发展的实际情况，及时更新和迭代外贸知识体系，将新兴的贸易理念、方式和工具及时纳入学科建设和课程体系，保持学科知识的前瞻性和科学性。

第一，引入与数字化贸易知识和技能相关的知识体系。

进入数据驱动的全新贸易时代，外贸企业发展如逆水行舟，不进则退。数字化转型已不再是可尝试的选项，而是每一家企业必须要全力达成的目标。人才是企业数字化转型的重要支撑。目前，缺乏掌握数字化理念和技能的人才是制约企业发展的重要因素之一。高校需充分认识到这一矛盾，在传统的外贸学科建设中推陈出新，设立对口专业，及时引入与数字化贸易相关的课程，如外贸大数据分析、数字营销、跨境电商等内容，以培养学生与数字化贸易相关的知识和技能。

此外，教材作为学习的重要工具，其不断迭代升级更新也是培养数字化人才至关重要的一环。外贸领域相关教材应跟随数字化贸易发展趋势，涵盖最新的理念、技术和趋势。为打造精品教材，高校可以联合其他高校或机构共同开发教材，共享教学资源，扩充人才培育的知识资源池；也可以邀请行业专家和学者共同参与教材的编写和修编工作，通过与行业专家及学者的合作，融合更深入的见解和实践案例，使教材内容更加贴近实际应用和行业发展趋势，确保教材内容顺应行业特点，紧密结合实践。

第二，建设跨学科的知识体系。

在全球化、数字化等多重因素的影响下，外贸领域正面临更加复杂多变的形势。这些情况还涉及互联网、大数据、人工智能等新兴技术以及经济、法律、物流、管理等其他领域。这要求迈向外贸岗位的人才需要具备跨学科、多领域的知识储备，以应对复杂多变的贸易环境。

高校的学科和课程建设需要与时俱进，应在传统的国际贸易理论和实务知识的基础上，加强跨学科和跨专业融合，即学科和课程的建设逐渐往学科交叉、知识融合方向发展，设置更加综合的知识内容，以培育掌握多学科知识和技能的外贸人才。

第三，灵活设置外贸课程。

由于国际贸易与其他学科交叉范围很广，高校的外贸课程设置很难做到"面面俱到"。因此，高校除了为学生提供普适性综合知识，还可以根据外贸领域的热点和趋势，结合自身的学科优势和教学资源，开设特色的选修课程，为学生提供不同方向的知识，让学生根据自己的兴趣和职业规划，选择相关课程和知识内容。比如，对国际贸易市场战略分析感兴趣的同学，可以选择大数据分析和预测、经济学等选修课程；对跨境电商感兴趣的同学，可以选择跨境电商运营、数字营销等课程。通过这种方式，高校才能够紧跟国际贸易发展趋势，为学生提供前沿的知识内容。

高校还可以根据外贸领域的热点话题和发展趋势设置专题课程，邀请外贸领域的专家、学者担任授课嘉宾，为学生进行专题授课。授课嘉宾结合自己的专业知识和实践经验，能够为学生带来更深入、更前沿的外贸知识和信息。在授课过程中，高校还可以增加学生和授课嘉宾的互动环节，通过与行业专家、学者的见解碰撞，加深学生对于专题内容的理解，拓宽学生的专业视野和思路。

教学模式的优化

现代信息技术发展成果正在加速与学校的教育场景深度融合，改变了传统教学方式、学习环境。建议高校积极拥抱这一变革，以创新的思维优化教学模式。

第一，积极采用数字化工具授课，让教学过程更加生动有趣，提升教学的效果。比如，利用多媒体技术，将深奥的理论知识转化为图像、视频等具象化的内容，帮助学生更好地理解和吸收知识；利用虚拟实验室等技术，让学生在模拟真实商业环境中进行探索和实践，帮助学生更好地应用和训练所学知识。

第二，积极建立在线学习平台、数字图书馆、仿真数据库训练平台等数字教学资源，为学生提供更加丰富的知识内容，以及更加多元、便捷的学习方式。这种方式可以打破传统教学的束缚，让学生根据自身情况，自主、灵活地选择学习时间、学习内容；充分考虑不同学生对同一内容学习周期的差异，让学生通过反复观看教学资源加深对知识的理解，满足个体差异化的学习需求。数字教学资源可以丰富学生的学习体验，促进优质教育资源的传播和利用。

当然，数字教学资源不是一成不变的，高校需要持续投入相应的经费和人力资源进行运行和维护。这不仅需要集合高校内部的资源，还需要链接外部资源，比如，邀请行业专家和学者在线授课，为数字教学资源持续注入活力。甚至，高校可以和企业、行业协会建立合作，通过资源共享，共建数字教学资源。

第三，高校可以基于学科设置模型及数字教学资源，推动外贸教育内容的"定制化"。根据学生感兴趣的发展方向，为学生提供个性化的学习路径和成长方案，以满足学生多样化的学习需求。这种方式有助于培养多层次的外贸人才，让高校从过去"一般齐"的标准化教育方式转向现代化、多元化、复合化的人才培养模式；为学生提供更加个性化的学习体验，为他们未来的职业发展奠定坚实的基础。

实践教学体系的优化

高校人才培育的目标不仅仅是专业知识的传授，更重要的是培养能够独立思考并能将理论和实践联合起来解决实际问题的人才。因此，高校的人才培育，在为学生提供扎实的理论基础的同时，还应该涵盖实践类的课程，增加实践教学的比重，注重学生实际操作能力的培养。

高校可以进行创新创业教学项目孵化，为学生提供实践的机会。例如，高校可以定期组织外贸大数据拓展贸易业务、运营跨境电商贸易等项目，将外贸企业工作岗位的定位导入课程实践。通过模拟企业实际的工作环境和工作流程，让学生可了解外贸行业的实际运作情况，掌握外贸流程、外贸技巧等方面的知识。这个过程还可以提升学生的沟通能力、团队协作能力以及社会适应能力。高校还可以邀请企业人员担任指导老师，为学生提供更加贴近外贸实务的指导和帮助。通过企业人员分享实际工作经验，学生可以更切实地了解企业运营模式、工作模式。

另外，高校还可以与企业建立战略合作关系，共同建立实践教学基地，为学生提供稳定的实践场所和实践机会，让学生在学习阶段就可以进入真实企业场景，接受来自企业的专业指导和培训，为未来步入社会打下良好的实践基础。在完成实践工作后，企业可以为学生颁发相应的实践证书，帮助其更好展示自己的实践能力和综合素质，提升他们的职场竞争力和就业能力。

案例分享

"慧思班"：校企联合人才培养新尝试

2021 年 5 月 18 日，山东外国语职业技术大学与环球慧思签署战略合作协议，标志着山东外国语职业技术大学与环球慧思的合作正式启动，"环球慧思外贸大数据特色班"（以下简称"慧思班"）正式启航。

在新全球化和数字化的背景下，数据分析在外贸企业开拓国际市场的过程中发挥着越来越重要的作用。数据分析能力成为外贸人才必备的核心能力之一。在此背景下，山东外国语职业技术大学与环球慧思建立战略合作，双方整合各自优势，共同培育具备数据分析能力的新外贸人才。

　　环球慧思作为外贸大数据领域的先行者和引领者，拥有丰富的外贸数据资源，经过多年探索和积累，已经形成一套完整的外贸大数据分析方法和模式，可以为学校提供优质的数据支持和外贸大数据实战经验。

　　山东外国语职业技术大学充分发挥其在外贸学科教育方面的优势，与环球慧思通过深入沟通探讨和交流，确立了"慧思班"的教学规划、课程建设、外贸实践等教学蓝图。

　　双方将职业本科大学的教育资源优势与环球慧思在外贸领域的数据资源优势进行整合，强强联手，共同培育具备数据分析能力的新数字化外贸人才。"慧思班"的学员遴选自学校的国际贸易本科专业和商务英语本科专业，学生根据自身兴趣和个人发展规划进行报名，由校企指导教师根据外语水平、国贸知识等方面进行多轮选拔，最终组成一支精英队伍。

　　"慧思班"的教学内容主要以外贸大数据分析的方法为核心，实战化讲授外贸业务开展过程中的细节处理。指导教师团队由企业的高管和学校老师组合而成，为学生教授理论知识，带领学生开展外贸实战。

　　为了更贴近外贸实战，"慧思班"还联合外贸企业，为学生进行授课，同时企业也为学生提供实习岗位，让他们将所学应用到实战中，真正参与到企业外贸业务的开发中。指导团队会进行全程指导、答疑，跟踪进展。从"慧思班"结业的学生除获得一定的课外实践加分，还可以获得外贸大数据"1+X"证书、实习证明等，增加在未来职场中的竞争力。

　　"慧思班"是山东外国语职业技术大学进行校企联合人才培养的新尝试。学校将外贸大数据的应用和外贸人才培养紧密联合在一起，通过加强与企业的合作，发挥学校的专业优势和人才优势，培育符合时代发展趋势的外贸人才。

　　为了培育更契合企业需求的人才，提升学生就业率，山东外国语职业技术大学还推进校企"订单班"培养合作项目。学校和企业共同参与和制定专业人才培养方案、建立课程体系、实施实践教学等。学校为企业提供师资力量、实践教学基地等教学资源，企业为学校提供实践经验丰富的企业导师、真实的实践环境和就业机会。双方基于"优势互补、资源共享、互惠双赢、共同发展"的原则，建立长期紧密的合作关系，提高外贸人才的综合素质和就业竞争力。

教师团队的强化

高校老师作为外贸知识的传授者，对高素质的外贸人才培养起着至关重要的作用。因此，高校要着力建设高水准的师资团队，提升外贸教师的专业素养和教学能力。

想要在教学中顺利跟上外贸行业发展的步伐，就需要教师及时学习和掌握新的贸易理论、贸易规则、贸易方式、贸易工具等，确保向学生传授与时俱进的知识。高校应该鼓励教师主动、积极学习外贸领域的知识，通过不断吸收和拓展外贸领域新知识、新技能，提升他们在外贸领域的专业水平。

为了更好地提升教师的教学水平和教学质量，建议高校定期组织教师参与培训、学术交流、座谈会等活动，通过链接外贸行业的专家、学者，接触和学习先进的外贸知识，让教师保持与外贸行业实时接轨，确保教学内容始终和行业发展同步。

建议高校鼓励教师与外贸企业、行业协会等共同开展国际贸易相关的实践项目、科研合作，以便教师能够更好地了解行业发展趋势和企业实际需求。为了推动外贸领域师资力量的建设，高校可以考虑将教师的外贸知识储备、实践经验与行业参与度、科研成果与学术共享以及行业合作等纳入教师评价系统，引导教师深入开展教学和研究工作，激励教师提高自身的专业素养和实践能力，为外贸领域培养更多优秀的人才。此外，高校还可以联合多方力量进行人才培育，通过综合评估评定外聘企业的高管、权威机构专家为学生授课，让学生了解最新的行业发展动态。外聘的讲师可以将实践案例和专业课程结合在一起，通过案例分析，使学生能够更加深入地理解如何在新环境下开展贸易活动。

高校人才培育评价机制优化

在过去，人才评价体系主要以学科知识掌握情况为标准，以测评作为评价的唯一形式。随着时代的发展，社会对于外贸人才的要求和期望开始向多元化、实践性和创新性方向发展，原有评价体系无法满足当前的发展需求。为适应这一变化，更好发挥人才培育机制的引领作用，高校需要根据外贸专业培养目标和外贸行业的实际需求，优化升级人才培育评价机制，确保人才和社会发展需求高度契合，以向社会输出高素质的外贸人才。

第一，设立多维度的综合评价体系。外贸领域对于人才的要求已经不再局限于单一的国际贸易学科知识，还需要具备解决问题能力、创新能力等。外贸人才的评价方法需要从单一的学科知识扩展到多元化的内容考察，如学生的项目实践经验、实习经验、科研成果等。

因此，除了传统的学业成绩测评，高校可以通过引入实践项目、实习报告等评价方式，检验学生的实际操作能力和知识应用能力，更全面地考察学生的综合素质。多元化评价更符合现实社会对于综合能力的要求，可引导高校培养更符合外贸行业需求的高素质人才。

第二，采用多层次的评价方式。为了更全面地进行人才培育评价，高校需要建立多层次的评价方式，通过整合和优化学生自我评估、教师评价以及行业反馈等多种方式，建立完善的人才培育评价机制。

自我评估是培养学生自我认知和自我管理的重要手段。学生可以通过自我评估，了解自己的学习进度，及时发现自己的优势和不足，以进一步调整学习目标和计划。因而，学生的自我评估是高校人才培育评价机制的基础。高校首先基于外贸领域专业培养目标和行业需求，制定包括知识掌握水平、技能水平、综合素质等方面的自我评估标准，保证评估全面有效；然后设计评估问卷、量表等评估工具，让学生能够有效评价自己的学习成果和表现，并据此调整学习计划；最后在学生自我评估后，设置反馈和指导环节，针对学生自我评估结论提出具体建议，并提供必要的资源和支持，形成"评估—反馈—指导—提升"的闭环。这样的自我评价系统可以帮助学生掌握自己的学习效果，明确努力方向，制订明晰的学习计划，从而提升自身的专业素质。高校也可以收集和分析学生的自我评估数据，将其作为教学质量改进和课程优化的参考依据。

教师作为教育教学的主体，对学生评价是高校人才培育评价机制的重要组成部分。教师通过评价学生的学习成果和表现，评估教学效果，可及时调整教学策略和方向。同时，教师还可以通过评价了解学生的实际情况，为他们的职业发展和学习目标提供针对性指导和建议。

高校的人才培育本质上还是输出行业所需的高素质人才。高校既可以和外贸企业建立紧密的合作关系，定期收集行业对于人才的需求，也可以通过接收高校毕业生反馈意见和建议，了解就业市场上企业对于人才的要求，将之纳入人才培育评价机制，保证所培养人才与外贸行业所需人才的一致性，提高人才的适应性和竞争力。

没有一项机制能保持始终有效。为了适配不断变化的社会需求和外贸行业发展趋势，高校需要建立人才培育评价机制的优化机制，基于学生、老师、行业等各方的反馈以及评价机制的实际运作情况，不断做出调整和优化。

通过建立全面、科学、客观的评价机制，高校可以发现人才培育中存在的问题和不足，及时调整和优化人才培养体系，广泛培养适应新贸易环境发展的人才。

案例分享

浙江科技大学：贸易数字化人才培育计划

在数字化快速发展的背景下，浙江科技大学洞察到社会对数字化贸易人才的需求特征。因此，学校与外贸大数据行业的领军企业环球慧思签署战略合作协议，通过资源共享、优势互补和业务创新，共同在科研、教学、实践、人才培养、咨询服务、会议活动等方面进行全方位的合作，旨在培养具有外贸大数据分析能力的高素质人才，为推动数字化外贸领域发展提供人才支持。

双方以浙江科技大学经济与管理学院为平台，共同打造"慧思外贸大数据人才培养计划"。同时，开展以"贸易数字化"和"贸易高质量发展"为主题的国家级、浙江省级、杭州市级课题研究，取得了论文、教材、报告、案例等教学及科研成果，为数字化贸易领域的发展提供了智力支持。

双方还合作推进"贸易数字化人才培训"项目，协助地方政府、企业向对外经贸人员进行相关培训，帮助其更好地应对数字化时代的挑战；合作开展"外贸大数据"相关课程教学，强化培训教师队伍。通过强化培训教师队伍，提高培训质量，为培养更多的数字化贸易人才做贡献。此外，双方还组织、承办了包括"2023中国（杭州）对外贸易高质量发展论坛"在内的相关学科会议等活动，促进了学术交流和合作。

政府支持下的外贸人才培养

随着全球贸易的蓬勃发展，对外贸人才的需求呈现井喷式增长。为了尽快满足这种激增的需求，政府需要发挥积极导向作用。为了给外贸人才培训提供更具针对性的引导和支持，政府可以深入开展市场研究和产业调查，以深刻理解外贸领域对多层次、全方位人才的迫切需求。在此基础上，政府可以采取一系列措施来推动外贸人才的全方位建设，实现外贸人才培养的跨越式发展。

激励政策支持企业人才培养

为了积极推动企业参与人才培育，政府可制定一系列激励政策，营造有利于人才培养的环境。例如，政府可通过税收优惠来激发企业的积极性，将外贸人才培训相关费用纳入企业税收抵扣范围，鼓励外贸企业定期为人才提供培训。同时，政府还可采用培训补贴的方式，引导企业加大对员工的培训投入，从而提高整体员工素质。

地方政府可以根据本地贸易经济发展情况，实施特殊支持政策，特别是面向外贸人才中的领军人才和优秀人才提供支持。这样的政策有助于高层次外贸人才的引进，进一步推动本地外贸行业的快速发展。

通过这些激励措施，政府可以引导企业将人才培育置于战略发展的核心位置，促进企业与人才共同成长，推动整个产业链的提升。这种政府引导下的人才培育模式不仅有助于企业的长远发展，也会为地方经济贸易的繁荣注入新活力。

教育政策引导外贸人才培养

在教育体系中，政府可以通过加大对高校和培训机构的支持，鼓励其建设对口学科，优化课程设置，加强实践教学，提高学生的实际操作技能，以更好地迎合市场的实际需求。

政府可以基于社会对于外贸人才的需求，引导高等院校、职业技术学校等创新学科建设，开设相关专业。通过对高等院校课程进行跟踪监督和管理，激发高等院校不断更新迭代课程内容，确保课程内容紧跟时代潮流。此外，政府还可以通过设置奖学金和资助政策，激励更多人才深入学习外贸领域相关知识，推动人才培养的高水平发展。

政府还应引导高校加强与国际相关组织合作，推动外贸人才参与国际性交流项目，培养学生的国际视野和语言沟通技能，提高他们在国际贸易中的综合竞争力。通过促进国际教育合作，我们能够打造更多具备全球竞争力的外贸人才，为国家外贸事业的发展提供更有力的人才资源支持。

联合资源支持外贸人才培养

政府可以联合国家智库、高等院校、研究机构、协会商会、典型企业等，共同制定并推广相关培训课程，通过整合社会资源为外贸企业提供人才培训。这些培训可以运用线上线下结合的方式开展，供人才进行灵活学习，以协助企业和个人提升外贸知识和技能。这样的合作，会促进资源共享和知识传递，提高培训质量和效果，为外贸人才培养和发展提供强有力的支持。

此外，政府还可通过鼓励科研机构、企业、高等院校等联合创办高水平、高层次、有影响力的国际贸易人才论坛或会议，加强国内外贸易人才合作交流。这些论坛或会议可为国内外的外贸人才提供一个交流平台，分享最前沿的外贸知识和经验，促进创新合作，提高外贸人才培养水平。

案例分享

政府搭台，专家亲授，企业受益

为更好把握全球数字变革的新机遇，积极推动传统外贸企业运用大数据新技术参与国际分工，从而在竞争中获得新优势和新发展，浙江省人力资源和社会保障厅联合浙江金融职业学院，主动发起了"传统外贸数字化转型"高级研修班，旨在引导外贸企业进行全面的数字化转型。本次研修班涵盖了思维转型、市场转型、营销转型、社交转型、新制造转型等几大关键内容，特邀行业专家、学校教授以及企业代表，为外贸企业提供全面而深入的系统培训。

通过这一研修班，外贸企业有机会深入了解数字化转型的各个层面，从而更好地应对全球数字变革所带来的挑战。思维转型使企业能够更加开放、灵活地看待新兴的数字化业务模式，市场转型让企业能够更准确地定位全球市场的机会，而营销、社交、新制造等方面的转型则为企业在数字时代保持竞争力提供了具体的操作指南。

此举不仅有助于提升传统外贸企业的数字化水平，更为其在国际市场上谋求创新和领先地位提供有力支持。通过与专业人才和企业代表的深度互动，该研修班将为外贸企业带来丰富经验和前沿知识，助力其顺利实现数字化转型，迎接全球数字化浪潮的新时代。

搭建平台支撑外贸人才培养

政府搭建外贸相关的智慧平台，支持人才的全方位成长。平台搭建的关键，是建立知识共享机制，汇聚特色的外贸课程和优质资源，为人才的成长提供广泛而深入的知识支持。

政府通过健全外贸人才终身职业技能培训制度，优化外贸人才的职业发展通道，激发外贸从业者的学习主动性，提高他们参与培训的积极性。同时，政府还可以积极推动外贸人才区域共享共建机制，促进不同地区之间外贸人才的合作与交流。例如，建立外贸人才库、搭建人才交流平台、实施人才共享项目等，实现外贸人才优化配置和合理流动，缓解外贸人才区域分布不均问题，促进外贸人才的均衡分布和协同发展，带动区域贸易行业水平加速提升。

教育从来不是单独一方的责任，而是需要社会各界的共同努力。同样，外贸领域的人才培养不是一蹴而就的，需要政府、产业协会、企业、高校等各方联合，协同配合，共同推进政产学研一体化人才培养体系的建设。

政府在外贸人才培养中扮演着引导和支持的角色。政府可以通过制定政策、提供资金支持、建立培训体系等方式，为外贸人才培养创造良好的政策环境和资源条件。政府还能够促进产业协同，整合各方资源，推动人才培养的系统性发展。

行业协会在外贸人才培养中可以起到链接和协调的作用。行业协会能够汇聚行业内企业的共同需求，提供市场反馈，同时组织行业专家为培训提供实战经验和最新趋势洞察。通过行业协会的协调，我们可以更有效地对接企业需求和高校培养计划，确保人才培养的针对性和实用性。

企业是外贸人才培养的直接用武之地。通过与企业的深度合作，培训计划可以更贴近实际业务需求，强化学员在实践中的能力培养。企业还能提供实习和就业机会，让学员得以获取真实的工作经验，从而更好地适应就业环境。

高校在培养外贸人才方面具有独特的优势。通过调整课程设置，加强实践教学和产学研合作，高校可培养学生的实际操作技能和综合素质。高校还可以与企业合作，引入行业专家和实际案例，让培训兼具实战性和前瞻性。

政府、高校、产业协会、企业需要发挥各自领域的优势，贯通"政策—教学—科研—市场"各环节，实现资源整合、创新协同，搭建起一个强大的外贸人才培养生态系统，提升人才的整体素质，满足不断变化的外贸市场需求，促使外贸人才培养走上更为长远、可持续的发展道路。

"第四代外贸人"培养策略

"第四代外贸人"是指在外贸领域中，随着时代发展和技术进步，逐渐涌现出的新一代外贸从业者。"第四代外贸人"不仅要懂外语、懂外贸，还要懂网络营销，更重要的是需要懂数据分析和数据洞察。较之前几代传统外贸人，"第四代外贸人"在技术应用、市场洞察、品牌建设等方面有着更为突出的特点和优势。

首先，"第四代外贸人"具有全球视野和数字化思维，能够密切关注国际市场动态和趋势变化。他们通过熟练运用各种数字化工具进行市场分析、客户管理、订单处理等；采用搜索引擎营销、电子邮件营销、社交媒体平台营销、视频营销等多种网络营销手段，与全球客户保持密切联系和交流，获取最新的市场信息和商机。

其次，"第四代外贸人"普遍具备较高的数字化能力，能通过大数据、人工智能等技术手段，实现对外贸营销、选品、定价、客服等业务流程的数字化管理与应用，从而大大提高工作效率。

再次，"第四代外贸人"更加注重营销的精准性，通过外贸大数据和数据分析等手段，深入了解目标市场的客户需求和特点，并根据自身产品优势进行精准定位和差异化竞争。

最后，"第四代外贸人"具备强烈的品牌意识，深知品牌在外贸业务中的重要性，因此坚持品质至上，积极通过提升产品质量、优化客户服务、加强品牌宣传等方式提高品牌知名度和美誉度。

为了更好地适应全球化的竞争环境，越来越多的企业迫切需要卓越的人才来支撑其业务发展，以应对日益激烈的贸易竞争和日新月异的科技变革。外贸企业固然可以通过人才的直接引入弥补企业现有团队的不足，但找到与企业文化、业务需求相匹配的优质人才并非易事。很多时候，企业需要花费大量的时间和精力进行筛选，才能找到合适的人选。而且，即使企业花费了大量的时间和精力，也不一定能够找到完全符合需求的人才。因此，外贸企业需要根据自身业务需求和发展战略，建立一系列人才培育计划，自主培养符合企业发展需求的"第四代外贸人"。

"第四代外贸人"的培育计划，绝不是单纯的企业内训，更多的是一个生态的打造。作为一个完整的系统工程，其不仅需要有流程、制度的支持，还需要有文化的托底。企业通过培育计划，可以形成一种人才成长的生态系统，在这个系统下可以获取源源不断的成长能量，为可持续发展提供充足的人才储备。

那么企业如何建立"第四代外贸人"培养计划，高效进行人才培养、激发激活人才的潜能，建设一支想打仗、能打仗，打胜仗的外贸团队？可以从人才培育机制的建立、工作流程的建立、人员激励机制的建立、企业文化的打造及外部资源的整合五大环节入手，结合企业实际进行科学合理的规划并付诸实践。

"第四代外贸人"培育机制以提升员工技能和知识水平为主要目标。企业建立培育机制可以系统、有针对性地提升员工的专业技能和知识储备，确保人才资源始终保持最佳状态，提升企业在市场竞争中的优势地位。企业员工可以从公司的培育机制中持续获取新知识、新技能，不断提升个人能力，以跟上行业发展变化的步伐，保持个人在职场中的竞争力。通过这种方式，外贸企业才能够吸引和留住更多优秀人才，为自身的长远发展提供稳定的人才保障。

建立多层级的人才培训制度

为了让员工不断进步并增强自身能力，企业要为员工提供相应的学习资源，让员工获得广泛的学习机会。同时，不同成长阶段、不同岗位的人才所需要掌握的知识和技能不同，因而，建立多层级的人才培训制度是企业搭建人才培育机制的第一步。

企业可以根据不同层级的员工提供有针对性的培训，帮助他们不断提升专业能力、适应外贸行业的变革，以促进企业的可持续发展。

对于新入职的员工，企业可以设计全面的岗前培训课程，介绍公司的发展历程、企业文化、业务流程、所在行业基本情况等信息，这有助于员工快速了解公司文化和行业情况，帮助员工更好地融入工作环境。

对于在职员工，企业可以根据员工的工作内容和职业发展方向，制订相应的分级培训计划，也可以根据行业发展态势，及时引入新的知识和技能，制订专项培训计划，如行业趋势分析、市场营销策略、数字化工具的使用培训等，让员工不断提高业务水平，适应外贸行业的发展新要求。

建立企业内部共享制度

每个企业都拥有在各自领域中经验丰富的员工，他们在工作中积累了丰富的专业知识和经验，形成了自己的知识体系和工作方法，这些也是企业重要的智力资源。企业需要通过一种机制，将这些资源共享出来，赋能企业的人才培育。因而，企业建立内部的共享制度，是企业搭建人才培育机制的第二步。

外贸企业通过建立分享会、研讨会、培训会等内部共享制度，深度挖掘企业内部的知识资源，为企业的人才培训提供不断更新的支持资料。

作为学习者，企业员工借助内部共享制度获得更多的学习机会。通过学习他人的知识和经验，企业员工可以在自己的领域内不断自我精进，更好地应对工作中遇到的问题和挑战。

作为分享者，企业员工得以回顾自己的工作过程，分享自己的工作见解和成功经验，对自己的工作方法进行反思和总结。这种反思和总结的过程不仅有助于分享者更清晰地理解自己的工作方式，还能够帮助自己不断优化和改进，提高工作效率和质量。同时，通过分享自身的成功经验，企业还能帮助员工树立在团队中的榜样作用，从而增强员工的成就感、价值感和荣誉感。

内部共享制度还鼓励员工之间的互动和讨论。通过分享自己的成功和失败经验，员工可以更加开放地与团队成员交流，从中获得反馈和建议。这种互动有助于促进团队内部的合作和协作，形成更具创造性和创新性的工作氛围。

企业中的每个人都有自己独特的行事风格和擅长领域。企业的共享制度犹如一张资源网络，将企业所有人的智慧和经验链接一起，让员工获取更多样化的知识内容。同时，这种共享制度让更多组织内部资源被发掘和利用，让这些宝贵的知识和经验在组织传播中不断升级和迭代。这不仅可以提升员工的专业素养，还能强化团队的整体作战能力，进而提高企业的竞争力和可持续发展能力。

建立企业内部的知识平台

"第四代外贸人"培育机制前两步的重点是为员工创造学习资源，第三步就是要将这些宝贵学习资源沉淀下来，通过整理、归纳和总结，形成系列化的知识体系，为企业人才提供全面、系统的培训支持。为实现这一目标，企业需要建立一个在线知识平台。这个平台可以是一个在线的数据库、知识库或学习管理系统，用于存储、管理和共享公司的知识和经验。

知识平台不仅可以积累公司的知识财富，还可以为员工提供系统性、结构化的学习路径指引。通过这个平台，员工可以随时随地获取和查阅公司沉淀的智慧，更有针对性地进行专业知识学习和技能提升，也为员工职业发展创造有利条件。比如，新员工可以从平台中获得系统的培训和入门学习资料，快速适应公司的工作环境和业务要求；老员工可以从平台获得多元化、纵深的知识内容，不断提升自己的能力和技能水平。

在这个知识平台上，员工既是知识的受益者，同时也是知识的创造者。为了更好地建设和维护企业的知识平台，企业要设置知识平台的运营规则，激发员工活力，让员工在平台上共享更多专业知识、行业见解、实操经验等有价值的内容。通过员工共建，知识平台的知识将更加系统多元。

企业还可根据员工在平台建设上的贡献值，设置相应的评价奖励机制，促使他们更主动地分享自己的专业知识和实操经验，从而不断丰富和升级企业的知识体系。

通过搭建和运维知识平台，企业内部的信息孤岛被打破，企业内部人员的知识协同随之实现。这将成为企业内部学习与创新的基础，为企业的可持续发展提供强大的智力支持。

随着企业知识平台的建设和发展，企业的运营模式不断趋于成熟，这一对内的知识体系有望最终孵化成为一款知识产品推向市场。企业将知识平台沉淀的知识、经验和案例进行整合和优化，形成一套完整的人才培养计划，并将之转化为服务产品，为客户提供专业、系统的知识服务。通过将内部的智慧和实践经验转化为外部的产品和服务，企业不仅赋予了员工更广阔的发展空间，还在市场中树立了自身在人才培育领域的领导地位，增强了品牌的影响力和认知度，创造了更多的商业价值。

建立工作标准作业流程（SOP）促进人才进步

建立工作 SOP 是企业进行"第四代外贸人"培育的重要举措。通过建立标准统一的工作流程和工作步骤，工作将更加高效、规范和有序。

SOP 为员工提供了系统而可靠的学习和执行依据。SOP 的建立有助于新员工快速熟悉并适应公司的工作方式，更快地融入公司文化和工作环境，进入工作状态。对于老员工而言，SOP 可以确保工作质量的稳定性和一致性，提升工作效率。SOP 还可以提高企业的灵活性和适应性。当企业需要调整工作流程或引入新的操作方法时，SOP 可以灵活调整，使企业能够更好地适应市场和行业的变革步伐。此外，在员工流动和岗位变动时，SOP 还有知识传承的作用，确保业务连续性，降低因人员异动而带来的知识技能流失风险。

通过了解和掌握各项工作的 SOP，企业可以更好地评估员工的能力和素质，为他们提供有针对性的培训计划，促进人才的成长和发展。同时，结合工作 SOP，企业可以更好地评估员工的工作表现和绩效，为人才的选拔和晋升提供更加客观和科学的参考依据，实现企业人才优化配置和高效管理。

此外，工作 SOP 可以提升企业的品牌形象和认知度。通过建立标准化的工作流程和规范，企业可以展现自身的专业性和规范化管理水平，会提高客户和合作伙伴对企业的信任和认可度。同时，在招聘和人才引进方面，拥有完善的工作 SOP 的企业也更容易吸引优秀人才的加入，为企业的人才梯队建设注入强大能量。

因此，企业工作 SOP 的建立对于企业人才培育和业务发展具有重要意义。这一过程不是简单的知识整合，而是一种组织内部业务操作方式的指导，涉及企业运营的各个方面，如从日常工作的规范到复杂业务流程的执行。

在建立工作 SOP 的过程中，企业首先需要明确制定 SOP 的业务范围，确定其实际需求和适应性，然后与相关部门和团队进行充分沟通，了解工作流程、操作步骤、执行标准和最佳实践路径，据此制定 SOP 草案，确保形成的 SOP 具有实际可操作性，而非空泛理论。

制定 SOP 草案后，企业需要再次与相关部门和团队进行深入讨论，根据相关部门和团队的反馈意见进行调整和优化，确保 SOP 综合考虑了组织内外各方的实际需求，符合工作实际需要。SOP 草案经过相关部门和团队讨论审核通过之后，最终形成符合标准和规范的 SOP。

在 SOP 的推行阶段，企业需要通过培训等方式进行宣导，确保员工理解并遵循 SOP。工作 SOP 的推进是一个循序渐进的过程，需要员工逐渐形成工作习惯。为了保证其有效性，企业还需要建立持续监测和反馈机制，通过定期检查和评估 SOP 的执行情况，及时发现问题并加以改进，确保 SOP 能够真正落地并发挥应有的作用。

工作 SOP 的建立并非一劳永逸。企业需要根据员工的工作反馈、企业的发展和变化，进行 SOP 的修正、更新和迭代。这种灵活性和持续改进的理念有助于 SOP 在不断变化的环境中保持实际效用，促进企业人才培育和业务发展的协同推进。

建立人员激励机制激发人才潜能

企业在提供多样化学习资源的同时，应设立相应的激励机制，以激发员工不断提升自身能力和素质的积极性。

绩效评估是企业全面了解员工在工作领域表现的关键手段，可以将学习力纳入评估系统中，以提高员工参与培训的热情。企业可以通过学习力的评估，识别和奖励在外贸领域不断精进、保持学习力的员工。

企业也可以考虑将学习力纳入薪酬福利和晋升机会的综合考核体系中。这不仅是对员工积极追求卓越的一种鼓励，更是对其在学习和专业发展方面付出努力的实质性认可。这种综合考核机制能够激发员工的学习动力，促使其全身心投入到专业知识技能的学习进程中，不断提升自身能力，为公司的长期发展贡献更多价值。这种挂钩机制不仅要在薪酬上给予直接回报，也要为员工提供更广阔的晋升空间，激发他们在工作中追求卓越的动力和愿望。通过这种方式，企业实现了对学习力的有效引导和激发，打开了员工个人成长和企业整体业绩提升双赢的局面。

此外，企业为员工提供额外的培训补贴等福利，以及进修和培训等机会，也能刺激员工参与培训的积极性，让员工明确感受到公司对个人成长的真切关怀。

建立员工成长监测和测评程序是确保培训计划和激励措施切实有效的重要环节。企业应定期评估员工的绩效，随时调整培训和激励策略，确保员工的发展与企业战略目标始终保持一致。通过监测员工的成长，及时发现问题并提供支持和帮助，为员工创造更有利的发展条件。

在激励机制方面，企业还可考虑制订个性化的发展规划，为员工提供更具针对性的学习资源，以满足个体的职业发展需求。此外，通过定期组织员工分享和交流活动，提供展示学习成果的机会，可以激发员工互相学习、竞争和合作的意识。这些措施有助于构建更具活力和创新性的学习氛围，进一步推动企业人才的全面发展。

打造企业文化和整合外部资源支持人才蜕变

一个成功的人才培育体系需要良好的企业文化作为保障。除了建立人才培育机制，企业还需要培育良好的企业文化，为员工提供良好的成长土壤，营造积极向上、开放包容的企业氛围，激发他们学习的动力，让员工感受到学习的重要性，并愿意在这个过程中不断提升自身。

在企业文化的塑造中，倡导利他文化是至关重要的。鼓励员工多做利他的事情，促使员工更加关心团队合作，帮助他人成长。这种文化氛围有助于员工建立积极的学习态度，让员工乐于分享和交流经验，形成良性的学习循环。

另外，企业需要优化内部环境，鼓励开放共享，通过建立内部交流平台、知识共享机制，形成员工之间链接、交流和共享的良好风尚。这不仅有助于知识的传递，还能够激发创新思维，提高团队协作效率。

为了在企业内部营造更浓厚的学习氛围，通过共学、共创、共享的方式实现知识和技能的交流和裂变，企业可通过定期的团队培训、学习分享会和跨部门协作项目等形式，鼓励员工积极参与，相互学习，推动整个组织的学习进程。企业还可积极与外部资源进行链接，获取有利于自身发展的内容与价值，充分利用外部资料进行覆盖面更广的培训。

首先，企业可以与培训机构合作，引入专业课程、行业研讨会等培训资源。借助外部力量，为员工提供更广阔的学习机会，帮助他们跟踪外贸领域的最新发展，提高专业素养和技能水平。

其次，企业可与知名高校、人才培育机构及具有前瞻性的企业建立战略合作关系。这样的合作关系不仅有助于建设人才培育体系，共享资源，实现互利共赢，还能够帮助企业拓宽人才渠道，吸引更多优秀的人才加入，同时也可以提高企业在行业内的知名度和竞争力。

此外，企业还可通过链接行业研讨会、专业论坛、人才交流会等平台，为员工提供更多学习机会。这种链接不仅能促进企业人才与外部专家、精英之间的深度交流，还能激发员工的创新思维，进而作用于日常业务推进。这些交流平台为员工提供了与行业前沿、最新趋势保持同步的机会，帮助他们适应快速变化的外贸环境，提高专业素养，拓展视野。通过参与这些行业研讨会和论坛，员工可与同行业的专业人士进行互动，分享经验，获取行业动态和最佳实践成果。这样的交流在拓宽员工知识面的同时，还为企业引入先进理念和技术打开了路径。另外，与外部专家互动也为员工提供了更多解决问题的思路和方法，激发了员工不断创新的热情。

企业与这些外部交流平台的链接，不仅有助于提升员工的专业水平，还可以建立与行业内部和外部专业人才的合作关系，促进企业与时俱进，迎接激烈的市场竞争。

当前我国正处于外贸高质量发展和建设贸易强国的关键时期, 外贸企业正加速迈向价值链的高端, 即从原来的生产制造环节向研发设计和营销环节不断延伸。这个阶段最需要的是国际营销人才, 特别是有全球化格局和视野、数字化思维和技能的复合型、开拓型营销人才。环球慧思从成立以来, 在人才培育方面进行了大量的探索和实践, 成功打造出了一支"懂数据、懂外贸、懂销售、懂管理"的"慧思军团", 培养了众多国际营销"特种部队"和"全能战士"。基于多年的人才培育经验, 环球慧思逐步绘制了一张新时代人才培育的路线图, 以期为众多外贸企业的人才培育提供一些参考和借鉴。

"特种部队"和"全能战士"的培育实践

面对 VUCA 时代日益多变的市场环境和不断涌现的业务挑战, 企业对复合型、精英型人才的渴求达到了前所未有的程度, 环球慧思也不例外。作为外贸企业的赋能者和服务者, 环球慧思坚持打造顾问式营销体系, 致力于为外贸企业提供全方位的营销咨询服务和精准的外贸大数据解决方案, 助力企业在激烈的市场竞争中披荆斩棘。这需要大量对外贸业务有着深度理解、兼具数据分析和管理技能, 以及出色营销能力的复合型人才作为支撑。

培训体系建设: 知识驱动员工成长

每个企业对于员工的期望和要求会因行业、规模和发展阶段的不同而有所差异, 员工的成长是一个日积月累的过程, 需要在工作中通过不断学习、实践、总结来实现。在这个过程中, 培训作为激发员工潜力、提升整体组织素质的重要手段, 能够快速帮助员工掌握所需的各种知识和技能, 以更好地适应工作环境和岗位要求。因此, 建立完善的培训体系对于企业人才培养至关重要。

人才培训的终极目标是人才培养体系高度契合企业持续发展的需求。因此,培训体系的设计必须全面融入公司的战略规划,以确保对公司业务变化的灵活适应。培训体系应当紧密贴合公司的战略愿景,确保培训计划能够有效地促进员工的个人成长,并与公司的整体战略目标保持一致。培训体系应当明确反映公司当前和未来的业务需求,包括对新技术、行业趋势、市场变化等方面的深入了解,以确保培训内容能够紧密贴合企业的实际业务环境。同时,培训计划应当具备灵活性,能够随着公司战略的调整而进行相应的匹配,以适应不断变化的商业环境。

人才在其职业生涯中会经历不同的成长阶段,员工的培训需求也呈现多样化。为了让培训体系更加贴合实际业务需求,为员工提供更有效的培训体验,培训体系的设计应该兼顾全员的整体需求,同时应灵活地针对不同人才成长阶段和不同部门的特殊属性进行调整。一方面,企业应根据员工不同成长阶段的培训重点,有针对性地制订培训计划,满足不同群体的成长需求;另一方面,企业要关注内部各部门的独特技能和知识需求,根据各部门的特殊性质,提供特定领域的培训内容,以确保员工具备适应特定工作环境的专业知识和技能,提高员工在各自领域的胜任力。

为了更好地了解培训体系的效能,企业还需要注重培训效果评估和反馈机制的建立,通过定期的评估,了解培训计划的实际效果,以及员工在实际工作中所取得的进展;通过反馈机制,及时调整和优化培训内容,使其更符合公司的发展方向和员工的个人职业发展需求。

当前我们正迎来一个由数据驱动的全新的国际贸易时代。在这个时代背景下,环球慧思作为外贸大数据解决方案提供商,始终坚持以客户为中心,以创造客户价值为导向,致力于帮助外贸企业构建基于大数据的主动精准营销体系,助力企业实现数字化转型。对于环球慧思来说,营销人员是与客户直接联系的重要纽带,具有不可忽视的关键作用。

为了更好地赋能外贸企业,环球慧思在营销服务方面采用了独特的顾问式营销体系,提供一对一的售前、售中、售后服务。这对人才提出了更高的要求，企业需要培养具备深刻外贸业务理解、精湛数据分析与管理技能及卓越营销能力的复合型人才。为此，环球慧思设计了一套全面的人才培训体系，以支持公司业务需求和发展目标。

层次分明的培训体系

人才的培养是一个循序渐进、日积月累的过程，需要经历多个阶段。为了更有效地支持和引导人才在各个阶段取得持续的成长，环球慧思采用生态型人才梯田培养模式，持续强生态、拓梯田，不断完善内部以新人互助培训、百年慧思、慧思讲堂、慧思实战、慧思访谈为主体的层次分明的培训体系，积极组织知识与技能培训，不断从行业、企业、产品、营销、品牌多个维度全面提升员工综合能力，培养创新型复合型的顾问式营销人才，进而更好地调集公司资源服务于合作客户。这个体系旨在覆盖人才从初入行到职业巅峰的全程成长需求，提供适用于人才不同成长阶段的系统化培训支持，确保他们在迅速发展的市场环境中，通过学习提升自身的竞争优势，更加顺畅地进行业务开展。

针对刚入职的员工，公司设有岗前培训。岗前培训包含行业发展简史、公司理念与文化、公司产品体系、工作开展的基本思路和技巧等内容，让员工能够在短时间内对公司、行业有基本了解，以便他们能够快速进入工作状态，适应工作环境和岗位要求，掌握基本的业务知识和技能。

对于入职一段时间的新人，公司会组织系统性的《百年慧思》培训，围绕战略、运营、管理、业务四大场景进行为期 5 天的课程设置，不断深化员工的顾问式营销能力与经验。

针对企业的中坚力量，公司设有"对话新锐"论坛，邀约公司新锐人才分享成长经验和面对挑战的解决方案。

对于成长为顶级销售的精英，公司设有"遇见 Top"论坛。论坛分享顶尖的营销策略、市场见解和成功案例，旨在让员工通过更深入地了解顶级营销人员的思维方式和工作方法，提升销售能力和业绩。

针对企业的管理人员，公司在每月初的管理会议上都设置了"慧思管理主题分享"环节，基于阶段内团队遇到的高频管理难题和所关注的管理技能，邀约优秀管理人员进行相关主题的交流分享，共享管理技巧和管理经验。同时，公司还推出了"领航计划"系列培训，为管理人员提供更系统、深入的管理技能指导，通过剖析团队实际管理难题、分享成功的管理案例和经验，全面提升管理人员的综合管理能力。

通过这些培训机制，公司管理人员能更全面地了解团队管理的各个维度，公司能形成更加成熟和高效的团队管理体系，进而打造一支想打仗、能打仗、作战有序的精英团队。

此外，在日常工作中，公司还设有多样化培训路线来支持和推动员工的学习和发展。

每周公司定期邀请精英员工进行"慧思讲堂"和"慧思实战"分享。其中，"慧思讲堂"聚焦"学营销、学培训"两大内容，重点提炼并深度融合营销和培训的应用场景，旨在不断提高员工的知识应用能力，进一步打造慧思军团"懂数据、懂外贸、懂销售、懂管理"的"四懂"人才；而"慧思实战"更注重营销实战，不仅有营销端思维、知识、技巧等实战理论类分享，还有经典成交案例和客户使用成效案例的分享，不断提升销售团队的实战能力，以更好地适应市场竞争。

每月公司都会开展"慧思访谈"系列分享，以营销需求为导向，聚焦营销热点人物和热点话题，从实战技巧、应用场景、个人成长、心态把控等多个角度分享营销秘籍，为整个销售团队带来启示和动力。

为了更好地让销售团队了解外贸领域专业知识，进一步赋能客户企业高效开展外贸实务，公司还设有"慧思实训"课程，链接外贸数据专家和行业大咖，进行实战化培训，以提升员工在外贸营销方面的思维和技能水平。在产品培训方面，公司设有"专家服务日"培训，从产品操作、数据解读、应用技巧等多方面进行解析，为销售人员提供更多实操参考。

同时，为了进一步提升公司员工知识的深度和广度，公司还直接引入一些成熟平台的知识体系，涵盖外贸领域、管理领域等各个方面。公司员工通过学习这些新理念、新方法，结合慧思内部的共享链接，可以更好地进行自我能力的提升，让组织学习在外部资源的融合下更具活力。

知识共享平台和知识交流平台

对于企业来讲，知识和技能都是宝贵的资源，对于支持员工个人成长和公司的持续发展有极重要的意义。环球慧思一直基于这个理念进行知识的积累和沉淀。

最初，为了激发员工的业务水平，环球慧思编写了一本名为《营销手册》的内部培训书籍，涵盖外贸大数据的行业概况、企业简介、产品介绍、营销技巧及工具使用等方面的内容，初步为员工提供了系统化、结构化的知识支持。

随着公司业务的快速发展，纸质资料内容维护难度较大、更新频率较低等问题凸显。因此，环球慧思及时引进数字化的管理工具，建立了内部的线上知识平台——慧思社区，将纸质资料转变为在线学习资源。同时，知识呈现的方式不再拘泥于文字表述，视频、音频、思维导图等轮番上阵，极大丰富了营销知识的呈现形式。

目前，慧思社区是环球慧思内部的知识库，提供产品手册、营销手册、管理手册、员工手册等海量知识。除了公司的运维团队会实时进行知识的更新和维护，环球慧思在慧思社区还设有服务于全体员工的驻场团队，每周汇集精英专家团队的力量，解惑答疑，交流经验，通过团队轮值完成一轮又一轮的知识共享。慧思社区不断编织着一张由无数节点形成的知识网络，为公司内部员工创造了丰富多样的学习资源，让所有慧思员工都能从中汲取足够的知识技能养分，以更好支持全体员工高效地为客户提供专业服务，并积极帮助客户深度链接环球慧思专家库和思想库，及时获取专业的支持和帮助。

慧思社区也是一个开放的平台，公司所有成员都可以在此分享、交流、学习。环球慧思通过慧思社区将各类知识纳入一个共享循环体系，每一个员工都是知识的汲取者，也是知识的创造者。通过不断地创新、共享与反馈，个人的知识和经验转化为集体的智慧并沉淀下来，最终形成一个不断流动、迭代、沉淀的知识管理体系。

慧思社区自运营以来，在线疑难、售后资料、营销技巧、产品研究、共享方案等版块累计发帖 6000 余篇，且还在持续增长。这一系列开放型知识集合不仅让慧思人可以通过不同的渠道学习营销范畴各个阶段的知识，也为高效快速地复制知识精华，打造顾问式销售人才提供了充足的储备，为提升慧思军团顾问式营销特种兵的作战能力发挥了巨大作用。

基于相同的运营逻辑，环球慧思搭建了对外支持和服务的平台——慧思学院，通过链接行业大咖、专家学者，整合内外部所有资源，为外贸企业提供全面的外贸理论和技巧、实战经验、国际外贸资讯、产品应用技巧等内容。慧思学院开设了"慧思实训""专家服务日"等精品直播课程，推出了《慧思之窗》《贸易数字化之窗》等优质电子刊，陪伴数万家环球慧思 VIP 客户共同成长，探索更多外贸大数据应用之路，洞察广阔市场上的无限商机。因为公司需要培养兼具外贸行业和大数据领域知识的专业人才，对外搭建的慧思学院也对公司员工完全开放，让员工可以自由地学习贸易相关的知识，不断提升自身的专业形象。

环球慧思的两大学习资源平台可以极大程度实现知识的链接和分享，员工借助平台有了更多的学习机会，以及可运用的丰富资源，实现自身在思想、知识、技能方面持续提升，快速蜕变。

延伸阅读

慧思学院：全方位、多维度的学习资源和支持服务平台

慧思学院由环球慧思公司于 2015 年设立，涵盖外贸资讯、慧思课程、外贸大数据应用教程、市场攻略、外贸拓展、外贸工具、贸易数字化等多类型的知识内容，通过资讯赋能、知识赋能、技能赋能，为外贸企业提供更为深入和全面的学习体验，

帮助外贸人不断拓展外贸领域的知识边界。

　　一是为客户提供一个获取行业和市场动态的渠道。客户可以从中获取外贸市场的最新动态、物流情报、法规政策等内容，及时了解市场变化，把握机遇，制定正确的战略决策。二是整合国家和地区的基本贸易情况，包括当地的基本信息、贸易的注意事项、当地的开发网站，以及贸易宏观情况分析数据等内容，为外贸人开拓市场提供数据支持和资讯参考。三是为客户提供一套外贸大数据精准营销的解决方案，方案不仅有一系列的外贸大数据实战和应用的教程，从基础概念到实际操作，从理论知识到实践应用，帮助客户深度挖掘数据价值，还协助客户全面掌握运用外贸大数据进行市场分析、客户定位、价格锚定、行业监测等工作，助力企业制定更加精准、有效的营销策略，实现业务增长及市场竞争优势的持续提升，赋能企业进行外贸大数据精准营销体系的搭建。四是帮助企业贸易团队提升外贸技能和能力，以应对日趋激烈的国际贸易竞争。首先，慧思学院推出了自制实战类直播课程——《专家云课堂》，链接资深外贸数据专家和行业大咖，聚焦外贸实务展开培训，通过丰富的案例分析、实战经验分享，为客户提供多维度外贸营销思维和技能，帮助外贸人提升营销策略制定、客户开发、跟进谈判等关键技能，使其在激烈的国际贸易竞争中脱颖而出。其次，慧思学院集合了进出口查询、邮箱验证、翻译网站、社媒推广、图片处理、文件传输转化等外贸人常用的工具网址，为外贸人撰写邮件、制作图片、贸易谈判、营销跟进提供外贸实用工具箱，提升外贸人的工作效率。最后，慧思学院还提供了丰富的外贸拓展类知识，涵盖外贸资讯、外贸政策、外贸知识、实战技巧等内容，以便外贸人及时掌握贸易热点和动态，快速解锁外贸营销新技能，为外贸人自我学习提升提供丰富的干货知识。五是通过慧思学院的知识平台，与客户共享贸易数字化理论和实践，助力企业从底层逻辑上完成数字化蜕变，在知识平台上分享自身数字化转型升级的成功经验，为企业同行转型升级提供理论和实践参考，推动外贸企业在数字化时代持续发展。六是搭建内部客户之间的采购信息交互平台，牵线搭桥，精准匹配，为客户链接更广泛的生态资源提供更全面、更多元的服务，以实现共享共赢。

工作流程体系建设：快速复制和高效执行的 SOP

每个企业内部都有自己的工作流程和规范，如何让员工快速适应和掌握公司的工作范式，提升工作效率和效能，是每个企业都极为关注的问题。鉴于此，环球慧思将内部的工作流程和工作规范提升为 SOP，即标准操作程序。通过 SOP 的建立，实现工作流程和工作规范的快速复制和高效执行，最终实现企业资源效益最大化。

环球慧思 SOP 体系是在公司顶尖营销专家、营销团队的成功经验基础上建立的。通过分析一线员工、管理层在工作推进过程中遇到的问题及解决方案，结合公司的资源体系，形成一套可以快速复制和高效执行的 SOP。通过将营销动作模块化、标准化，确保公司员工可以用统一的理念和动作武装大脑，在工作推进过程中遵循相同的规范，保证公司员工为客户提供标准化、高质量的知识和服务。同时，为了确保 SOP 体系能够契合公司的发展需求，环球慧思基于业务情况、员工反馈等，持续进行 SOP 的修正、更新和迭代。

在快速复制和高效执行的 SOP 机制落地上，环球慧思多线并行、多措并举。

在新员工培育方面，公司建立新人学习成长 SOP，联合全公司优质讲师资源，甄选营销中常见的应用场景，从公司理念、产品知识、营销技巧等多个方面提供培训支持，加快人才的培育；同时，在慧思社区设立"新人成长计划"版块，精选适合新人学习的知识内容，通过文字、思维导图、视频的形式深化新人培训体系，为新人在业务专业性提升方面提供保障。

在营销开展方面，公司建立市场营销 SOP，从客户筛选、客户沟通到产品介绍、方案制作，再到合同签订和客户成交，每个阶段都有相应的资源支持。为了确保市场营销 SOP 能够随着市场的发展变化不断升级，公司基于员工实践反馈持续升级市场营销 SOP，使其与业务开展更加契合，最大化发挥效能。

在客户服务方面，公司建立售后服务 SOP，明确售后服务的标准化流程，包括客户培训、客户回访、日常性服务等，并提供多维度的售后服务支撑资料，让快速复制、高效执行的售后服务 SOP 成为可能。为了让客户能享受高效率、高品质的售后服务，公司也会及时了解客户需求，不断优化和升级服务内容。

环球慧思通过建立可快速复制和高效执行的 SOP 机制，充分发挥公司的运营优势，提升员工战斗力和协同效率，为人才培训提供了重大保障。

荣誉和激励体系建设：以奋斗者为本的激发激励机制

在人才培养过程中，企业为员工提供各类学习资源固然重要，而激发员工学习自驱力更是决定人才培育体系效能的关键一环。通过激发员工自主学习的内在动力，可以使他们持续修炼"内功"，不断精进自身的能力，形成学习与成长的良性循环。

为了激发激活员工学习兴趣和动力，环球慧思大力弘扬奋斗精神，积极培育奋斗文化，建立以奋斗者为本的激发激励机制。公司通过荣誉和激励体系的建设，旗帜鲜明地倡导"以奋斗者为本"，积极营造"不用扬鞭自奋蹄"的激励环境，激发奋斗者力量，营造积极向上、只争朝夕的浓厚氛围，让那些勤耕不辍的佼佼者得到应有的回报与认可，让奋发向前的价值理念蔚然成风。

秉持让奋斗者"人人都出彩"的理念，环球慧思搭建了多层次的荣誉体系，其中包括激励优秀新员工的"年度最佳新人奖"，表彰个人或团队在一年内积极进取的"年度最快进步奖"和"晋升纪录奖",鼓励所有员工奋勇争先的"慧思纪录突破奖",同时评选在月度和年度有卓越表现的"慧思之星"和"年度之星",还设置了"全明星""慧思杯""高峰会""里程碑"等荣誉激励赛事活动,以及年度精英俱乐部等定制化旅游奖励等。环球慧思通过荣誉的引领,激发员工内在学习和提升动力,助推人才形成更强的自驱力,不断砥砺前行。

秉承为奋斗者注入更强动力的初衷,环球慧思制定了多层次的薪酬体系和多元化的激励机制,打破薪酬奖金的平均分配,资源向高绩效者倾斜,体现"多劳多得、少劳少得、不劳不得"的激励导向,让那些有奋斗精神、持续积极进步并做出贡献的员工获得最大的激励。这种激励机制,改变了利益格局,优化了资源分配模式,让真正做出贡献的人获得了合理的回报。环球慧思在组织绩效、员工考核评价、收入分配、职级晋升、文化引导等方面植入以奋斗者为本的文化,激发内部活力,引导员工学习提升,推动人才的学习和发展。

如果说培训机制保障了慧思军团顾问式营销专业技能的提升,那么激励荣誉机制则为一线业务人员高效转化技能,为客户提供高质量出海建议补充了源源不断的燃料,具有慧思智慧的激励和荣誉体系敦促慧思人向顾问式营销快速转型迭代。

工作氛围建设:慧思文化体系的建设

企业的文化体系之于人才培育,犹如水分之于人一样不可或缺。它几乎贯穿在企业的方方面面,是企业发展的催化剂,持续而广泛地影响着员工的态度和行为。为了打造积极、向上的企业环境,环球慧思文化体系的建设主要围绕以下4个方面进行打造。

第一,开放链接文化氛围。在环球慧思的知识分享体系中,每个人、每个团队都是一个节点,都是一个战略单位。为了不断丰富公司的知识分享体系,持续为之注入新的知识,拓展新内容,环球慧思鼓励团队与团队之间,团队与个人之间,个人与个人之间开放链接。通过节点之间的交流与共享，加快全公司资源共享和整合，让不同团队之间、个人之间的碰撞和交流迸发出新的思维火花，帮助各个团队及个人不断实现自我突破、快速成长。

第二，赋能利他文化氛围。公司是一个共生共赢的生态系统，每个员工在这个系统中休戚与共。公司通过营造赋能利他文化氛围，让每个员工本着"我为人人、人人为我"的想法更加积极地链接至公司的生态中，主动接受赋能的同时赋予他人以能量，让员工形成不吝啬付出与资源共享的习惯，从而使公司内部每个节点相互赋能，相互成就，相互创造价值。公司为此设立"利他之星"荣誉体系，表彰利他共享精英，将慧思大家庭的文化底蕴落到实处。

第三，共享共学共创文化氛围。人类的知识和智慧都是在不断积累中发展和迭代的。一个人的力量是有限的，但是一群人的智慧聚合在一起就能够创造无限的可能性。环球慧思深谙此道，积极采取了一系列措施打破团队和个人之间的壁垒，构建共享共学共创的文化氛围，充分调动每一位员工共享知识、共学技能的积极性，并将之沉淀在公司内部的知识平台慧思社区中。员工可以随时调取知识进行学习和交流，在共享共学中实现知识共创，进而让公司的知识体系保持先进，让员工共同进取之风不断深化。

第四，共生共赢文化氛围。企业与员工、员工与员工之间的关系从来不是一场零和游戏。企业在鼓励员工之间良性竞争的同时，更要注意引导员工之间相互支持，相互帮助，共同成长和进步。环球慧思以企业愿景作为引领，制定明确的战略，让员工共同参与，共同协作，共同分享。例如，公司举办"里程碑""高峰会""全明星""慧思杯"等活动，通过目标引领，让每个人、每个团队相互合作，共同奋斗。在共生共赢文化氛围下，环球慧思为员工营造了一个积极向上、团队协作的工作环境，加强了企业与员工之间、员工与员工之间的合作关系，促使员工更好地发挥个人潜力，为企业的可持续发展贡献力量。

第7章

慧创：外贸大数据的未来

- AIGC在外贸行业的应用赋能
- 企业智能化转型和大数据深度融合
- 未来之路任重而道远
- 外贸大数据，我的"菜"

2022 年 11 月 30 日，美国人工智能研究公司（OpenAI）研发的一款人工智能对话聊天机器人 ChatGPT，以其出色的自然语言生成能力迅速受到全球关注，仅仅两个月，用户量就突破了 1 亿。2023 年，以 ChatGPT 为代表的生成式人工智能（AIGC）有了突破性的进展，使人们看到了其巨大的发展潜力。

当前，建立在大数据基础之上的人工智能技术正给全球带来一轮颠覆性的科技革命，正在激发一场全新的生产力变革。以 AIGC 为代表的人工智能技术的突破，之所以被称为人类的第四次工业革命，正是因其使用 AI 技术解放了人类的脑力和智力，使人类有更多时间精力去完成创意类和创新型的工作。如同电力技术的出现，在幂增了蒸汽机技术生产力同时，也催生了其他新式的生产力，人工智能的出现也必将幂增计算机技术生产力，并再次引发生产力的新一轮跃升。

2023 年以来，从政府到企业，从制造业到农业，从外贸到教育，从金融到医疗，越来越多的行业在其应用场景中寻找 AIGC 的落地机会。未来 3~5 年，AIGC 在产业中的应用规模将进一步扩大，速度进一步加快，全方位激活全社会的创新活力，以科技新动力推动全球生产力发展。

AIGC 具有广泛的应用场景，可赋能千行百业，可以说每个行业都值得用 AIGC 重做一遍。AIGC 赋能政务，可以提供智能办公、智能报告、智能审核等服务，提升政务服务水平、服务效率和服务满意度；AIGC 赋能教育，可以实现对学生智能辅导，对作业智能评估，以及未来的智能教学，从而改善教育资源不平衡情况，提升全社会的教学效率和质量；AIGC 赋能外贸，可以打造智能客服、智能翻译、智能文案、智能直播、智能分析等外贸全流程智能营销体系，增强营销能力，降低营销成本，提升营销效率；AIGC 赋能金融，可以帮助金融机构更全面高效地评估风险，借助智能客服降本增效，让金融服务更人性化；AIGC 赋能医药研发，可以提供更准确的预测模型和更高的命中率，以缩短药物研发时间，提高药物研发成功率，节省新药研制成本；AIGC 赋能医疗，则可以辅助病症诊断和预测，实现专业智能医学影像分析，为医生和患者提供更准确、高效、个性化的医疗服务，推动医疗科技的进步；AIGC 赋能媒体产业，可以实现智能新闻写作，降低新闻的产出成本。在大数据基础上，AIGC 将给人类社会发展带来巨大影响，促进数字经济与实体经济深度融合，实现人类生产力的再次飞跃。

延伸阅读

生成式人工智能——AIGC

AIGC（Artificial Intelligence Generated Content）是指利用人工智能技术自动生成内容的技术。AIGC 可以简单理解为一种基于统计概率预测生成文字的模式。例如，"我喜欢喝____"这个句子空格处填什么？AIGC 基于训练的数据统计概率，生成空格中的内容为"咖啡"，因为 AIGC 所学知识之中，出现"我喜欢喝咖啡"的概率最高。

AIGC 是人工智能 1.0 时代进入 2.0 时代的重要标志，可以生成各种形式的内容，如文本、图像、音频、视频等，被广泛应用于新闻媒体、广告、娱乐、教育、医疗等领域。例如，在新闻媒体领域，AIGC 可以通过分析海量的新闻数据，自动生成新闻报道和摘要，提高了新闻生产的效率和准确性；在广告领域，AIGC 可以根据广告主的需求，自动生成符合要求的广告创意和设计方案，提高了广告的投放效果和转化率。

AIGC 的发展得益于深度学习和大数据等技术的进步。通过对大量数据的分析和学习，AIGC 可以模拟人类的创造力和想象力，生成具有新颖性和创造性的内容。同时，AIGC 还可以通过不断调整和优化模型，提高生成内容的质量和准确性。尽管

AIGC 优势突出，应用前景广阔，但也面临着一些问题和挑战。例如，AIGC 的知识是静态的历史数据，缺乏垂直领域的知识，存在一本正经胡言乱语的"幻觉"，并且存在数据的隐私和安全等问题。

AIGC 是目前利用人工智能技术生成内容的一项重大突破，因此，全球对于 AIGC 所依赖的基础大模型、通用大模型的研究和投入不断扩大和加速，各类大模型如雨后春笋般出现。与此同时，面向产业的大模型研发，以及大模型在产业上的应用，也开始在各行各业开展。

在全球 AIGC 竞争中，中国和美国是两大主要参与者。美国在大模型及其应用生态方面居于领先，中国虽然目前与美国尚有差距，但在大模型研发方面进展神速。在 AIGC 应用方面，中国得益于具有全球最为丰富的产业应用场景以及大模型所需的基础设施建设优势，对 AIGC 应用的探索已经开始在千行百业铺开。随着大模型研究不断成熟，中国将在 AIGC 的应用广度、深度和应用规模方面不断扩大竞争优势，释放出更大的生产力变革威力。

人工智能具备产业链优化升级的驱动力，有助于产业生态向高价值方向发展。人工智能正成为重组生产要素资源、重构经济结构的重要变量，将全面革新生产、分配、交换、消费等经济活动的每一个环节，催生出全方位覆盖宏观和微观领域的智能化新需求，促进社会生产力的整体飞跃。

从产业应用角度来看，通过数字化、智能化的改造升级，人工智能技术将助力中国传统产业高质量发展，从而实现以数字化、智能化为重要特征的现代化产业体系的构建，推动产业体系的效率提升和质量变革。

在相关产业和科学研究领域的应用方面，人工智能已开始展现出巨大的潜力和价值。

舞动人工智能的"魔法棒"

2024 年 2 月，美国硅谷的一家独角兽公司宣布通过使用人工智能技术处理钻探数据，在赞比亚发现了巨型铜矿储量，引起了业界的广泛关注。这一发现虽非完全依赖于人工智能"从无到有"的奇迹，却是一次人工智能技术在复杂地质数据分析和预测模型建立方面的优势体现。人工智能通过对大量地质数据的智能处理和分析，能够识别出潜在的矿藏区域，为勘探工作提供重要的参考依据。

就在同年 1 月，美国微软公司宣布通过与太平洋西北国家实验室合作，研究人员利用人工智能与高性能计算（HPC）技术的强大计算能力，完成了 3200 万种新型候选材料的建模和分析，快速筛选出具有潜力的候选材料，极大程度上加速了新材料的发现进程。这种方法不仅提高了研究效率，还降低了研究成本，为科学研究的创新提供了有力支持。得益于人工智能技术的加持，3200 万种新型候选材料的创建和 800 种稳定材料的挑选仅仅用时一周，如果纯依靠人力操作则需要花费 20 年才能完成。

从铜矿勘探和新材料分析两个案例不难看出，人工智能这根"魔法棒"神奇力量的背后是其在数据处理、预测建模和自动化方面的独特优势。人工智能能够处理和分析海量的数据，并从中发现人类难以察觉的真相和规律；同时，其强大的预测能力也为决策提供了有力支持。随着人工智能技术的不断发展，其在人类未来探索中的应用将不断拓展和深化，发挥出越来越重要的作用。

AIGC 在外贸行业的应用赋能

外贸是一个长链条、多环节的产业，是生产链、供应链、贸易链及金融链相互融合的行业。人工智能技术在外贸的研发、设计、制造、物流、通关、仓储、营销、支付、合规、风控等各个环节都有丰富的应用场景。AIGC 通过对外贸各环节数字化、智能化的升级改造，对推动外贸产业的高质量发展，实现整个行业的降本增效，提升外贸企业的竞争力，将起到至关重要的作用。目前 AIGC 在外贸领域的应用，无论是广度还是深度，都有很大的上升空间，也有着巨大的应用潜力。

见表 7-1，AIGC 在外贸领域的产品设计、生产、供应链管理、金融、营销各个环节都有丰富的业务应用场景。

表 7-1　AIGC 在外贸产业链各环节的应用场景

相关环节	应用场景
设计	产品设计、新产品创意、设计文案、包装设计等
生产	智能生产调度、流程优化、工艺优化、智能设备维护、智能质量控制、智能故障诊断等
供应链管理	物流规划、物流可视化、智能通关、供应商管理、合同管理、库存管理预测、智能库存管理、库存部署等
金融	风险评估、信贷审查、投资策略分析、金融助手、研究报告生成、金融咨询等
营销	智能拓客、竞争分析、客户关系管理、智能客服、市场预测、个性化推荐、智能直播、数据分析、报告生成、文案生成、虚拟模特、商品展示、智能广告生成、智能翻译、邮件助手、培训服务等

AIGC 已经开始应用在各类外贸业务场景中，小到多语言翻译、客户邮件撰写、推广文案起草、产品图片设计，大到智能客服体系建设、数字人直播、智能供应链。得益于数字经济及贸易数字化这些年蓬勃发展所积累的大数据基础和成熟的数字化业务体系，AIGC 在外贸行业的应用从 2024 年开始迎来爆发式增长，正在为外贸行业带来全新的智能范式。

例如，环球慧思智能贸易终端系统就已经能够借助 AIGC，利用积累的海量全球贸易数据、采购商数据、供应商数据、产品数据、价格数据等，智能化辅助外贸企业发掘符合需求的目标客户，并协助其建立所关注的客户画像，持续跟踪业务进展，为客户开发提供全生命周期的数据智能服务。这些智能化应用将为更多的外贸企业提供弯道超车的机会，重塑外贸行业格局。

市场分析

AIGC 凭借其强大的自然语言数据理解和汇总能力，将从政府、社交媒体、新闻、学术机构获得的数据，结合企业数据、外贸数据等，形成宏观、中观、微观外贸数据智能体系，针对市场、产品、客户进行全方位分析，从而指导或辅助企业形成基于数据的营销策略、竞争策略和市场策略，以把握市场机会和产品机会。因此，基于外贸大数据的 AIGC，将助力政府、机构、企业从不同层面分析和把握全球市场趋势，明确政策制定、产业发展、企业战略优化的方向。

客户服务

由 AIGC 提供的智能客服、技术支持等服务，能理解客户用自然语言表述的意图，通过查询知识库并组织答案解答客户咨询。目前，这类服务已经广泛应用于包括外贸在内的很多行业。AIGC 在客户运营和服务方面带来的智能化变革，有可能彻底改变整个客户运营模式。通过 AIGC 支持的数字化自助服务，可以提升客户体验和企业运营效率，增强企业的客户服务技能。这不仅能提高客户服务的效率，还极大提升了企业解决问题的能力和服务质量。

AIGC 智能客服依托大模型的自然语言理解能力和挂接的专业知识库，对客户在任何时间、任何地方、使用任何语言提出的任何复杂询问，都能做出即时和个性化的响应。相较于人工客服，AIGC 驱动的智能客服可以自动响应更高比例的客户查询，帮助团队处理之前只能由人工客服解决的问题。对于新客户，AIGC 还可以结合外贸大数据即时检索客户的信息，从而帮助客服人员在最初的交流中更有针对性地回答问题和解决问题。企业可以通过 AIGC 为客户实时提供帮助和行动建议，以缩短人工客服或业务人员对客户做出回应的时间。

营销推广

AIGC 在营销和销售服务业务中得以迅速推广，得益于 AIGC 对文本、图片和视频的多模态处理能力。AIGC 现在已经可以根据客户个人的兴趣、偏好和行为创建个性化信息，还可以完成撰写品牌广告、头条新闻、标语、社交媒体帖子和产品描述初稿等任务。

在营销工作中，AIGC 既可以帮助外贸人撰写外贸业务邮件，还可以通过语言助手的方式帮助外贸人对接不同语种客户。

在产品宣传方面，AIGC 的多模态能力可以为企业生成产品宣传海报、产品创意图片、产品宣传创意视频，以及产品宣传文案等。

基于大模型自身具有的通用知识，AIGC 可以根据客户指令自动生成报告、新闻稿、市场营销文案、社交媒体帖子、会议摘要，以及个性化的客户沟通材料，高效提供高质量的营销服务。

品牌营销

在品牌营销方面，AIGC 能够结合品牌价值场景高效实现高质量的内容创建，显著减少人类构思和内容起草所需的时间，从而将节省的宝贵精力投入到更多环节的价值创造中去。AIGC 还可以保证不同内容生成的一致性，确保统一的品牌声音、写作风格和格式。

AIGC 还可以用于 SEO 优化，帮助业务人员实现更高的客户转化率和更低的客户开发成本。AIGC 对 SEO 的优化可以用于营销和销售技术组件，如页面标题、图像标签和 URL。它可以支持 SEO 数字内容创建的数字专家，进行关键词及搜索排名优化，并向客户有针对性地发送开发信息。

品牌广告宣传方面，AIGC 可以根据企业需求、受众特点生成各种创意广告，在宣发之前实现广告效果的评估，提升企业品牌营销的能力。

企业智能化转型和大数据深度融合

面对以 AIGC 为代表的人工智能技术突破带来的巨大生产力变革的机遇，企业需要从企业战略、业务流程适配、组织架构升级、数字化基础建设、AIGC 研发及应用等方面着手，逐步实现智能化升级。企业越早进行智能化转型，越有可能实现创新发展，也越有可能在竞争中脱颖而出，为自身创造更多全新的价值。而那些在智能化方面起步晚，甚至漠视智能化带来变革力量的企业，很有可能在竞争中落伍，甚至在这一轮人工智能应用发展的大潮中消亡。

完成智能化转型

为此，企业要抓住人工智能带来的生产力进化机遇，实现由数据驱动向智能驱动转型。企业要完成智能化转型，要明确目标，转变工作方式，从传统的经验驱动，转变为数据驱动，再升级到以"AI+数据+知识"驱动，以激发智能化变革，深入推动企业数字化进程，在变革工作方式的同时实现降本增效，推动企业在数字化和智能化时代的可持续发展。

智能化转型需要围绕用户价值展开，需要与业务发展方向一致。同时，智能化转型应秉持业务驱动为核心的原则，围绕业务发展数智化场景，规划人工智能应用，以创造新的业务价值，并逐步迭代升级，扩大 AI 应用范围。

企业管理者需要思考，公司哪些业务通过 AI 赋能可带来价值和效率提升？如何快速行动实现 AI 赋能，捕捉 AIGC 带来的机会和潜在价值？

未来几年 AIGC 和其他人工智能将如何改变公司员工所需的职业和技能组合？公司将如何在招聘计划、培训计划等人力资源的诸多方面实现转变？企业如何将 AIGC 带来的经验在企业内、行业内进行推广使用？

AIGC 研发包括大模型的研发、AIGC 应用产品研发，以及 AIGC 与企业业务的结合。大模型是 AIGC 的基座，但对于 AIGC 的研究和应用，企业必须具备一定的研发基础。因此，具备不同能力的企业，可以基于自身能力在 AIGC 领域扮演不同的角色，如通用大模型研发、垂直大模型研发、AIGC 应用产品研发、AIGC 技术应用等。具备强大的算法、强大的技术团队、丰富的训练数据资源、充足的算力资源，以及充裕的资金支撑的企业，可以开展通用大模型的研发；在某个行业垂直领域具备丰富的知识储备，同时还沉淀了大量垂直行业数据且拥有较强的技术研发团队的企业，可以进行垂直大模型研发；具有大模型应用技术及产品研发能力及团队的企业，可以进行 AIGC 应用产品研发；对于专注于业务且不具备 AI 研发能力的企业，可以采取"拿来主义"，将成熟的 AIGC 解决方案和工具应用到企业业务场景中，提升企业效率和智能化水平。

以外贸大数据为基础的人工智能服务，将是开展外贸业务、拓展海外客户、开拓海外市场、洞察全球市场变化趋势的新型生产力工具，是外贸业务的新范式。智能化是建立在数据、算法和算力的基础之上的，数据是企业进行智能化转型的"血液"。企业应用 AIGC 除了需要通用大模型，更需要符合企业自身业务特点的垂直大模型，甚至是私有化大模型。适用于企业的自有模型依赖于企业积累沉淀的专业领域数据和知识。企业通过使用专有数据语料对大模型进行微调，才能让通用模型升级为具备专业能力的垂直模型。因此，企业的专有数据是其未来大模型具有企业独特智能化能力的基础。

目前，很多企业存在数据积累不足、数据质量不佳和数据资产不清的问题，缺少了数据的支撑，智能化只能是"空中楼阁"。因此，要实现智能化转型，企业需要先打好数据基础，在进行数字化流程改造的同时，构建全方位的数据治理体系，夯实数据资产的核心支撑力，提升数据资产的管理效能，逐渐沉淀数据资产，为企业的智能化转型提供坚实基础和持续动力。

随着 AIGC 的发展和应用的深入，未来企业组织能力建设也需要围绕人工智能开展。人工智能时代的企业人员包括人工智能研发人员和人工智能应用人员两大类：前者是专业技术人员和 AI 专业研发人员，也是未来 3~5 年市场稀缺的人才，企业需要重点招聘或培养；后者则是企业的大多数人员。人人都懂 AI 可能会是未来各行各业的基本要求。在目前阶段，随着 AIGC 应用的推广，企业需要对组织中的角色与职能进行重新定位，并评估其给员工带来的潜在影响。如何通过培训提升员工 AI 技能，将是企业未来应对 AIGC 发展，系统化提升组织能力与竞争力的重要课题。

外贸大数据与人工智能融合发展

外贸大数据与人工智能的融合发展将推动外贸行业转型升级，重构全球价值链，进一步提升企业竞争力。

在应用层面，AIGC 的应用除了技术和业务场景，也离不开数据的支持。AIGC 应用对外贸行业生产力的推动，一定是人工智能与外贸大数据融合的结果。

2024 年是 AIGC 的应用元年。随着 AIGC 大模型不断迭代和成熟，相关技术生态的建立和完善，再加上全社会特别是政府和企业，认识到 AIGC 对生产力变革的巨大潜力，AIGC 具备了全面应用的基础。越来越多的企业已经开始将 AIGC 作为其未来发展战略的一部分，作为提升价值和竞争力的关键。与此同时，为解决中小型企业在 AIGC 应用方面能力不足的问题，越来越多 AIGC 应用赋能平台将建成，为企业应用 AIGC 助力。

AIGC 应用的深入及生产力的持续爆发，必然也会引发组织的变革。智能化流程改造，需要调整公司组织架构及业务流程以适应智能化需求变化。而 AIGC 应用也需要团队成员具备使用人工智能的意识和能力。团队除了需要配备专业的人工智能技术人员，也需要其他成员不断学习 AIGC 带来的新技术、新产品、新系统、新业务模式等，以形成组织层面的战斗力。在贸易数字化的基础上，AIGC 将为贸易领域带来从贸易数字化到贸易智能化的跃迁。这种跃迁会进一步激发贸易大数据的价值，打造贸易领域产品研发、生产、供应、营销、组织新范式，使 AIGC 应用更精准、更高效地赋能贸易业务发展。

外贸大数据与 AIGC 融合所产生的类似人类的感知、洞察、决策和行动能力，促使在未来出现与外贸专家类似，甚至在某些方面超过外贸专家的 "外贸大脑"，以更加智能的方式作用于外贸业务，从而整体提升外贸行业的基础能力水平和企业的贸易竞争能力。图 7-1 为外贸大数据与人工智能融合的智能贸易体系概念图。

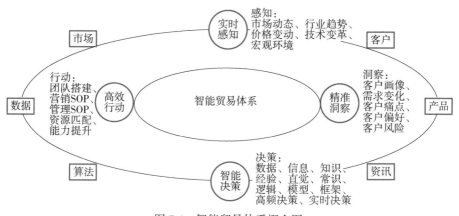

图 7-1　智能贸易体系概念图

智能贸易体系的核心是外贸大数据和人工智能技术，它具备实时感知、精准洞察、智能决策和高效行动的能力。

在实时感知阶段，智能贸易体系相当于给市场安装了一个传感器，实时感知全球市场趋势、行业变化、政策调整、价格波动等方面的信息，再经 AIGC 汇总形成针对全球市场的分析结果。在精准洞察阶段，企业通过外贸大数据可掌握不同国家和地区的采购商、供应商和竞争对手的情况，精准描绘客户画像，客户的喜好和特性可以随时通过数据记录下来。未来市场营销的核心就是基于精准的大数据挖掘客户需求，寻找客户的痛点，洞察到客户真实需求，然后有针对性地满足客户需求。数字化时代最重要的就是精准，通过精准的数据做出理性、准确的决策。在智能决策阶段，我们要通过数据去研判市场贸易量的增减、客户量的变化，在数据基础上叠加行业经验、直觉和常识，进行高频决策和实时决策，快速形成并确定行动方案。在高效行动阶段，企业以智能决策和行动方案为指导，充分利用 AIGC 赋能的智能营销、智慧管理及智能服务工具，采取合理的商业行动，从而完成外贸业务的执行。比如营销 SOP、管理 SOP、大数据精准营销 SOP，这些标准作业流程需要匹配不同的资源和能力，并快速去落地、去行动。而外贸业务执行的结果，又将成为外贸大数据和外贸智能的知识并反哺到智能贸易体系，成为智能贸易系统新的经验和智慧，由此形成智能贸易体系智慧赋能和智慧生长的闭环。从实时感知、精准洞察，再到智能决策、高效行动，这是一个不断循环的过程。

智能贸易体系是融合外贸大数据和人工智能技术的新型智能化外贸体系，将随着大数据规模的扩大、贸易数字化的成熟、人工智能技术的发展以及外贸大数据与人工智能在业务应用层面的不断融合，成为未来外贸业务的新业态和新模式。

人工智能作为一种新兴的颠覆性力量，正冲击着外贸大数据的发展。它的介入不仅将外贸大数据的处理、解读和应用效率推升至一个新高度，更可以凭借其强大的自主学习、模拟和预测功能，挖掘隐含在海量数据中的规律并预测趋势，为外贸大数据注入更高层次的智慧和价值。

这种深度融合和碰撞衍生出的智能贸易体系能够高效拆解外贸大数据信息，充分释放数据潜能，协助外贸企业深入智能洞察市场趋势、客户需求和产品优势，进而制定出更具前瞻性、科学性的解决方案，提升企业的国际竞争力和抗风险能力，为全球贸易带来前所未有的革新。

人工智能赋予外贸大数据新价值

人工智能为处理、分析和利用外贸大数据提供了高效手段。外贸大数据的特点在于数据体量巨大、种类多、信息时效性强，这就要求外贸企业要使用高效稳定的处理和分析方法，从中提取实用性价值。人工智能技术因其强大的数据处理能力和智能分析特性，恰好提供了解决这些难点的方法。由此，专属于外贸大数据行业的"智能贸易终端"应运而生。

人工智能技术不仅将推动行业现有数据处理和分析工具的提质优化，而且将赋予外贸大数据更深层次的数据解读能力。外贸大数据存在多维度、多层次的数据信息，如客户订单数据、企业财务资信、市场采销数据等，其具有纷繁复杂的特点。而借由深度学习和模式识别等人工智能技术手段，"智能贸易终端"在数据解读方面的能力将显著提高，实现对数据中隐藏的关联及规律等信息的快速高效提取，降低数据理解及使用难度，提高数据的应用性价值，赋予外贸企业更强的数据应用能力。

人工智能和外贸大数据的联合应用逻辑，是以数据为支撑，利用人工智能技术快速学习、及时响应、智能洞察、准确预测、深度分析的特性，支持企业科学决策，为企业提供全流程降本增效的解决方案。

未来，贸易领域人工智能技术和外贸大数据相得益彰，将充分发挥各自优势，共同作用于企业生产、供应和营销等多个环节，让企业运转状态从不同环节有限协同进化到多个环节并发协同，推动企业迈入更加智能、高效的发展阶段。

未来之路任重而道远

国际贸易发展呼唤更优质的外贸大数据

国际贸易是一个高度竞争且不断变化的领域，产品需求和市场趋势随着消费者喜好、政策调整、技术创新等因素而迅速变化。这就要求参与国际贸易的各行各业能够灵活应对市场变化，及时调整供应链和营销策略，提高风险抵抗能力。

　　然而，想要在这个快节奏的环境下做到这一点，关键在于及时获取准确的数据信息用以决策支持。这种需求将驱动外贸大数据行业不断推进技术创新，积极探索更高效的数据分析方法和工具，以便为数据的处理、解读和分析提供更加智能的手段。满足外贸行业对数据分析的即时性需求，还必须确保数据更新的连贯性，力求实现全年 365 天 24 小时持续更新。这样一来，外贸行业便能在快速变化的市场环境中，凭借最新的数据支持做出更为科学的决策，在保持竞争优势的同时，更加坚定从容地应对复杂多变的全球贸易环境。

　　在获取及时可靠的数据后，外贸企业需要对生产周期、库存管理及新品研发等做出谨慎安排，这就要求企业具备对未来市场趋势进行预测的能力。这一预测流程需要耗费大量人力和财力。因此，外贸企业如果要提高业务处理效率，降低企业运营成本，确定合适的产品或服务定价，增强行业竞争力，在竞争激烈的国际贸易中杀出重围，就必须找到更为高效的解决方案。这意味着外贸企业急需直接预测未来市场需求和潜在风险的能力，以协助其制订更具前瞻性的战略规划。这一需求势必推动外贸大数据行业朝着高度智能化的方向发展。例如，借助机器学习等人工智能技术，外贸大数据行业将有望实现精准的未来预测，包括市场发展、客户采购等多个方面，以满足外贸企业的可持续发展需求。

　　在这个各行业、各领域相互交织、融合共生的时代，外贸行业也迫切需要以外贸大数据为基石，积极联合物流、金融、医疗等多领域，共同打造一系列跨领域的新工具和新平台，并将成果反馈给业内，以此促进这个传统的行业在融合共生的时代中找到更广阔的发展路径。

企业期望和需求的持续演变

　　外贸企业对外贸大数据行业的期望更是推动外贸大数据行业前行的关键动力。这种期望涉及不同维度，如数据的广度和深度、平台的智能化和人性化，以及高标准、高质量的服务等。

　　第一，多维且深入的市场信息和商机洞察。

首先，外贸企业希望从外贸大数据中获得全面深入的市场信息和商机洞察，为企业制定精准的营销和产品策略提供数据支持。这种对深层次、多维度数据的迫切需求，将激励外贸大数据行业在数据覆盖方面持续拓展视野，不仅仅关注传统的贸易数据，还深入挖掘与贸易息息相关的多种信息，如供应链数据、物流情报及终端市场信息等。这种广泛深入的信息，将为外贸企业提供更加全面立体的国际视角，协助企业准确把握市场需求、客户行为及竞争态势等，助力企业布局全球市场。

同时，这种对数据广度及深度的期望还将驱动外贸大数据行业与全球多国和地区机构建立数据合作关系。外贸大数据行业需要主动出击，与全球各地的海关机构、研究机构等加强协调和沟通，达成数据共享和交换友好协议，以获取更大规模的数据资源，实现行业数据规模和品类的大幅提升。通过这些举措，外贸大数据行业可以协助外贸企业及时掌握全球市场动态和趋势，为外贸企业的全球化发展提供强有力的支撑。

第二，简单、强大、智能的外贸分析工具。

在竞争日趋激烈的国际市场中，时间就是商机，因此外贸企业需要一个能够快速上手、无须烦琐培训的外贸大数据平台，让员工能够即刻利用数据进行客户分析和营销决策。这种期望将推动外贸大数据行业在平台功能方面不断创新和优化，确保其具备便捷直观的功能、友好的操作界面、高效的数据处理、精准的数据分析、灵活的数据应用等特点，以此满足用户的需求。比如，平台可以通过图形化、可视化等手段，增强数据的表达和交互效果，让数据信息简明易懂，更易找到业务发力点；另外，还可以通过定制化、智能化等方式，提高数据的分析能力和应用效果，以便用户能够灵活使用数据服务，更加契合自身发展现状；还可以通过联合人工智能技术，使数据的呈现方式直观生动，符合外贸人的思维习惯，让用户无须具备专业技能也能轻松理解和应用数据。

除此之外，外贸企业对简单、强大、智能的外贸分析工具的期望还体现在高度定制化的数据解决方案上。外贸企业期望该工具能够根据其业务需求和特点，为其提供深度市场洞察，实现自动化或半自动化地执行特定任务，如客户动态监测、市场趋势预测、供应链优化建议及营销定制报告等。这一期望将助推外贸大数据行业在数据解决方案方面进行深入的研究和开发，以确保外贸分析工具能够根据企业的实际情况和目标，为企业量身定制合适的数据参考方案，在实现数据价值和效益最大化的同时，为外贸企业提供可靠全面的业务支持和决策支持。

第三，全方位、高品质的全流程服务支持。

外贸企业对外贸大数据行业的期望已经超越了数据本身，延伸至行业的服务水平。这种期望不仅是对数据平台和工具的需求，更体现了对全面服务支持的渴求。企业急需获取一揽子、高品质的全流程服务，这包括数据使用指导、平台操作培训、知识链接及人才培育等多个方面。

随着技术的不断发展，外贸企业迫切需要了解和掌握新型的数据工具和平台，期待能与外贸大数据领域的专业团队合作，获取全面的支持和指导。这种指导不再局限于数据工具使用方法的操作和培训，更着重于了解数据背后的实质含义，以及如何有效利用数据进行市场分析和决策制定。这将推动外贸大数据行业提供更具针对性的培训课程和培训计划，脱离技术层面，培养员工数据分析背后的思维模式，引导员工将数据转化为实际营销决策。

外贸企业也期望与行业内的专家学者和领军人物建立紧密的联系。这种联系不仅是为了获取新的知识和技能，更是为了通过与行业内部顶尖人士的互动、交流和分享，获得实战经验和行业洞察能力，加速培育企业内部人才，使其适应数字化新外贸时代的市场大环境。为了满足这一期望，外贸大数据行业需要培养知识储备丰富、业务技能过硬的营销顾问，从售前到售中再到售后，为外贸企业提供全方位、高品质的顾问式服务支持。

总体而言，外贸企业对外贸大数据行业持有多元广泛的期望，这些期望将驱动外贸大数据行业持续变革和创新，促进技术与用户体验的完美融合，以满足企业对高效智能解决方案的追求，为外贸企业创造更多商业价值和发展机遇，让中国对外贸易质量再上新台阶。

外贸大数据行业规范亟待加强

外贸大数据行业在智能时代正处于蓬勃发展的关键时期。一方面，数字化、智能化技术的快速发展使外贸大数据应用的门槛不断降低；另一方面，随着跨境贸易的不断发展，企业对外贸大数据的需求快速上升，使用外贸大数据的企业数量迅速增加，外贸大数据行业也迎来发展的黄金时期。但外贸大数据行业发展中的诸多挑战也随之浮出水面。首先，标准的缺失让外贸大数据领域缺乏共同的规范和指导方针，导致数据的诠释充满了较大的不确定性，质量也参差不齐。其次，相关法律法规方面的不匹配也使得外贸大数据在处理和流通方面存在一定的风险，行业发展尚存在负担。最后，行业内存在恶意价格战、过度宣传、过度承诺、数据缺失乃至数据伪造等无序竞争现象，影响着外贸大数据行业的健康有序发展。未来外贸大数据行业迫切需要加快相关行业标准的制定和推广，建立健全适应外贸大数据发展的标准体系，以引领产品服务质量提升以及优秀数据解决方案的推广，并确立透明的价格水平，维护好行业秩序，为行业营造良好的发展环境。

第一，构建数据品质的制度与共识。

众所周知，数据品质是外贸大数据的核心要素，直接影响数据的价值和效能。然而，当前外贸大数据市场上存在受利益驱使或迫于竞争压力而操纵数据的现象，包括伪造数据信息、虚拟重复数据、隐瞒数据缺失等。同时，受自身专业知识及数据经验匮乏等因素的影响，一些外贸大数据企业数据解读可能存在偏颇现象，严重损害了数据的可信性和可用性，进而降低了用户对外贸大数据行业的信任。因此，建立行业层面上的数据品质管控制度并达成共识势在必行。这要求外贸大数据行业确立标准的操作程序，以保证数据的真实性和准确性。这一制度应当涉及数据处理技术、字段解读规范等方面内容，防止低质数据、镜像数据等不良数据的泛滥，以保证数据的真实、完整、专业和可靠。

除此之外，行业内也需要普及和强调对高质量数据的重视，促成行业内各方对于数据品质标准的共识，并将其融入行业实践。这种共识可以通过行业论坛、培训、专家讨论等方式建立，以确保每个参与者都对数据品质有清晰、一致的认知，进而推动企业自我约束，共同提高外贸大数据的质量标准。只有保证外贸大数据在各个维度都具备高品质，才能推动行业的良性竞争和持续创新，为外贸领域的决策制定、市场分析和商业发展提供可靠支持。

第二，确保行业价格的合理与透明。

外贸大数据的价格不仅仅是一项反映价值和成本的重要指标，更是直接影响其供需关系及整个市场运作的关键因素。然而，当前市场上存在以低价策略吸引眼球并招揽消费者的行为，甚至涉及隐形收费等破坏市场秩序的行为。这种低价套餐的背后往往隐藏着数据信息不全或服务缺失，进而导致消费者因应用体验不佳而对数据及服务质量产生怀疑，并进一步对外贸大数据整个行业产生失望和不信任感。这种情绪的蔓延，势必将对行业的可持续发展和长远利益构成威胁。在这种情况下，制定行业层面的价格指导方针将是确保外贸大数据市场稳健运行的重要一环。

首先，这一指导方针应该明确规定价格制定的原则，着重强调数据完整性和服务质量对价格设定的重要性，确保消费者购买的数据产品或服务符合其实际价值。其次，制定指导方针时应充分考虑行业内外部因素，包括但不限于数据类型、市场需求和行业标准等，以确保制定的价格合理且与实际价值相匹配。此外，强调价格透明度和企业诚信也是指导方针的重点。通过增强消费者对所购买的数据产品或服务的全面认知与理解，有效遏制数据低价倾销、高价垄断等不当市场行为，这有助于提高消费者的信任度，促进市场竞争环境的公平与健康，进而提升整个行业的信誉。

第三，保证行业宣传的真实与可信。

随着外贸大数据的迅速扩展和不断创新，行业所提供的服务也日益多样和强大。在蓬勃发展的过程中，由于缺乏统一的行业约束，加之出于商业利益的考量，行业频频出现夸大产品功能或增值服务的问题。这种过度夸大宣传的弊端显而易见——消费者被宣传所吸引，对产品或服务的期望值飙升，但实际交付的内容与宣传相去甚远。这种落差无疑会引发消费者的失望与不满，也会打击整个行业的信誉，影响行业的健康发展。

为了消除这一现象，外贸大数据行业需要进行自我审视和调整，建立严明的行业宣传规范和营销边界。应严禁过度宣传和虚假宣传，确保企业在宣传和营销中传递真实、客观的信息，在保障消费者利益的同时，维护好行业信誉。除此之外，外贸大数据行业还需要积极开展教育和宣传工作，以提升从业者的商业伦理和自律意识。通过专业的培训、交流活动等方式，从业者可充分了解宣传行为的标准和重要性，这促使大家在宣传工作中自觉遵守行业规范，建立长期稳定的客户关系。这一维护行业信誉举措还将吸引更多资金和资源投入到外贸大数据领域，激发行业技术和服务水平的不断创新，为整个行业注入更强动力。

第四，通过政策法规为行业保驾护航。

政策法规是外贸大数据行业发展的重要保障和引领，不仅能为行业发展指明方向和标准，而且能提供必要的法律依据和合规框架。然而，现阶段，外贸大数据领域的相关法律制度仍然存在缺失。为了促进外贸大数据行业的良性发展，亟须加强数据管理规范的制定，同时推动国际合作机制的建立和深化，使政策法规能够更好地服务于外贸大数据行业，为其在全球化贸易和数据交流中提供坚实支撑。

综上，政府需加快相关政策法规的颁布完善，并付诸施行，保障外贸大数据行业在平稳健全的环境中加速发展。通过诸如《中华人民共和国反不正当竞争法》《中华人民共和国反垄断法》及行业知识产权法等系列法规的设立，政府能够实现对外贸大数据市场竞争行为的有效监管，并且明确企业和消费者的权益与责任范围，防止不正当竞争行为和侵权行为的发生，维护市场的公平有序。其中，《中华人民共和国反不正当竞争法》的设立可有效防范虚假宣传、商业诋毁等不当竞争行为，规定企业在市场竞争中应当遵循的行为准则，保护行业参与者的合法权益，维护公平竞争环境。同时，《中华人民共和国反垄断法》的实施则可有效限制业内企业的垄断行为，防止其通过滥用市场支配地位而进行垄断，包括限制竞争、操纵市场价格等行为，以确保健康、公平的市场竞争环境，保护相关利益者的合法权益。另外，行业知识产权法的建立也可为数据信息及产品服务提供全面的保护，保障企业在产品专利、商标、版权等方面的权益，激发企业持续创新，推动外贸大数据营商环境创新发展。

这一系列政策法规的完善和执行，将有助于促进行业技术的持续创新，为行业的长期健康发展奠定坚实基础。

第五，建立监管和执行机制。

政府需注重建立强有力的监督和执行体系，以确保外贸大数据行业政策法规的全面执行。这样的机构需要具备专业、高效的特质，能够公正、迅速地处置违规行为，对违规者给予适当的惩罚，为受害者提供相应的反馈及援助。只有保持坚定的执法态度，才能建立起一个严明的法治环境，让各方真正感受到规则的约束力，共同维护市场秩序的稳定和行业的可持续发展。

第六，为推动外贸大数据产业的发展，政府应该提供财政支持、税收优惠及专项资金等多种措施，有效降低企业和研究机构的创新成本，提高行业的核心竞争力和创新积极性，进而促进行业实现产业升级。为鼓励外贸大数据行业"出海"，政府应对于"出海"企业进口和出口数据提供税收优惠和财政支持。

第七，建立人才培训计划。政府统一规划，加强政、产、学、研各个层面对外贸大数据领域科研项目和技术创新的支持，这将有助于培养高素质的数据分析师、数据工程师等专业人才，为外贸大数据行业发展提供强有力的人才支撑，确保行业持续发展并适应不断变化的市场需求。

通过打造良好的政策环境，可推动外贸大数据行业合规、可持续发展。

外贸大数据，我的"菜"

外贸大数据作为驱动全球贸易的关键要素，不仅把握着全球贸易变革的脉搏，更将在与其他领域融合共生的过程中，为多元开放的商业生态系统搭建坚固的桥梁。

外贸大数据行业所带领的跨界融合不单单是简单的数据共享，更是不同行业间思维和经验的碰撞。外贸大数据作为一个庞大而多元的数据资源库，深度覆盖产品、客户、物流、市场等多个领域。这些数据被视为数字化时代的珍贵资产，对企业商业决策和战略规划至关重要。然而，这一行业的真正价值并不局限于外贸领域，还将在跨行业、跨领域的链接中激发出全新的商业理念和发展模式，为商业生态系统带来发展活力。

在这种跨界融合中，外贸大数据将赋予其他行业全面了解市场需求的能力，协助其把握市场动态，了解消费者的喜好，并深入分析竞争态势和风险因素，从而优化产品设计、改进营销策略、提升服务质量，甚至拓展全新的业务领域。举例来说，通过与金融行业联动，外贸大数据可以科学准确地评估企业的国际交易情况和信用风险，协助金融行业精准制定贷款政策和风险管理策略。另外，外贸大数据与科技行业的融合也能产生可观的效益。通过结合外贸大数据进行市场调研，科技行业可以发现新的市场需求和趋势，为产品研发提供明确方向和创新灵感，为行业带来更广阔的创新发展前景。

需要注意，外贸大数据与其他行业的跨界融合并不是单向共享，其他行业也可以向外贸大数据行业输送新的价值。比如，科技行业可以提供先进的数据分析工具或技术，以加速外贸大数据的分析处理过程，而且这也并非是简单的工具输入，而是为外贸大数据行业赋予高效精准的数据解读和应用能力，进一步强化其为外贸企业提供商机洞察、决策支持和风险把控的能力，提升外贸大数据的商业价值和实用性。

此外，其他行业的专业知识也能够为外贸大数据行业带来全新的视角。例如，健康医疗领域可以提供疾病传播模型，用于分析国际贸易中的风险传播路径，以便了解不同地区对医疗用品的需求变化，进而协助外贸企业调整市场营销方向。这些交叉领域的专业知识和技术的输入，将使得外贸大数据能够更深入地理解和解释贸易活动的复杂性，进而帮助外贸企业细致、科学地预测未来的贸易风险和机遇。

当下，主动精准营销在外贸企业中已经落地生根，越来越多的企业已经初尝外贸大数据红利，并借此实现了业绩增长，转变了营销方式，同时也积累了丰富的经验。外贸大数据真正成为外贸企业开拓国际市场的必备工具。期待越来越多的企业能分享更多的外贸大数据使用经验，共享共创，共同提升企业的国际营销水平，全面提升中国企业国际市场竞争力。

共赴外贸大数据的"彼岸"

山东彼岸石油装备有限公司创始人、总经理　赵秀东

作为一家主营石油钻井设备出口业务的纯贸易型公司，自 2021 年 10 月成立起，我们就把市场开拓和客户开发放在首位，是典型的营销驱动型公司。为了能够优质高效地开发国际市场，我们先后投入大量资金用于市场的获客，仅目前在用的付费市场开拓渠道就有阿里国际站（行业三级类目 TOP3）、中国制造网（MIC）、独立站（主要为谷歌 SEM 竞价排名）、环球慧思（Globalwits 外贸大数据）等，其中以使用环球慧思智能贸易终端系统进行精准营销的效果最为显著。

为什么会选择外贸大数据呢？我们的初衷其实很简单：

一是提高投资回报率。向市场投入大量资金目的并不止于获客，最终还是要把获取的询盘或者客户信息转化为订单，带来实实在在的业绩。为了能提高询盘转化率，除了通过 Google、LinkedIn、Facebook 等工具做初步的客户背景调查，我们还需要借助外贸大数据这样的工具，对客户进行深度的背景调查，包括了解客户是否有过采购、主要从哪个国家采购、从哪个供应商采购、从每个供应商采购的频率和金额、同样产品竞争对手给客户的价格等信息。我们通过这一系列动作，就可以对客户有个大概的了解（我们称之为战时的"情报"），同时可以给公司提供一个基本的策略（我们称之为"战术"），即这个客户要不要报价、是否需要投入精力做完美的报价单、报什么样的价格等。外贸大数据可以大大提升我们的业务处理效率和订单转化概率，进而提高投资回报率。

二是有助于做"竞调"。在外贸市场上，没有一个客户会只给一个供应商发询盘，通常会同时向多家供应商发出询价请求。而依靠外贸大数据做参考，我们可以更好地了解市场价格，在对比选择后挑出最优报价。同时，外贸大数据有助于了解客户供应商的情况，了解潜在竞争对手是否和客户有过合作记录，从而帮助我们确定对客户采取怎样的报价策略。

三是做客户主动开发。阿里国际站、中国制造网、Google 等都属于被动营销模式，即发出产品广告后需要被动地等客户来询盘，而外贸大数据系统则可以实现在贸易搜索里输入产品 HS 编码、关键词等信息，从不同市场找到曾经有过同类产品采购记录的客户信息，进而找到更多客户联系人信息进行客户主动开发，实现由"被动等待"到"主动出击"的转变。

四是有助于做市场调研。通过外贸大数据，我们可以对开发目标市场的进口趋势、涨幅等做全面调研，进而有更清晰的市场开发方向，筛选出采购需求迅猛增长的市场，并在这些市场开展展会、地推等高成本开发活动，避免盲目投资可能带来的时间、精力和财力的浪费。

是什么让我们选择了与环球慧思外贸大数据"共舞"？

之前我们先合作了一家价格便宜的外贸大数据服务公司，但是在使用过程中发现无论是数据覆盖的国家和地区范围、数据更新的及时性，还是数据系统功能的完备方面其根本无法达到我们的要求，直到 2022 年

6 月，经过慎重考虑，我们选择了环球慧思智能贸易终端系统。目前，我们的报价成交概率从开始的 2% 左右提高到现在的 5.5% 左右，最高的可以达到 7.8%，即报 100 份价格，可以成交 7.8 份。当然，成交概率的提高更重要的是依靠公司综合实力（如公司供应链的不断拓展和优化、公司品牌知名度的不断提高、公司应用案例的不断增加、团队业务人员个人能力的不断提升等），但不可否认，这其中有环球慧思智能贸易终端系统的功劳。有了外贸大数据做"导航"，公司的各种复盘总结不再是"假大空"，而是具备了精准客观的数据支撑，一切都会拿数据来说话。对于客户也是一样，我们不再只是臆断和感觉客户怎么样，而是通过外贸大数据去做客户背景调查，最终形成每个客户的画像。环球慧思智能贸易终端的背后还有强大而持续迭代优化的售后服务，既能随时解决我们业务在使用过程中遇到的问题，还能主动分享数据使用的技巧心得等；此外，个性化的线下培训和答疑、线上慧思学院的分享视频等，都成为我们学习新业务和提高新技能的重要渠道。

在外贸大数据的加持下，我们的外贸团队不断壮大，如今正朝着更高的销售目标迈进。"道阻且长，行则将至。"在前行的道路上，我们需要用数字化的思维、数字化的工具一起征战全球贸易。未来可期，相信外贸大数据终将引领我们共赴成功的"彼岸"！

外贸大数据赋能全球供应链

厦门建宇实业有限公司企业发展部总经理　蔡斯怡

作为民生行业供应链运营及管理的全球领航者，厦门建宇实业有限公司成立于 1992 年，是《财富》世界 500 强建发集团、上市公司建发股份旗下核心成员企业。公司业务涵盖轻纺、机电、生鲜、新消费业态、中欧班列等领域，为客户提供研发设计、资源获取、品质管控、渠道运营、售后服务、仓储物流、金融服务等定制化的供应链运营服务，具备贸易国际化、运营属地化、制造全球化、物流全链化、平台数字化等核心优势，服务网络覆盖全球 100 多个国家和地区。之所以一直与外贸大数据行业的头部企业环球慧思合作，既源于其数据准确性对于供应链运营和管理的重要支持，也得益于其提供的全方位服务支持，让我们能够把外贸大数据的价值发挥到极致。

相比于传统外贸营销工具如展会、B2B 网络平台等，外贸大数据不仅带来新的营销方式，也带来营销思维的改变和升级。其让外贸营销从被动等待转为主动出击，从简单粗暴的价格战转向精准营销的特种兵作战，增强了供应链各环节的主动性。外贸大数据还可以提供供应链分析、采购链分析、供应商深度追踪、采购商精准把控、数据可视化等功能，可为决策提供相应的数据支持，从而帮助企业更有的放矢地进行业务拓展。

环球慧思智能贸易终端的应用，给公司发展带来了许多变化：更加精准地定位市场、客户，更加高效地进行客户开发，提升客户开发效率，避免在低质量客户身上浪费时间和精力，也避免在与同行竞争中陷入低价无序竞争的泥潭；深度分析和优化供应链，高效打通采购链条，寻找最优质、最合适的制造商和生产厂家；提高内部决策效率，以数据为抓手，精准把握市场、买家采供变化，及时准确地制定相应策略；提高整体运营效率和市场竞争力，助力企业在市场竞争中掌握更多主动权；引领企业快速迈向数智化转型之路，最终达到降本增效的目的。

经过一年多的使用，结合公司目前现状，与大家分享一些使用心得：

第一，账号分配使用。通过科学规划主账号使用时间、依据区域特性精准分配子账号的方式，确保账号资源的最大化利用。我们携手环球慧思为新入职的员工量身定制专项培训，组织高频使用且技能娴熟的同事分享经验，不仅有效提高了账号使用效率，更极大地提升了大家对数据使用的积极性，实现了使用数据的初衷。

第二，数据使用方法及技巧。精准定位客户，利用环球慧思智能贸易终端的采购商深度追踪、供应商深度追踪、采购商（最新）、采购商 RFM 分析等功能，通过细分客户群体，识别出高潜力客户，实现客户开发；通过可视化分析和定制报告，及时了解行业发展趋势和新兴市场机会；借助可视化功能，进一步洞察行业趋势及主要市场供采信息；借助供采关系图穿透、环球搜等功能，发现交易中的上下游参与者、同行业竞争者，以及关联关系等，进一步发掘客户行为、市场趋势和业务机会。

第三，取得的初步成效。建立起更为完善的外贸数据收集系统；能够帮助业务部门实现部分新客户及供应商的开发，提高新客获取率；通过对行业及市场的分析，能够提取有价值信息，洞察发展趋势。

通过环球慧思智能贸易终端的使用，不管是宏观的市场定位和把握，新品开发的供应商选择和拓客，还是微观的客户筛选、客户维护，我们都能做到游刃有余。智能贸易终端再结合公司的整体优势，大大提升了自身的运营效率，优化和规避了供应链风险，协助我们在市场竞争过程中始终处于主动地位。每家公司都有适合自己的市场和客户群体，也都有适合自己的供应商渠道，只有不断优化组合，不断深化客户画像，才能在竞争过程中抢占市场先机。

坚守新时代"惟精惟微"，实现大数据"精准营销"

微至（苏州）医疗科技有限公司海外市场部总监　杨涛

在数字经济的时代背景下，外贸营销模式不断升级进化，只有多渠道整合营销，不拘泥于某一种方法，"以我为主，为我所用"，方能发挥最大的价值。微至作为一家研发、生产医疗器械为主的高科技企业，自 2015 年成立至今始终坚守"惟精惟微"的理念，秉持无微不至的服务态度，以高质量产品服务全球客户。这其中，应用外贸大数据就是一种助力我们开辟国际市场，实现业务快速增长的最佳营销手段。

2020 年初，公司董事长出于对大数据精准主动营销的敏锐直觉和高度认可，果断与外贸大数据服务商环球慧思合作，将外贸大数据理念和工具引入外贸团队，并陆续应用于中东、东南亚、欧洲等市场的拓展。三年来，公司一边积极培养外贸团队的数字化思维，一边广泛应用外贸大数据工具主动拓客，至今已连续实现销售复合增长率200%，取得了卓有成效的海外市场开发成果。

古人云："富在术数，不在劳身，利在势居，不在力耕。"作为数字化浪潮中的弄潮儿，微至积极主动拥抱外贸大数据，践行"精准营销"的变革。企业成为变革的受益者和佼佼者，离不开全体微至人顺应时代发展、追求科技创新，以及审时度势、运筹帷幄的决心和信心，更离不开在实践中总结和发展的宝贵经验：

一是要勇于变革思维，贯彻知行合一。数字化思维的培养对激发营销团队主动开发的意识、提升筛选和开发客户的能力至关重要，也是营销转型的正确路径之一。与传统营销相比，拥有数字化思维，才能指导应用数字化营销手段，掌握数字化营销工具去主动营销、精准营销。外贸大数据可以助力我们精准筛选目标客户和忠实客户，明确市场深耕的方向；助力我们把握住那些采购频率高、采购量稳定、对价格敏感度较低的优质客户，从而帮助我们获得持续性的收益，极大地提升一线营销人员的数字化营销意识。

二是要主动出击，在实践中提升新能力。通过慧思学院的课程和慧思顾问在售后服务中所做的日常培训，我们系统地学习了大数据主动精准营销的技能，不仅增强了专业能力，提高了主动出击的意识水平，还激发了我们的自信心，以更加强悍的执行力进行主动营销的实践，例如，对基于精准画像筛选的优质采购商进行全方位背景调查；通过数据对客户进行采购周期、供应体系、规格型号、采购量价等多维度分析，找到差异化的切入点，总结成个性化、精准化的站内信；将数据与社交媒体等平台相结合，获取关键人姓名、职位，实现差异化精准触达等。

三是要举一反三，在数据中挖掘优势市场。数据犹如宝藏，需要学会深度挖掘。例如，设定产品关键词搜索相关企业及匹配的经销商，在公司列表中结合对行业的了解，排除竞争对手，筛选目标客户；在不确定是否是生产商的情况下，利用谷歌地图搜索，通过地址和厂房判断，从而锁定精准的潜在意向客户；结合各类社交媒体，从企业发展理念、经营模式、各层级员工身份、兴趣爱好等方面建立客户档案，筛选差异化明显的目标客户及关键人，进一步丰富市场布局。

四是要精准营销，建立自身特色的 SOP。包括：确立目标客户精准画像，基于数据筛选出优质潜在客户群体；结合数据获取精准信息，建立好客户档案，分配给业务团队；整合电话、SNS 等工具进行开发，打造多种渠道组合的营销方式；利用海关数据、客户官网等渠道，对目标潜在客户进行充分背景调查后，将分析总结的内容直接梳理成不同场景下的话术，有针对性地进行电话、电子邮件等营销；视频跟进解决信任异议，更好地与客户彼此了解，缩短谈判周期。

微至在外贸大数据的助力下实现了对客户转化率和利润率的提升，也不断挖掘到规模更大、层次更高的客户群体，同时形成了一套行之有效的精准营销战术体系。展望未来，微至将持续钻研深耕，紧抓新外贸时代下数字化营销的红利期，直挂云帆，行稳致远。

外贸大数据——外贸人的好帮手

山西诚信化工有限公司董事长　安鑫

以前一提"数字化""数据化""智能化"，总觉得是高大上的东西，犹如水中月、镜中花，可遇而不可求。想不到最近两三年这些词变成了公司的标配。通过外贸大数据，我们不仅能够获得及时的市场信息，还能够制定更为有效的销售及采购策略，这大大增强了市场竞争力，促使公司业绩和工作效率不断提升。与此同时，公司还通过外贸大数据帮助国外的下游客户更准确、更有效地了解目标市场整体的供求情况，为供应链下游客户的业务提出指导意见。外贸大数据逐渐成为角逐国际市场不可或缺的好帮手。

作为国内一家主营化工原料出口的贸易公司，我们在打造全球化工供应链引领者的过程中，通过学习和应用外贸大数据，特别是深度挖掘和利用海关数据方面，深刻地感受和领悟到信息化时代数据的重要性。企业要将数据视作工具，不仅要学会看数据，还要学会分析和使用数据，更要学会用数据思维来指导企业发展。

古人云："良禽择木而栖，人择君子而处。"与环球慧思外贸大数据的精诚合作，也使我们对数据的理解程度和应用能力不断增强，在洞察市场趋势、开发客户和供应商、了解竞争对手等方面的应用效果更加突出。我们也总结出了外贸大数据的四大优势：

一是深度挖掘目标市场。环球慧思智能贸易终端中有同步的海关提单/关单信息，信息非常详细和真实，可以直观地给出产品在不同国家和地区的客户信息、采购数量、交易频次和进出口总量，公司通过这些数据就可以把握市场需求，洞察商机，并据此制定更有针对性的市场策略。

二是精准开发现有客户和目标客户。公司通过环球慧思智能贸易终端可以了解目标客户采购产品的品类、数量、规律、习惯和现有供应商等信息，基于客户现有采购产品，选择自身有优势的产品或竞争对手有劣势的产品来切入，并针对不同客户制定不同的销售策略；可以了解老客户最近采购的产品情况，并获取客户与其他供应商的交易信息，以此来争取新项目订单，提高老客户的复购率。

三是有助于分析竞争对手。竞争对手分析也是必不可少的内容，它可以帮助企业发现自身的竞争优势和劣势，寻找竞争对手的战略空白和市场缝隙，从而实现差异化和创新的竞争战略。通过竞争对手分析，了解竞争对手的强项，向竞争对手学习，提高公司的短板，同时洞见竞争对手的弱项，培养公司的长板，提升公司的核心竞争力。竞争对手分析对于获取对标公司、市场定位、市场策略、产品策略、销售策略等，都有很大帮助。

四是有助于寻找供应商开发。对相关数据的分析，可以促使我们找到与自己产品相关的出口商，从而建立新的业务联系；可以为我们开发新供应商、拓宽新供应商、评价供应商实力等方面提供参考依据；有助于我们选择更可靠的供应商，优化供应链管理，合理降低采购成本，提升供应链效率。

通过 4 年的实际使用，我们感受最明显的就是外贸大数据能帮助我们精准定位潜在客户。比如，当你分析某个产品的市场数据时，发现某个公司频繁进口这个产品，你就知道这个公司对你的产品有需求。相比盲目地在网上寻找客户或者花费大量时间和精力参加展会、拜访客户，这样的方式节省了大量的时间和成本，高效得多。

另外，相关数据还能让我们更好地了解市场需求、客户需求以及竞争对手情况。通过数据分析，我们可以知道某个市场/客户/竞争对手对产品的需求量和价格区间，从而制定出更有针对性的销售策略，避免资源的浪费。

心中有"数"，市场不"荒"

浙江新和成股份优有限公司人类营养品国际区贸易总监　李海丽

伴随全球经济的快速发展和信息技术的不断进步，外贸大数据在国际贸易中的重要性日益凸显。作为一名从事贸易出口工作长达 15 年的"老外贸"，我深知获取精准客户资源和优化销售策略对企业发展的重要性。自从使用了环球慧思智能贸易终端这个"新兵器"，我们的工作效率和销售业绩显著提升。这里分享一下我们在使用环球慧思智能贸易终端中的经验和感受。

经验一：客户定位，数据最精准。系统平台通过收集和分析全球市场数据，帮助我们迅速找到潜在客户。以往公司需要通过参展、拜访等传统方式来获取客户资源，不仅耗时耗力，而且效果甚微。而借助环球慧思智能贸易终端，公司就可以利用关键词搜索、地区筛选、客户或竞争对手名称等多种方式，精准定位到有购买意向的客户，同时明晰其在不同时间段内从不同国家和地区采购原料的价格水平，这样既提高了客户获取的效率和准确性，也为我们产品的定价提供了决策依据。

经验二：市场分析，数据做参考。外贸大数据平台不仅提供客户信息，还能帮助我们分析某个国别的市场趋势和竞争态势。通过对历史数据（某个国家某 HS 编码下的产品在某一段时间内的采购量和价格水平）的分析，我们可以了解某一产品在不同市场的需求变化，预测未来的市场走向，从而制定更科学的销售策略。

经验三：评估新品，决策有依据。环球慧思智能贸易终端在帮助我们找到客户的同时，还能为我们的决策提供依据。通过分析客户的购买行为和历史交易数据，我们可以更好地了解客户需求的变化，从而以更加宏观的角度评估某些新产品是否值得投资和研发。

感受一：提升工作效率。使用外贸大数据后，我们的工作效率大幅提升，以前需要花大量时间和精力参加展会、拜访客户，现在只需通过平台就能快速找到潜在客户，并直接进行沟通。这不仅节省了大量时间和成本，还大大提高了效率。

感受二：优化销售策略。通过系统的数据分析功能，我们可以更好地了解市场需求和客户偏好，及时调整销售策略，避免盲目推广。例如，通过平台的数据分析，我们发现某些市场对低价产品需求较大，于是及时调整产品线，专门针对这些市场推出一系列低价产品，最终取得良好的销售业绩。

感受三：增强竞争优势。借助外贸大数据，我们可以更好地了解竞争对手的情况（包括销售价格、销售数量，以及主要客户群体等至关重要的信息），及时调整销售策略，增强竞争优势。例如，通过平台的数据分析，我们发现某些竞争对手在某个市场的销售份额较大，于是加大了对该市场的投入，并通过差异化竞争策略，逐步扩大市场份额。

感受四：提升客户满意度。通过系统的数据分析，我们可以更好地了解客户需求，制定个性化的营销方案，提升客户满意度和忠诚度。例如，通过分析客户的购买行为和历史交易数据，我们发现某些客户对高端产品更感兴趣，于是专门为这部分客户制定了高端产品的推广方案，并通过邮件营销、社交媒体平台等多种方式进行精准推送，取得了良好的效果。

感受五：广开新市场。借助系统的数据分析功能，我们可更好地了解全球市场的需求变化，发现潜在机会，开拓新市场。公司虽然有 5 个不同事业部，但销售主管可在不同事业部之间进行调换。我记得 2022 年自己刚从动物营养品国际区调到人类营养品国际区负责销售时，因面对完全不同的市场和客户群体，曾一度感到迷茫。环球慧思智能贸易终端给了我们团队很大的帮助，让我们识别出公司重要产品在不同国别下的潜在客户，我们通过实地拜访，成功开发了很多大客户，做到心中有"数"，市场不"荒"。

拥抱数据浪潮，扬帆海外市场

高邑县永昌锌业有限责任公司副总经理　陈辉

随着外贸市场竞争的加剧和客户需求的多样化，仅靠传统的营销模式开拓业务已远远不能满足我们发展的需求，特别是如何能够精准定位市场、高效获取客户成为一道难解的题。直到使用了外贸大数据，我们才真正拥有了一面逐浪海外市场强有力的风帆。

和许多企业一样，我们起初对"大数据"的概念既好奇又陌生，就是抱着试试看的心态开始接触和了解市面上的外贸数据产品。经过一番比较和筛选，我们最终选择了环球慧思。惊喜的是，经过专业的指导和培训，外贸业务团队便快速掌握了数据的使用技巧，并凭借全面、便捷、更新及时的数据，使我们的优质氧化锌产品不断走向世界各地。不仅如此，公司还通过一系列的数字化转型措施，大大提升了自身在专业化和多元化市场中的竞争力，为未来可持续发展奠定了坚实的基础，同时也开启了公司数字化的新时代。

随着对环球慧思智能贸易终端的深入应用，我们逐渐认识到，外贸大数据并非简单的信息集合，而是蕴藏着巨大价值的宝藏，它能够帮助我们洞察市场趋势、优化营销策略、提升客户转化率，为企业带来全方位提升。

认识一：精准定位，有的放矢。以往我们主要是依靠参加行业展会和线上平台推广来开发客户，效果并不理想。一方面，展会和平台推广的成本高昂；另一方面，目标客户群体不够精准，转化率很低。而现在，借助环球慧思智能贸易终端，我们可以直接筛选出对氧化锌有采购需求的目标客户，了解他们的采购习惯、价格偏好、供应商选择标准等关键信息，然后进行精准的营销推广。实践证明，这种基于数据分析的营销方式，不仅成本更低，而且效果更加显著。

认识二：知己知彼，百战不殆。在市场竞争中，了解对手才能更好地超越对手。环球慧思智能贸易终端可以帮助我们分析竞争对手的市场份额、产品价格、客户群体等关键信息，同时可以为制定差异化的竞争策略提供数据支撑。以拓展中东市场为例，我们通过系统发现该地区对氧化锌的需求量持续增长，当地供应商数量有限，而且产品利润率也可观。于是，我们迅速调整市场策略，集中资源开发该地区，最终成功打开了市场，并与多家大型客户建立了长期稳定的合作关系。

认识三：数据驱动，科学决策。外贸大数据不仅可以用于客户开发，还可以帮助我们进行市场分析和预测。我们通过分析不同国家和地区的市场需求、进口趋势等数据，可以更好地把握市场机遇，优化产品结构和销售策略。运用外贸大数据犹如拥有一双洞察市场的"火眼金睛"。全球氧化锌市场的动态变化、竞争对手的最新动向、潜在客户的采购需求，这些以往难以获取的关键信息，通过大数据都能一目了然。更重要的是，通过数据分析，我们能够更准确地预测市场趋势、制定营销策略、优化产品服务，从而在激烈的市场竞争中抢占先机。

当然，最开始使用外贸大数据的时候，我们也走过一些弯路。面对海量的数据常常感到无所适从，不知道如何有效地提取和分析信息。这时环球慧思顾问团队的耐心指导给了我们很大的帮助，他们不仅教会我们使用平台的各种功能，还结合我们自身的行业特点和产品特性，为我

们制定了一套个性化的数据分析方案。为了更全面地发挥大数据价值,我们始终坚持不断学习和探索,积累了一些经验:

一是专业团队的建设。我们建立了专门的数据分析团队,负责数据的收集、整理、分析和应用,并定期进行培训,以提升团队的数据分析能力。从实战看,团队成员的数据分析能力和市场洞察力都得到了显著提升。

二是结合实际情况。在运用外贸大数据的过程中,企业一定要结合实际情况和发展目标,制定科学合理的数据分析策略,才能真正发挥数据的价值。在实践中,我们总结出了多种有效的数据使用方法。例如,针对特定市场进行深度剖析,根据不同时间段内的采购数据变化,及时调整供应链和库存管理策略,以确保产品及时供应等。

三是要有明确的目标设定。通过数据分析,我们明确了每个阶段的市场拓展目标,从初期的客户筛选到中期的合作谈判,再到后续的客户维护,每一步都依托数据进行科学决策,极大提高了工作效率和成功率。外贸大数据让我们在全球市场的拓展道路上更加顺利和自信。

大数据撬动大市场

河北水川进出口贸易有限公司创始人 王力辉

在强手如云的国际贸易竞争中,能够专注于细分市场并做大做强并非易事。而我们水川人就是凭借着技术创新和外贸大数据精准营销,在短短的几年间,将产品做到了全球30多个国家和地区,成功实践了利用大数据来撬动大市场的壮举。

为了成为牛仔服装行业优质染料供应商和高端牛仔面料色彩解决方案出口商,我们除了注重从技术研发中找突破口并取得重大创新,成功申请了相关专利,还从营销端的数字化转型入手,全方位、多渠道开拓国际市场:从独立站谷歌优化推广、海外社媒运营到运用环球慧思智能贸易终端等工具,通过获取更多的海外市场份额,验证我们产品的优越性，进一步调整完善公司的市场定位和全球战略布局。

利用外贸大数据来拓展业务是我们一个重要的发展方向。尤其是在当前全球经济一体化的大背景下，外贸大数据的广泛应用已成为企业开拓国际市场、提升竞争力的重要手段。外贸大数据不仅可以帮助我们了解客户需求和市场趋势，还能发现潜在的优质客户，并获取其情感倾向、价值观念、消费体验和随之而来的变化趋势。

选择环球慧思外贸大数据服务是一个机缘巧合。2022年新冠疫情期间，由于出国参展和拜访客户受限，我们开始寻求借助海外出口数据的支持来拓展客户。之前我们也曾使用过其他的软件进行外贸数据查询，但总感觉使用体验不佳，数据界面不友好，数据杂乱无章且不全面，很多数据不仅查不到，还更新不及时。为此，我们专门详细了解并比对了多家提供数据服务的公司，最终一致认为环球慧思智能贸易终端提供的数据更全面详尽且及时、界面清晰明了、贸易追踪系统人性化，更能便捷主动地掌握客户信息。

2022年5月，通过环球慧思智能贸易终端，我们发现了一家巴基斯坦客户很符合我们的目标产品市场需求，已在一些供应商那里进行采购并且采购频次很高。于是我们通过逐项数据分析与对比，包括分析该客户过去购买的各个品种产品的数量、单价、包装要求及下单周期等，再分析其各个供应商，找到了与他们之间的竞争优势，如我们产品更加优质且供应稳定、包装干净整洁、价格准确一步到位等。基于这些数据的比对，我们充分发挥知己知彼的优势，与客户取得联系，进行沟通和报价，寄样确认品质，很顺利就接到客户的试订单，而后客户持续下单，有时也会咨询其他品类的产品，如今已成为我们的优质客户之一。

外贸大数据之所以有撬动大市场的"神奇之力"，根本还在于：一是有助于更精准地洞悉客户需求，做好后续对接服务；二是能及时了解竞争对手，化被动为主动，及时跟进客户，提供满足客户需求的产品和服务；三是可以了解客户对产品需求和采购周期的变化，便于调整产品和营销策略，抓住市场机会，提高竞争力；四是能低成本维护客户的信任和忠诚度。

我们将深入利用和发挥外贸大数据的优势，不断挖掘新客户，维护老客户，提升客户体验，为我们的客户提供更加优质的产品服务和完善的解决方案。

附录　国内发布与数据相关的部分政策文件

文件名称	发布时间	相关主要内容
《国务院关于印发促进大数据发展行动纲要的通知》	2015 年 09 月 05 日	（二）推动产业创新发展，培育新兴业态，助力经济转型 1. 发展工业大数据。推动大数据在工业研发设计、生产制造、经营管理、市场营销、售后服务等产品全生命周期、产业链全流程各环节的应用，分析感知用户需求，提升产品附加价值，打造智能工厂。建立面向不同行业、不同环节的工业大数据资源聚合和分析应用平台。抓住互联网跨界融合机遇，促进大数据、物联网、云计算和三维（3D）打印技术、个性化定制等在制造业全产业链集成运用，推动制造模式变革和工业转型升级
《中共中央关于坚持和完善中国特色社会主义制度 推进国家治理体系和治理能力现代化若干重大问题的决定》	2019 年 11 月 05 日	六、坚持和完善社会主义基本经济制度，推动经济高质量发展 （二）健全劳动、资本、土地、知识、技术、管理、数据等生产要素由市场评价贡献、按贡献决定报酬的机制
《中共中央 国务院关于构建更加完善的要素市场化配置体制机制的意见》	2020 年 04 月 09 日	六、加快培育数据要素市场 （二十）推进政府数据开放共享。优化经济治理基础数据库，加快推动各地区各部门间数据共享交换，制定出台新一批数据共享责任清单。研究建立促进企业登记、交通运输、气象等公共数据开放和数据资源有效流动的制度规范 （二十一）提升社会数据资源价值。培育数字经济新产业、新业态和新模式，支持构建农业、工业、交通、教育、安防、城市管理、公共资源交易等领域规范化数据开发利用的场景。发挥行业协会商会作用，推动人工智能、可穿戴设备、车联网、物联网等领域数据采集标准化

（续）

文件名称	发布时间	相关主要内容
《中共中央 国务院关于构建更加完善的要素市场化配置体制机制的意见》	2020 年 04 月 09 日	（二十二）加强数据资源整合和安全保护。探索建立统一规范的数据管理制度，提高数据质量和规范性，丰富数据产品。研究根据数据性质完善产权性质。制定数据隐私保护制度和安全审查制度。推动完善适用于大数据环境下的数据分类分级安全保护制度，加强对政务数据、企业商业秘密和个人数据的保护
《中华人民共和国数据安全法》	2021 年 06 月 10 日	第二章　数据安全与发展 第十四条　国家实施大数据战略，推进数据基础设施建设，鼓励和支持数据在各行业、各领域的创新应用 省级以上人民政府应当将数字经济发展纳入本级国民经济和社会发展规划，并根据需要制定数字经济发展规划
《"十四五"大数据产业发展规划》	2021 年 11 月 30 日	（一）加快培育数据要素市场 提升数据要素配置作用。加快数据要素化，开展要素市场化配置改革试点示范，发挥数据要素在联接创新、激活资金、培育人才等的倍增作用，培育数据驱动的产融合作、协同创新等新模式。推动要素数据化，引导各类主体提升数据驱动的生产要素配置能力，促进劳动力、资金、技术等要素在行业间、产业间、区域间的合理配置，提升全要素生产率
《"十四五"对外贸易高质量发展规划》	2021 年 11 月 18 日	（二）基本原则 坚持数字赋能，加快数字化转型。紧紧抓住全球数字经济快速发展机遇，依托我国丰富的应用场景优势，激活数据要素潜能，促进数字技术与贸易发展深度融合，不断壮大外贸发展新引擎
《中共中央 国务院关于构建数据基础制度更好发挥数据要素作用的意见》	2022 年 12 月 19 日	二、建立保障权益、合规使用的数据产权制度 （五）推动建立企业数据确权授权机制。对各类市场主体在生产经营活动中采集加工的不涉及个人信息和公共利益的数据，

（续）

文件名称	发布时间	相关主要内容
《中共中央 国务院关于构建数据基础制度更好发挥数据要素作用的意见》	2022 年 12 月 19 日	市场主体享有依法依规持有、使用、获取收益的权益，保障其投入的劳动和其他要素贡献获得合理回报，加强数据要素供给激励。鼓励探索企业数据授权使用新模式，发挥国有企业带头作用，引导行业龙头企业、互联网平台企业发挥带动作用，促进与中小微企业双向公平授权，共同合理使用数据，赋能中小微企业数字化转型。支持第三方机构、中介服务组织加强数据采集和质量评估标准制定，推动数据产品标准化，发展数据分析、数据服务等产业。政府部门履职可依法依规获取相关企业和机构数据，但须约定并严格遵守使用限制要求
《工业和信息化部等十六部门关于促进数据安全产业发展的指导意见》	2023 年 01 月 03 日	八、深化国际交流合作 （十六）推进国际产业交流合作。充分利用双多边机制，加强数据安全产业政策交流合作。加强与"一带一路"沿线国家数据安全产业合作，促进标准衔接和认证结果互认，推动产品、服务、技术、品牌"走出去"。鼓励国内外数据安全企业在技术创新、产品研发、应用推广等方面深化交流合作。探索打造数据安全产业国际创新合作基地。支持举办高层次数据安全国际论坛和展会。鼓励我国数据安全领域学者、企业家积极参与相关国际组织工作
《中共中央 国务院印发〈党和国家机构改革方案〉》	2023 年 03 月 16 日	三、深化国务院机构改革 （十四）组建国家数据局。负责协调推进数据基础制度建设，统筹数据资源整合共享和开发利用，统筹推进数字中国、数字经济、数字社会规划和建设等，由国家发展和改革委员会管理
《企业数据资源相关会计处理暂行规定》	2023 年 08 月 01 日	二、关于数据资源会计处理适用的准则 企业应当按照企业会计准则相关规定，根据数据资源的持有目的、形成方式、业务模式，以及与数据资源有关的经济利益的预期消耗方式等，对数据资源相关交易和事项进行会计确认、计量和报告

（续）

文件名称	发布时间	相关主要内容
《支持北京深化国家服务业扩大开放综合示范区建设工作方案》	2023 年 11 月 18 日	（二）探索新兴业态规则规范 6. 推动构建数字经济国际规则。支持北京建设国际信息产业和数字贸易港，加强数字领域国际合作，推动相关国际规则制定，争取在数据跨境传输、数字产品安全检测与认证、数据服务市场安全有序开放等方面实现互惠互利、合作共赢。试点推动电子签名证书跨境互认和电子合同跨境认可机制，推广电子签名互认证书在公共服务、金融、商贸等领域应用。支持北京参与制定数字经济领域标准规范，探索人工智能治理标准研究与规则建设，参与相关国际、国家、行业标准制定。深入推广数据安全管理认证等安全保护认证制度 7. 推动数据资源开发利用。支持北京积极创建数据基础制度先行区，推动建立健全数据产权制度、数据要素流通和交易制度、数据要素收益分配制度、数据要素治理制度
《全面对接国际高标准经贸规则推进中国（上海）自由贸易试验区高水平制度型开放总体方案》	2023 年 11 月 26 日	四、率先实施高标准数字贸易规则 （二）数字技术应用 28. 支持上海自贸试验区参考联合国国际贸易法委员会电子可转让记录示范法，推动电子提单、电子仓单等电子票据应用 29. 加强全面数字化的电子发票管理，增强电子发票跨境交互性，鼓励分享最佳实践，开展国际合作。支持电子发票相关基础设施建设，支持对企业开展电子发票国际标准应用能力培训 30. 支持上海自贸试验区研究完善与国际接轨的数字身份认证制度，开展数字身份互认试点，并就政策法规、技术工具、保障标准、最佳实践等开展国际合作 （三）数据开放共享和治理 33. 建立健全数据共享机制，支持企业依法依规共享数据，促进大数据创新应用。

（续）

文件名称	发布时间	相关主要内容
《全面对接国际高标准经贸规则推进中国（上海）自由贸易试验区高水平制度型开放总体方案》	2023 年 11 月 26 日	支持建设国际开源促进机构，参与全球开源生态建设。支持探索开展数据交易服务，建设以交易链为核心的数据交易和流通关键基础设施，创建数据要素流通创新平台，制定数据、软件资产登记凭证标准和规则
《"数据要素×"三年行动计划（2024—2026 年）》	2023 年 12 月 31 日	三、重点行动 （六）数据要素×商贸流通 拓展新消费，鼓励电商平台与各类商贸经营主体、相关服务企业深度融合，依托客流、消费行为、交通状况、人文特征等市场环境数据，打造集数据收集、分析、决策、精准推送和动态反馈的闭环消费生态，推进直播电商、即时电商等业态创新发展，支持各类商圈创新应用场景，培育数字生活消费方式。培育新业态，支持电子商务企业、国家电子商务示范基地、传统商贸流通企业加强数据融合，整合订单需求、物流、产能、供应链等数据，优化配置产业链资源，打造快速响应市场的产业协同创新生态。打造新品牌，支持电子商务企业、商贸企业依托订单数量、订单类型、人口分布等数据，主动对接生产企业、产业集群，加强产销对接、精准推送，助力打造特色品牌。推进国际化，在安全合规前提下，鼓励电子商务企业、现代流通企业、数字贸易龙头企业融合交易、物流、支付数据，支撑提升供应链综合服务、跨境身份认证、全球供应链融资等能力
《关于加强数据资产管理的指导意见》	2023 年 12 月 31 日	（三）总体目标 构建"市场主导、政府引导、多方共建"的数据资产治理模式，逐步建立完善数据资产管理制度，不断拓展应用场景，不断提升和丰富数据资产经济价值和社会价值，推进数据资产全过程管理以及合规化、标准化、增值化。通过加强

（续）

文件名称	发布时间	相关主要内容
《关于加强数据资产管理的指导意见》	2023 年 12 月 31 日	和规范公共数据资产基础管理工作，探索公共数据资产应用机制，促进公共数据资产高质量供给，有效释放公共数据价值，为赋能实体经济数字化转型升级，推进数字经济高质量发展，加快推进共同富裕提供有力支撑

参 考 文 献

[1] 邵雍. 梅花易数 [M]. 海口：海南出版社，2017.

[2] 徐子沛. 数据之巅：大数据革命，历史、现实与未来 [M]. 北京：中信出版集团，2019.

[3] 维克托·迈尔-舍恩伯格，肯尼思·库克耶. 大数据时代：生活、工作与思维的大变革 [M]. 盛杨燕，周涛，译. 杭州：浙江人民出版社，2013.

[4] 文丹枫，朱海，朱德清. IT 到 DT：大数据与精准营销 [M]. 沈阳：万卷出版公司，2015.

[5] 娄支手居. 第四产业：数据业的未来图景 [M]. 北京：中信出版社集团，2022.

[6] 邵宏华. 贸易数字化：打造贸易新动能新业态新模式 [M]. 北京：机械工业出版社，2021.

[7] 布瑞恩·戈德西. 数据即未来：大数据王者之道 [M]. 陈斌，译. 北京：机械工业出版社，2018.

[8] 劳拉·塞巴斯蒂安-科尔曼. 穿越数据的迷宫：数据管理执行指南 [M]. 汪广盛，等译. 北京：机械工业出版社，2020.

[9] 阿尔文·托夫勒. 第三次浪潮 [M]. 黄明坚，译. 北京：中信出版社集团，2018.

[10] 张俊妮. 什么样的数据才有价值？"数据二十条"与国家数据局的启示 [EB/OL]. (2023-03-28) [2024-05-28]. https：//www. 163. com/dy/article/I4SR6D1A0519R8II. html.

[11] 谢璐，韩文龙. 新质生产力推动中国经济高质量发展 [EB/OL]. (2023-11-13) [2024-05-15]. https：//baijiahao. baidu. com/s？id＝1782412912109481588&wfr＝spider&for＝pc.

[12] 于凤霞. 加快形成新质生产力 构筑国家竞争新优势 [J]. 新经济导刊，2023 (Z1)：20-28.

[13] 王颂吉，李怡璇，高伊凡. 数据要素的产权界定与收入分配机制 [J]. 福建论坛（人文社会科学版）. 2020 (12)：138-145.

[14] 亿欧智库. 2023 中国数据要素生态研究报告 [R]. 2023.

[15] 徐凤. 加快构建数据基础制度体系 [N]. 光明日报，2022-08-26（11）.

［16］ MCKINSEY GLOBAL INSTITUTE. Digital globalization：the new era of global flows ［R］. 2016.

［17］ 前瞻产业研究院. 2024 年中国五大数据交易所发展现状对比 深圳交易所累计交易额位居五大数据交易所之首 ［EB/OL］.（2024-05-14）［2024-06-01］. https：// bg. qianzhan. com/report/detail/300/240514-1407291f. html.

［18］ 中国信息通信研究院，贵州大学公共大数据国家重点实验室，贵州财经大学. 数据要素交易指数研究报告（2023 年）［R］. 2023.

［19］ 零壹智库. 数据交易 2. 0 时代——全国 44 家数据交易所规模、股权、标的、模式分析 ［R］. 2023.

［20］ 中国信息通信研究院. 数据价值化与数据要素市场发展报告（2021 年）［R］. 2021.

［21］ 中国质量认证中心，中关村智用人工智能研究院. 融入产业赋能未来：产业大模型应用白皮书 ［R］. 2023.

［22］ 麻桂新，李坚. 模拟企业经营实训手册 ［M］. 沈阳：东北财经大学出版社，2015.

［23］ 雍天荣. 旅游市场营销 ［M］. 北京：对外经济贸易大学出版社，2008.

［24］ 佘伯明. 市场营销实务 ［M］. 3 版. 沈阳：东北财经大学出版社，2016.

索　引

索引按数字、字母和汉语拼音字母的顺序排序。

致　谢

自 2022 年编写出版《贸易数字化》一书以来，短短时间里，该书便得到众多读者的热情关注和积极反馈，这其中既有数字贸易领域的专家、学者，也有相关政府管理部门、科研院所、企事业单位的管理者、从业者，还有许多高等院校的师生。特别是，大量来自外贸领域的企业读者，他们分别从各自行业的角度提出许多建设性意见，并给予该书极高的评价。与此同时，他们也希望有一本书能够围绕贸易数字化的主题，结合数字化新时代、智能贸易发展新形势，介绍更多侧重实践层面的新思维、新理念、新工具、新商业模式、新营销模式、新运营模式、新组织构造、新人才培养、新品牌"出海"、新应用场景案例等。作为从事 20 余年对外贸易服务领域的研究、实践者和贸易数字化的探索者，我深感有责任和义务继续把自己的实践感受及环球慧思发展过程中的成功经验总结整理后分享给大家，而现在所呈现的这本书正是其中最新的一部分成果。

随着大数据规模的扩大、贸易数字化的成熟和人工智能技术的发展，以及外贸大数据与人工智能从业务和应用层面的不断融合，未来智能贸易中的新业态和新模式将会如雨后春笋般迅速崛起。作为"贸易数字化丛书"的第一本，很高兴本书能够起到抛砖引玉的作用，并期待有更多有识之士参与分享，让"贸易数字化"这个主题能够持久得到大家的关注。

最后，衷心感谢给予本书编写支持的肖胜杰、张善强、张革、潘继敏、周敏、贺玮娉、倪萍、任霓、崔晓迪、吕若兰、焦雯婷、聂子琦、董雪等同志，以及环球慧思全体营销顾问；感谢机械工业出版社的李鸿、黄帅、王素等编辑同志，正是他们的大力支持，本书才能够顺利如期付梓。

作　者

2024 年 10 月于京